Energetische Raumgestaltung

Harald Jordan

Energetische Raumgestaltung

Ein praktisches Handbuch zum
spirituellen Wohnen, Bauen und Leben

AT Verlag

Dieses Buch widme ich meiner Frau Philemon-Sophia

© 2010
AT Verlag, Aarau und München
Lektorat: Karin Breyer, Freiburg i. Br.
Druck und Bindearbeiten: Kösel, Krugzell
Printed in Germany

ISBN 978-3-03800-491-2

www.at-verlag.ch

INHALT

9 Vorwort

12 Einleitung

22 In Augenhöhe mit dem Adler
22 Was aus der Menschheitsgeschichte noch immer wirkt
23 Die verlorene Nähe zur Natur
26 Die Wirkung der feinen Reize
28 Der erste Eindruck als reine Wahrnehmung
30 Wie wir blicken und was wir sehen
32 Durch die Sinnlichkeit zum Sinn
36 Hirte oder Bauer – Abel und Kain
39 Wohnen als Suche und Sucht
40 Gemeinschaftlich leben
41 Lob der Dunkelheit
45 Licht in Raum und Zeit
46 Was auf uns einstrahlend wirkt

48 Gestalt, Gestaltung und Lebensgestaltung
48 Mensch und Raum
51 Gestalt und Gestaltung
60 Vom Stehen, Gehen und Tanzen
67 Vom Sitzen – Jeder Stuhl ist ein Thron
76 Vom Liegen, vom Schlaf und vom Bett
82 Vom Steigen und von der Treppe
87 Die vier Temperamente in der Raumgestaltung
95 Der eigene Name – ein geistiger Weg

108 Die räumlichen Vorgaben
108 Von Wand und Mauer
113 Von den Dingen
119 Was die Möbel uns sind

124	**Energetische Zusammenhänge**
124	Das Wunder der Kraft
132	Das Schwert führen
135	Die Würde der Hausfrau
141	Die geistige Familie
145	Feng Shui und westliche Raumgestaltung
160	Vom Sinn des Schmutzes
167	Baustile – Zeichen der Wandelkraft
184	Der vernachlässigte Garten
189	Radiästhesie – Ein Fundament des energetischen Bauens und Wohnens
193	**Wege zum spirituellen Planen, Bauen und Wohnen**
193	Jedes Bauen und Wohnen ist ein Wachsen
205	Die Urimpulse zum Wohnen und Bauen
214	Die Kraft der Zeit – Die Zeiten der Kraft
224	Rituale im Planen, Bauen und Wohnen
227	Finden und Gestalten des eigenen Zeichens, Logo-Gestaltung
235	Klang, Musik und Architektur
244	**Hinweise zur Beratung**
244	Vom Wahrnehmen und den eigenen Räumen
248	Beratung in energetischer Raum- und Lebensgestaltung
261	**Spirituelle Bau- und Wohnbegleitung**
261	Einführung
270	Die innere Architektur – Phase 1 *Keimen. Impuls. Idee des Hauses. Entscheiden*
277	Die Vorbereitung – Phase 2 *Das Grundstück suchen, finden, annehmen, wahrnehmen, erwerben. Grenzen setzen*

283 Planung des Hauses – Phase 3
Erste eigene Ideen. Wahl des Architekten. Planen des Vorentwurfs. Der Entwurf. Bauantrag stellen. Grundstück vorbereiten

288 Das Haus wird gebaut – Phase 4
Baugrube und Fundament. Gründung erstellen. Zu den einzelnen Bauphasen. Vertrag mit den Handwerkern. Dachstuhl richten. Innenausbau

296 Einwohnen und Wohnen – Phase 5
Abschied vom vorherigen Haus. Vor dem Einzug, Einzug und Einrichtung. Einwohnung und Einweihung. Wohnen. Die Folgejahre. Weitergabe des Hauses. Fertigteil-Haus. Wenn man zusammenzieht

302 Literatur

304 Zum Autor

Ein Adler,
der seinen Rücken
schützt – fällt.

Wenn Du
fliegen willst,
musst Du Dich
bloß machen.

Vorwort

»Der Mensch ist die radikalste Weltwiederholung.«
Heinrich Rombach

Entstanden ist dieses Buch durch mein Leben in Griechenland, auf meinem Anwesen, wo es keine Elektrizität und kein fließendes Wasser gibt außer von zwei Quellen. Wo die Einsamkeit und Wildheit der Natur unmittelbar an die Wurzeln des Seins anrühren und die Einfachheit mich auf Ursprungsfragen stieß. Die sich vertieften bis ins Mythologische hinein. Darum beziehe ich mich auf frühere Lebensformen, um das Jetzt besser zu verstehen und daraus Wege für die Zukunft zu finden. Meine Rückschau ist radikal, um freien Blick nach vorne zu bekommen – im Ursprung des Wortes »radikal«: die Wurzel betreffend. Sie ist auch ein Protest gegen unsere jetzige Lebensform, die uns von der Schule an dressiert, damit wir in der sozialen und technischen Maschinerie gut funktionieren.

Anfangs wollte ich nur das uns Prägende aus der Menschwerdung darstellen. Je mehr ich aber zurück und dabei auch in die Zukunft schaute, erkannte ich die Besonderheit unserer Zeit. Denn nie zuvor war es dem Menschen gegeben, so frei zu sein wie jetzt und damit so offen für alle Möglichkeiten. Wir leben in der Schwellenzeit zur Individuation. Ich spüre, wie wichtig es ist, an die geistigen und spirituellen Ursprünge anzuschließen und Grundgegebenheiten bewusst zu machen, damit wir wissender aufs Neue zugehen.

Roberto Assagioli schreibt: »Würde ein Grieche oder Römer des Altertums plötzlich in unsere Welt hineingeboren, er würde uns für Magier halten, weil wir fernsprechen und fernsehen können, durch Knopfdruck uns Licht machen und Bilder aus allen Erdteilen herbeizaubern – sogar auf den Mond fliegen.« Platon oder Marc Aurel wären jedoch entsetzt über den seelischen und ethischen Zustand der Menschen, die weit hinter ihren technischen Möglichkeiten zurückgeblieben sind und nun von ihnen beherrscht und immer tiefer in die Materie hinein versklavt werden.

Ich schreibe in einer Zeit, wo die Verdichtung des materiellen Denkens und Handelns im Banken-Crash die Welt erschüttert hat und uns herausfordert, an Wesentliches sich zu erinnern. Die Empfehlungen in diesem Buch sind auch als

Gegenbewegung zur Technisierung zu verstehen. Deshalb wird scheinbar Nebensächlichem viel Bedeutung gegeben, wie etwa dem eigenen Namen. Es geht mir um die Poesie des Seins: Fülle statt Menge, Qualität statt Quantität, Muße statt Geschwindigkeit, Herzenskraft statt Routine, Sinnlichkeit statt abstraktes Denken.

Dieses Buch wendet sich an alle, die für sich ein Haus bauen wollen, eine Wohnung erwerben oder beziehen und ihr Wohnen verändern wollen. Es ist derart geschrieben, dass kein Fachwissen erforderlich wird, sondern aus spielerischer Freude neue und einfache Zusammenhänge erkannt und umgesetzt werden. Im Sinne von Friedrich Schiller, dass der Mensch nur dann ganz Mensch sei, wenn er spielt – frei ist von allen Vorgaben und Vorstellungen. Die Inhalte begrenzen sich nicht auf den entstehenden Bau allein, sondern können auch für den Einzug in eine Wohnung oder einen einzelnen Raum sinngemäß angewendet werden. Es ist sogar möglich, nachträglich für die Räume energetisch aufbauende Maßnahmen zu entwickeln.

Das Buch führt hin zur spirituellen Bau- und Wohnbegleitung und damit zu einem neuen Beruf. Dadurch wird kein Architekt, Geomant, Radiästhet oder Feng-Shui-Berater ersetzt, doch kann man sich frei machen vom ausschließlichen Anheimgeben an den Fachmann. Mir geht es darum, dass jeder Bauende wie in früheren Zeiten in die Verantwortung des Bauherrn und der Bauherrin gehen kann. Im Wohnen werden die Räume in ihrem Wesen und ihrer Wirkung oft nur unbewusst erlebt. Denn das Bauen und das Gebaute hat über viele Generationen auf uns eingewirkt und bindet uns auch an das Gewohnte. Es geht mir darum, das Gewohnte neu zu sehen, und ich frage nach, was denn ein Haus, eine Wohnung wirklich sei.

Im Folgenden gehe ich einerseits auf energetische Grundgesetze ein, zum anderen gebe ich handfeste Hinweise zur Umsetzung. Es wird manch Psychologisches und Philosophisches von mir ausgebreitet. Doch es ist wie beim Hausbau – das Fundament muss standsicher sein. Wir sind so sehr vom Intellekt »besessen«, dass wir nicht wahrhaben können, dass aus dem Mythos des Menschseins für uns Wesentliches entstanden ist. Die reine Nützlichkeit und praktische Lebensbewältigung lässt uns die Magie des Lebens oftmals vergessen. Gewiss ist, dass die Erschaffung oder das Bewohnen eines eigenen Raumes zu einem schöpferischen Geschehen wird, wenn wir den Zauber des Lebens mit einbeziehen.

Dies ist kein Buch mit vorgeschriebenen Regeln; vielmehr regt es zur Eigengestaltung an, um selbst schöpferisch zu wirken. Ich umkreise meine Lieblingsthese, dass Raum- und Lebensgestaltung ein einziger Prozess ist. Denn was im

Raum sich verändert, bewegt auch den Seelenraum eines Menschen – und was die Seele ersehnt, kann sich im Bau- und Wohngeschehen erfüllen. So kann das Erbauen eines Hauses und das Bewohnen von Räumen zu einer Therapie werden und zwar im guten Sinne dieses Wortes – als seelisch-geistiges Begleiten. Im tiefsten Grunde meines Herzens möchte ich für die Architektur und für das Wohnen ein neues Feld erobern: die Raumtherapie. Für Düfte, Kristalle, Klänge, Farben, Kräuter sind Therapien entwickelt worden, für unser Thema gibt es nur erste Ansätze. Für den Architekten, Geomanten und Feng-Shui-Berater können die Grundgedanken das ihnen verfügbare Fachwissen bestätigen, erweitern, aber auch hinterfragen lassen. Der Fachmann hat die Chance, einmal in Muße anzuschauen, was er tut, und kann für sich neue Empfindungen entdecken und neue Wege finden – in der reinen Wahrnehmung. Für die spirituelle Baubegleitung ist es ein Handbuch. Von unserem Institut ELIKON werden hierzu Schulungen angeboten. Für Leser meiner Bücher ist manches hier Dargestellte eine Wiederholung, um den Lesefluss zu erleichtern. Außerdem zeigt sich, dass die Spuren meiner Gedanken zum Bauen und Wohnen sich kreuzen und ergänzen. Dadurch kann schon Gewusstes sich ergänzen und in einem neuen Licht erscheinen. Manche Kapitel sind mehr andeutend ausgeführt und sollen zum Forschen anregen, gehören aber in diesen Zusammenhang.

Eigentlich müsste dieses Buch den Untertitel »Essay« haben, denn es ist der »Versuch«, weit Zurückliegendes mit dem erahnt Kommenden zu verbinden. Im Versuch steckt auch ein Wagnis. Und ich wage hier ganz persönlich zu werden und mehr poetisch ein Sachbuch zu schreiben, um auf einer möglichst intuitiven Weise den Leser zu erreichen. Dank meiner vielen Lebensjahre habe ich die Freiheit des Narren, der denken und sagen kann, was ihm als wahrhaftig erscheint. Es mag sein, dass ich an Grenzen rühre, über die man ungern hinausgeht und leicht abtun könnte mit Worten wie »moralisierend«. Auch dagegen bin ich gefeit. Es werden keine gewohnten Wohlfühl-Empfehlungen gegeben, sondern Inspirationen, um eigene Gestaltungskriterien zu entwickeln. Jeder kann sein Leben unabhängig von biografischen und karmischen Vorgaben selbst gestalten. Wir sind unabhängig von vorgegebenen Lebenswegen geworden. Wir leben nicht mehr von Leben zu Leben um uns zu entwickeln; wir leben in Quantensprüngen mehrere Leben innerhalb eines Lebens.

Einleitung

Individuation und Verantwortung

> »Ohne Not verändert sich nichts,
> am wenigsten die menschliche Persönlichkeit.«
> C. G. Jung

Die Zeit, in der wir leben, ist geprägt von zwei bedeutsamen Bewegungen. Es hat noch nie eine Zeit gegeben, in der die individuelle Entwicklung derart möglich war wie jetzt. Der Mensch kann sich als Individuum erfahren und ausleben. Möchte man einen Zeitraum dieses Wandels benennen, dann sind es erst etwa sechzig bis achtzig Jahre. Bis dahin bestimmten Staat, Moral, Mangel, Gewohnheit, Unfreiheit in der Berufswahl den äußeren und inneren Weg des Menschen. In alten Zeiten war der Mensch gruppenhaft durch Familie, Zunft, Stamm und Nation bestimmt. Ein individuelles Geschehen wie eine Krankheit bedeutete ein Ungleichgewicht für die ganze Gemeinschaft. Es ist noch gar nicht so lange her, da glich das Leben der Enkel dem der Großeltern. Die Individualität selbst war nicht sonderlich wichtig.

Früher war die Möglichkeit zur Individuation, der Menschwerdung, nur wenigen sozial Bevorzugten gegeben. Jetzt wird das Individuum zum Kulturträger. Nicht mehr Fürsten und Bischöfe sind die Pioniere, die Kultur schaffen, sondern der Einzelne. Die innere und äußere Freiheit war noch nie so groß – wir sind frei von existenzieller Not, verfügen über soziale Freiheit usw. Die andere Bewegung ist die Ausweitung durch die Globalisierung. So verdichtet sich die Entwicklung der Menschheit im Individuum und breitet sich gleichzeitig über den Erdball auf alle Menschen aus. Würde man den Globus von außen betrachten und die Zeitgeschichte raffen, dann fiele die Globalisierung mit der allgemeinen Individuation zusammen.

Während wir uns selbst verwirklichen und uns dabei oft nur um unsere eigene Achse drehen, verhungern und verdursten viele Menschen, sind nicht einmal in der Freiheit zu existieren. Wir, für die ich dieses Buch schreibe, befinden uns nicht in Not. Wissen aber durch die Medien um die Not der anderen. In einem

Seminar wurde ich gefragt, ob es denn rechtens sei, wenn wir so feinsinnig planen und so belebend wohnen, wenn Menschen in anderen Erdteilen so maßlos leiden. Dieses Buch ist auch der Versuch, eine Antwort zu finden. Wir sind privilegiert. Privilegiert zu sein, hieß unter Adeligen, Rittern und Begüterten, auch Verantwortung zu übernehmen. Durch unser Wissen sind wir in Verantwortung. Die uns gegebene Freiheit fordert zu einem höheren Bewusstwerden heraus: Wir können frei handeln, ohne die Notwendigkeit der Not. Aus der uns geschenkten Freiheit gehen wir frei in Verantwortung. Doch überlagert die Unmenge der Informationen den erkennbaren Zusammenhang. Unser Leben ist durch die Vorstellung und Befürchtung, etwas zu verlieren, zu hektisch geworden. Weil wir haben und besitzen, hängen wir daran und hasten in der Zeit nach ihrem Erhalt. Wir leben im Hunger der Seele, Brot ist genug für uns da.

Durch den Mangel in den armen Ländern ist dort das Wenige noch greifbar, sinnlich erfass- und begreifbar. Wie aber werden die Kommenden, die jungen Menschen, in unserer Zivilisation bestehen können, wenn sie aufwachsen im Design, in Glätte, fernseh- und mediengesteuert, in technisierter, maschineller Umwelt, in der die sozialen und politischen Gegebenheiten immer undurchsichtiger werden. Es geht nicht mehr um Wohlfühl-Architektur, um Selbstdarstellung, um energetische Erhöhung. Es geht um den spirituellen Entwicklungsweg des Menschen – und das hat mit Mut zur Wandlung zu tun. Unser Anteil an der Veränderung in der Welt ist, ganz Individuum zu werden. Das geschieht im Einzelnen, im Mut sich zu wandeln und neue Wege zu gehen.

Unser gewohntes, aber auch einseitiges demokratisches Denken kann unser Handeln erstarren lassen. Es erscheint oftmals hoffnungslos, angesichts des postmodernen Zeitgeists, als Einzelne etwas zu verändern. Doch dann bedenke man die Kraft der Homöopathie und vertraue auf die Wirkung nur weniger Impulse.

Weil wir nicht mehr in Religionsgemeinschaften, dem Dorf und in der Gewissheit der Tradition geborgen sind, ist ein tiefes Sehnen nach Sinn und Verbundenheit in uns. So ist der Weg der Individuation oft noch ein einsamer Weg. Als schützender und nährender Raum hierfür dient immer mehr das Wohnen. Schutzräume bieten auch die Familie, in der die Hausfrau und die Hausarbeit eine neue Würdigung erfährt, oder Gemeinschaften, die aus geistiger Verwandtschaft heraus neue Siedlungsformen bauen. Es ist unverantwortlich, wie unsere Siedlungen noch aussehen, in der jeder sich darstellt und auslebt, ohne das Ganze zu sehen und sich einer übergeordneten Gesetzlichkeit einzufügen.

> *»Ästhetik ist die Ethik von morgen.«*
> Maxim Gorki

Dies ist ein mir lange Zeit verschlossenes, aber immer getragenes Wort gewesen. In unserem Leben ist es die künstlerische, schöpferische Tätigkeit, die in die Welt hineinwirken will. Die uns umgebenden unsichtbaren Wesen – auch die Elementarwesen – werden dadurch gefördert und drängen die negativen Kräfte zurück. Wir können Leben veredeln, beispielsweise wenn wir durch Malen die Farben veredeln, sie als Wesen erkennen und aus Blau und Gelb ein Grün entstehen lassen und auf der Leinwand höhere Zusammenhänge schaffen. Darum ist es in der Raum- und Wohnberatung eine wesentliche Frage: Wo ist die eigene schöpferische Kraft zu Hause? Wir Menschen sind aufgerufen, mitschöpferisch zu sein. Das zeigt sich schon im Alten Testament in der Schöpfungsgeschichte, wenn Gott am zweiten Tag die Einheit des Wassers teilt und nicht sagt, dass es so gut sei. Unsere mitschöpferische Tat ist es, diese Teilung in eine höhere Einheit zu führen – in uns selbst durch Wandlung beginnend. Dadurch entsteht für den »freien« Teil der Erdbevölkerung eine ethische Verantwortung. Wir müssen nicht alle wie Albert Schweitzer unser Leben geografisch verändern, wohl aber biografisch. Es kann und darf nicht mehr alles nur ums eigene Wohlbehagen und Wohlfühlen sich drehen. Wir sind aufgefordert, die Welt in unserem eigenen Innern zu ändern. Darum wird Bauen und Wohnen zum Wandlungsgeschehen, und ein wohliges Gefühl wird eine Zugabe.

Jedes Bauen ist wie das Wachsen eines Menschen

*Die Biografie eines Menschen entspricht
dem Wachsen seines Hauses.*

Alles in der Natur ist ein Wachsen. Auch ein Mensch ist ein Wachsender. In der Jugend erlebt er sich als immer größer werdend, später dann in seinem Wachstum als Person – im Wissen, im Sozialen, in der eigenen Familie und im Beruf. In jeder Individualität ist Kraft und jede Kraft will wachsen, dem Göttlichen entgegen. Ist der Mensch nach der Hälfte des Lebens erwachsen – an körperlicher und sozialer Größe gewachsen –, dann sehnt sich die Kraft über das Leibliche hinaus. Das Sehnen transzendiert. Im guten Sinne ist das Wachsen dann ein geistiges und spirituelles Geschehen, ein Über-sich-Hinauswachsen.

Das Wachsen hat seine Schattenseiten, wenn die Kraft sich nur in der Materie auslebt, im Noch-Mehr und Noch-Größer, in Macht und Selbstdarstellung, in Karriere bis hinein in die esoterische Wochenend-Ganzheitserfahrung und steigert sich in intellektuellem Wissen, im Luxus einer schnellen Sinnfindung. All das sind Erscheinungsformen des Wachsens in verfehlter Richtung – im dichter und härter Werden. Dieser Wachstumsdrang zeigt sich auch in der modernen Architektur, wo Größe, Extravaganz und das Besondere gelten – und dabei der Maßstab des Menschen abhanden kommt.

Materie verspricht Sicherheit. Wachstum ist aber immer auch Verlust. Wenn man wächst, verliert man etwas. Auch das Wohlgefühlte und Vertraute und Sichere. Und das bedeutet Schmerz, Angst und Verzicht. Der Mensch wird erst dann zum ganzen Menschen, wenn er von sich absieht und zum Gebenden wird, dem Du zugewandt und sich in den mitschöpferischen Dienst stellt. Unsere Willensentscheidungen für dieses Leben rühren aus den Tatsachen und Lebensverwirklichungen früherer Inkarnationen. Wir sind gar nicht frei davon. Frei sind wir nur in der Akzeptanz oder Ablehnung.

Unser Leben findet in Räumen statt. Raum an sich ist statisch, setzt Grenzen, ist starr. Seine Formvorgaben fordern ein anderes Wachsen heraus, drängen ins Innenleben, in den Eigenwandel. Der Bau eines Hauses, das Bewohnen des eigenen Raumes kann und muss künftig ein Begleiten des eigenen Wachstums sein – damit sind wir wieder im Wirkbereich der Raumtherapie. Bauen wird dann zu einem spirituellen Geschehen. Es wird von der Erstellung des Fundaments bis hin zum Richten des Daches im sinnlichen Vollzug die körperliche Aufrichtung erfahren, die dem inneren Geschehen entspricht.

Wandlung ist mehr als Wachsen

Was ich bin, das baue ich.
Was ich baue, das werde ich.

Auf meinem Grundstück in Griechenland finde ich dann und wann eine Schlangenhaut. Wie eine Schlange sich häutet, so sollten auch wir unsere alten Gewohnheiten und Vorstellungen immer wieder ablegen. Eine Schlange will wachsen. Sie wird nie wieder in die alte Haut zurückschlüpfen. Das können wir als ein Beispiel nehmen, nicht ins gewohnte Wohnen zurückzukehren, ohne dort etwas verändert zu haben, das unseren Wandlungsentscheid sinnlich und sichtbar und ermutigend erinnern lässt. Wohnen dagegen ist oft nur gewohnt. Wohnen tradiert. Jedes Bauen und Wohnen ist auf Dauer ausgerichtet und kann Wandeln und Wachsen einengen. Schon das Wort Wohnung verweist auf das Gewohnte, was zwar Sicherheit gibt, aber auch Wandlungen begrenzt.

Später fiel mir auf, dass dort entweder schwere Steine lagen oder dicke Holzstämme. Um sich zu häuten, braucht die Schlange den Widerstand. In unserer Wohlstandsgesellschaft meiden wir im »easy way of life« die Widerstände, denn die sind schmerzend. Ich werde an dieser Stelle nicht das Thema von der Würde des Schmerzes ausbreiten, aber hinweisen auf Urbedeutungen der von uns benutzten Worte. Es gibt einen erstaunlichen Wortzusammenhang. So haben die Worte »Wunde« und »Wunder« den gleichen Ursprung in »Winden, Wenden und Wandlung«. Jede Wunde wird zur Narbe. Dort ist die Haut dünn und gespannt. Sie ist wie eine Membran und nimmt feiner wahr, kann der klareren Wahrnehmung dienen.

Jede Raumveränderung wie Planen, Bauen, Umzug und auch Reinigen kann Ausdruck eines Wandlungsgeschehens sein. In Umkehrung kann eine innere Wandlung durch die Raum- und sogar Kleidungsänderung unterstützt werden. So sollten wir von dem ausgehen, wie der Mensch im Raum lebt; was seine körperlichen, seelischen, geistigen, spirituellen Vorgaben und Bedürfnisse sind; was ihn vom Vorgeburtlichen und seinen anerzogenen Vorstellungen her prägt. Wir sollten seine Gestalt, seine Bewegungen im Raum, seine Tätigkeiten, seine Zeiteinbindung, seine Lebensziele und Sinngebungsfragen einbeziehen. Das sind Wahrnehmungen, aus denen eine Vision der Zukunft entstehen kann, die sich verwirklichen will im Haus und durch das Wohnen. Der Raum unterstützt dann den Weg zur Ganzwerdung. Ich bin weit davon entfernt, festlegende Regeln zum Bauen und Wohnen zu geben. Ich will zu eigenen kreativen Gestaltungen anregen – nicht nur für den Fachmann, sondern ebenso für den bauenden Laien.

Wir werden geboren. Die Geburt geschieht uns. Ist jedoch die Hälfte unseres Lebens durchschritten, dann sind wir ganz in der Materie zu Hause. An dieser Stelle, zu dieser Zeit stehen die Sinnfragen vor der Tür. Dann ist die Chance zur Wandlung gegeben. Wenn wir sie annehmen, dann geschieht die eigene Geburt.

Wachsen geschieht, Wandlung bedarf des Eigenimpulses und der eigenen Tat. DER Mensch zu werden heißt, durchs Nadelöhr zu gehen. Das ist die Enge des Geburtskanals, den jeder Mensch ungern und schmerzvoll, aber passiv erlebte. Ganz werden heißt, sich selbst gebären.

Jede Zukunft hat Herkunft

»Je mehr historisches Erinnern, desto reicher die Zukunft.«
Hartmut Böhme

Es geht mir nicht darum, das Alte wieder auferstehen zu lassen, sondern das Frühere zu erkennen, um auf jetzt höherer Bewusstseinsebene das Neue einzubeziehen. Ans Alte anschließen, um das Neue zu gewinnen. Analog kann man das aus dem Pilgerschritt erkennen. Es ergibt sich geometrisch sichtbar aus dem Vergangenen die Spur für die Zukunft. Durch zwei Schritte zurück zeichnet sich eine Linie ab und damit eine Richtung, die auf die Zukunft verweist.

Durch das konkrete Zurückgehen wird die Vergangenheit aufgenommen und in die Zukunft getragen. Die Schrittfolge gibt die Richtung in die Zukunft vor. Das ist sinnlich erfassbar. Dann kommt jeder Schritt aus der Vergangenheit, birgt diese

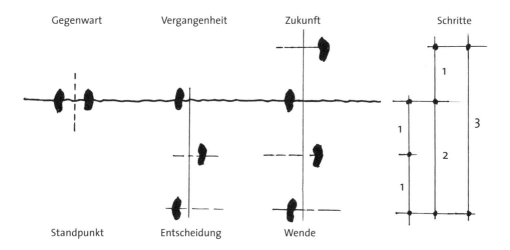

Der Pilgerschritt.

in sich und ist zugleich Teil der Zukunft. So ist jeder Schritt wie das Jetzt in der Zeit ein Nichts und ein Alles, unendlich und ewig. Ein nicht Fassbares in der Raum- und Zeitspur. Wenn man einmal über eine längere Wegstrecke diesen Pilgerschritt selbst geht, erkennt man, wie die äußeren Bewegungen uns auch innerlich bewegen. Dabei kann man eine Frage an die Zukunft stellen und früheres Sehnen erinnern. Alles kreist um Erinnerung an Altes, Eingeborenes und Eingeprägtes, um von da her zum Neuen zu gehen. Die Schritte ergeben das Verhältnis 2:3 und damit musikalisch die Quinte mit ihrem heilenden Impuls.

In unserer Zeit geben wir dem Neuen zuviel Kraft. Wenn wir nur das Jetzt und das Neue als erstrebenswert erachten, kappen wir uns ab vom Vertrauen in das Vergangene. Jedes Vergangene war ein Jetzt. Wenn wir die Vergangenheit nicht würdigen, ist der Schritt in die Zukunft ohne verankertes Vertrauen. Altes neu machen, hebt den Zeit-Raum auf. Altes Wissen jedoch will und muss neu durchdrungen werden. Ein Mensch aus dem 14. Jahrhundert wäre – jenseits aller äußeren Veränderung – innerlich, vom Wesen seiner Individualität her, bei uns nicht lebensfähig. Das ist zu bedenken, wenn wir uns auf alte Kräfte beziehen.

In dieser Zeit der totalen Umstülpung ist es sinnvoll, sich an das Ursprüngliche zu erinnern und dabei negativ Wirkendes auszuschließen. Erkanntes kann aber auch versinken. Die Kunst Glas zu machen geriet in Vergessenheit, kam aber wieder ans Licht. Im neuen Bewusstsein will Vergangenes angesehen und umgesetzt werden – besonders im Licht der Individuation.

Durch die Natur geprägt

> *»Architektur ist keine Dekoration, sie ist eine tief biologische,*
> *mehr noch eine moralische Angelegenheit.«*
> Alvar Aalto

Der Mensch lebte früher die meiste Zeit des Tages draußen und war daher von der Natur zutiefst geprägt und belebt. Wir dagegen leben vorrangig in geschlossenen Räumen. Statistiken zufolge ist der Mensch nur noch für Minuten des Tages draußen. Betrachtet man die folgende Zeitachse, dann wird offenkundig, wie verwurzelt wir noch in den Wirkungen der natürlichen Umwelt sind.

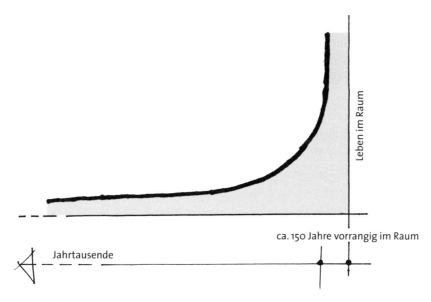

Raum-Zeit-Achse.

In geschlossenen Räumen fehlen uns die belebenden Außenreize wie Sonne, Schatten, Temperaturwechsel und auch die kosmischen Einstrahlungen. Die unmittelbare Sinnlichkeit unseres Lebens dürfen wir uns wieder erwerben und in unsere Räume einbeziehen. Ein Hemmnis ist unser Intellekt. Er ist mit unserer Entfernung von der Natur gewachsen, diente uns zur Lebensbewältigung, hat jetzt aber ein Übermaß angenommen. Das findet seine Erklärung: Die Gefahren und die Unsicherheiten des früheren Lebens, die Nöte der Existenzerhaltung, das viele Arbeiten und die Unwägbarkeiten durch die Witterungen, all das verlangte ein ständiges Wachsein nach außen. Je gesicherter das Leben wurde, umso »leerer« wurde dieser Aufmerksamkeitsraum; und nun fließen da hinein all die Gedanken wie in ein Vakuum und beginnen, uns zu beherrschen. Wir leben und handeln zu sehr vom Intellekt und stellen den Mythos des Lebens an die Seite.

Wir leben in einer unwirklichen Welt, weit entfernt von der sinnlichen Wahrnehmung. Wir können sie nicht mehr »erfassen«. Wer kann sich denn vorstellen, dass eine Boeing fliegt, auch wenn wir darin sitzen. Was ist digitales Geld, was ein Bruttosozialprodukt, wie viel sind 1,2 Billionen Schulden eines Staates? Das virtuelle Leben gibt uns keine Sinnerfassung mehr. Im scheinbaren Rückzug auf die Wohnung kann sich die Welt – gerade den Heranwachsenden – öffnen. Darin liegt die Chance eines sinnlichen, erotischen und spirituellen Bauens und Wohnens.

Von der menschlichen Gestalt

Jede Welterfahrung und Meisterung der Welt geht vom Bekannten zum Unbekannten. Das gilt für die Entwicklung der Menschheit wie auch für jedes Individuum. Was der Mensch erkennt, kommt aus seiner Gestalt, deren Bewegungen, Gesten und seinen Bedürfnissen. Die ersten Erfahrungen werden dann zur Gewohnheit und nicht mehr reflektiert. An dieser Stelle möchte ich anschließen und Grunderfahrungen im Raum neu erschließen – durch Stehen, Gehen, Liegen, Steigen. Denn Bauen und Architektur sind einerseits Widerstand zur Natur, aber auch durch den Menschen und seine Körperlichkeit etwas Organisches.

Es darf das Soziale nicht mit dem persönlichen Raum vermischt werden. Da mag man pompös bauen, die neuen Tempel, die Museen und Konzerthäuser und andere Machtgebäude, doch wenn für den Menschen als Individuum gebaut wird, dann gilt seine Maßstäblichkeit – nicht nur im geistigen, seelischen und spirituellen Sinne, sondern auch in seinen Körpermaßen. Wenn die Elle das Grundmaß für das Haus wird oder die ausgestreckten Arme des Bauherren wie in Bali, dann kommt der Wohnende in Übereinstimmung mit seinem Gehäuse. Er fühlt sich in seinen Maßen geborgen, fühlt sich zu Hause.

Vom Mythos

> »*Wenn die Geschichte des Menschen nicht als Wesensgeschichte gelesen wird, ist sie die bloße Verlängerung eines trüben eigenen Missverständnisses über das Ganze der Vorzeit hinweg.*«
> Heinrich Rombach

Bei Weidelener fand ich den Satz, dass etwas in uns ist, das weiß, dass wir alle in dem Urgrund des Menschlichen verwurzelt sind. Deshalb mache ich auf die feinstofflichen und spirituellen Gründe des Bauens aufmerksam. Ein Haus, eine Wohnung haben unsere Vorfahren als einen Ort der eigenen Weltschöpfung verstanden. Was wir wie selbstverständlich als Möbel oder auch Raum- und Zeitqualität nutzen, war im Ursprung etwas Gottgeweihtes, stets aufs Göttliche bezogen. Und alles war Wiederholung der Heiligung, des Schöpfungsgeschehens. Eine Treppe war als Himmelsleiter gemeint. Jede Woche war die Wiederholung der Schöpfungstage. Das Jahr war ein Ein- und Ausatmen. Die Wirbelsäule war die Erdachse und trennte Himmel und Erde. Horchen wir diesen Bedeutungen nach, dann bekommen die Dinge eine neue Würde.

Zeit und Raum

>*»Der Raum ist der Leib der Zeit,*
>*die Zeit ist die Seele des Raumes.«*
>Ludwig Klages

Was auf unserem Planeten Erde den Menschen bestimmt, sind Zeit und Raum.

Das sind zwei Qualitäten, die sich ergänzen wollen. Die Zeit kann als weibliche Kraft umschrieben werden, denn sie ist dem Leben der Frau durch ihre körperlichen Rhythmen eingeprägt. Die Zeit ist der »Raum des Weiblichen«. Die Schaffung von Räumen ist der aktiven, männlichen Natur näher. Im westlichen Feng Shui und in der Geomantie wird dem Raum zu viel Aufmerksamkeit gegeben, auch wenn es ums Feinstoffliche, Ästhetische und um Raumenergie geht. Das ist Ausdruck unserer zu starken männlichen Lebensgestaltung. Räume jedoch werden geschaffen für das, was in ihnen geschehen soll.

Gesundendes Leben ist immer die Balance zwischen der Yin- und der Yang-Kraft. Weil in unserem Leben das Männliche überwiegt, muss dem Weiblichen mehr Raum gegeben werden. Erich Neumann betont, es sei das Verstehen des Weiblichen für die Gesundung des Kollektivs notwendig.

In Augenhöhe mit dem Adler

Was aus der Menschheitsgeschichte noch immer wirkt

*»Menschlich ist der Mensch nur dann, wenn ihm tierische und
natürliche Verhaltensweisen nicht mehr fremd sind.«*
Heinrich Rombach

Einen Teil des Jahres lebe ich auf Euböa, auch Evia genannt. Es ist die zweitgrößte Insel Griechenlands, doch ist sie kaum bekannt. So gibt es dort wenig Tourismus, erst recht nicht im Süden der Insel, wo es sehr karg ist. Weit von der Zivilisation entfernt haben wir dort unser Anwesen an der Steilküste mit endlosem Blick über das ägäische Meer. Und wenn die Adler über dem Meer kreisen, dann sind sie in Augenhöhe mit mir. Das Dorf liegt oberhalb, eine halbe Stunde zu Fuß entfernt, der Nachbar in der anderen Richtung mag zwei Stunden entfernt sein – ich bin den Weg noch nie zu Fuß gegangen.

Der Hüter des Grundstücks ist ein Hirte, er sorgt sich um Haus und Land, wenn wir nicht da sind. Doch fressen seine Schafe nicht die Disteln, die dann im Frühsommer mannshoch stehen und undurchdringlich sind. Es ist ein immer neues Beherrschen der Natur. Die Sichel muss griffbereit sein, um erste Wege zu bahnen. Auch die Tiere haben sich im Winter eingelebt und es ist klug, nicht zu schnell zu gehen, denn eine Schlange könnte beim Überholen erschrecken. So wie ich jedes Mal erschrecke, wenn ich die Autotür zugeschlagen habe und eine tosende Stille mich umgibt.

Es gibt dort keine Elektrizität, das Wasser kommt von den zwei Quellen auf dem Land. Wir holen das Wasser aus der Quelle. Darin liegt ein Schlauch zum Bewässern; hin und wieder zuckt er wie ein Schlange, denn die Quelle gibt nicht gleichförmig ihr Wasser. So gurgelt es, schwillt an, ist wieder still und das Land ist wie belebt. Wir sind den harten Rhythmus der Motoren so gewöhnt, dass wir staunen, wenn etwas so unregelmäßig ist. Dabei ist die Quelle doch das Symbol des Befruchtens und des Schöpferischen – und macht aufmerksam, dass auch das Kreative fließen wie auch stocken kann, schmäler im Fließen oder in der Fülle ist. Durch die Wildheit der mich umgebenden Natur wurde mir bewusst, wie unsicher und gefährlich das Leben früher war, wie unwägbar die Nahrungsfürsorge und wie bestimmend die Ernte und das Wetter.

In diese Wildnis hinein habe ich mir mit eigener Hand einen Raum zum Leben geschaffen. Durch die Mühe des Transports und die einfachen Baustoffe kam ich in einen Urzustand des Bauens und machte elementare Erfahrungen, die ich hier gerne mitteilen möchte. Die unmittelbare Natur brachte mich nahe an unser ursprüngliches Leben. Daraus folgten Anregungen für unser heutiges Wohnen und Bauen. In weiteren Kapiteln werde ich auf Grundgegebenheiten zur energetischen Lebensgestaltung aufmerksam machen.

Neuesten neurologischen Forschungen zufolge handeln wir immer noch aus inneren Bildern, aus Erinnerungen alter Überlebensregeln, die in uns wie eingeschrieben sind. Es gibt Grundmuster, die auch im Bauen und Wohnen noch in uns wirken und wohltuend und stärkend ausgelebt sein wollen. Andererseits binden diese alten Muster auch Energien, weil etwas gewohnt ist oder gar gewöhnlich wird, weshalb unser Hirn neue Herausforderungen braucht, die auf dem Basismuster aufbauen. Die Forschung weist weiter darauf hin, dass es dann zu einem irritierenden Zwischenzustand kommt, den ich gerne als Chaos bezeichne, in den hinein ein neuer Impuls gesetzt wird. Eines der geomantischen Gesetze lautet: eine Einheit auflösen, dann in den chaotischen Übergang einen erhöhenden Impuls geben, sodass sich eine neue Einheit bilden kann. So spannt sich im Buch ein Bogen vom archaischen übers energetische bis zum spirituellen Leben.

Die verlorene Nähe zur Natur

Wir wuchsen früher auf zwischen uns vertrauten Pflanzen und Tieren, auf einem ganz bestimmten Boden, sei es Sand, Lehm oder Stein. Das Wasser kam unmittelbar aus Quellen und Bächen oder eigenhändig aus der Erde gepumpt. Wir wurden von Winden, Gerüchen und Klängen eingestimmt, von Formen geprägt, der Struktur von Bäumen, der Weichheit von Mulden, der geraden Linie des Horizontes. Jeder Tag roch anders. Hitze und Kälte wurden unmittelbar gespürt. Bäume warfen kühle Schatten, in Höhlen wohnte das Geheime. Jedem Wetter war man ausgeliefert. Dies als eine Bildbeschreibung, um bewusst zu machen, was wir in unser Wohnen einbeziehen dürfen.

> *Im Manne sind die tierhaften Tiefenstrukturen,*
> *in der Frau die pflanzlichen vorwiegend am Werke.«*
> Heinrich Rombach

Wir sprechen vom Gewand, das uns umhüllt, und meinen auch die Wand als Hülle. Was uns im Raum umgibt, sollte der Natur nahe kommen. Die Wand selbst sollte aus dem Umland des Hauses sein, dort wo wir leben. Dann erhöht sich die Kraft aus der Übereinstimmung dessen, was gleich ist – Raum und Umraum. Früher haben die Bauern das Holz für ihre Bauten aus den eigenen Bäumen geschnitten. Naturnah sollen Baustoffe sein, weil sie »von Natur aus« rechtszirkular, das heißt von energetisch aufbauender Strahlkraft sind. Sie sollten möglichst unbehandelt und zerstörungsfrei sein, wie beispielsweise Lehm. Alles Sägen, Schneiden, Hacken, Nageln, alle eine Einheit auflösenden Handlungen wurden einst im Gebet vollzogen. Ein Gebet ist wie der vorher beschriebene erhöhende Impuls.

Ebenso Textilien tun uns gut, weil sie von Pflanzen oder Tieren sind – und die wir als zweite Haut auch selbst hautnah tragen. Aalto sagt, dass sie »die Natur in der Wohnung verkörpern«. Ganz abgesehen davon, dass sie gewoben und beweglich sind wie die Zelte, jenen Urgestaltungen eines Hauses. Wir selbst tragen lieber eine Kleidung aus Seide, die von der Raupe stammt, Wolle vom Schaf, Fell und Leder oder von den Pflanzen das Leinen aus Flachs und die Baumwolle. Wir spüren sofort, ob wir Kunststoff als Gewand am Körper tragen. Fremdes Baumaterial wurde damals nur dann genommen, wenn es eine geistige und hohe energetische Bedeutung hatte und dadurch einer besonderen Energieausrichtung stärkend dienen sollte.

Es gilt, das Lebendige ins Haus zu nehmen. Wenn wir uns als Teil der Natur erkennen und anerkennen, dann ist es unverständlich, wie wir unsere Häuser abdichten. Von atmenden Wänden kann keine Rede mehr sein. »Nullenergie-Häuser« wurden sie genannt, und wahrlich wenig Lebensenergie kommt in unsere Räume. Es ist doch die Luft, die diese Energie trägt. Doch wir schließen sie aus und nehmen uns damit den Lebensodem. Darum sollten Räume gut und oft belüftet werden, auch um die Ionisation zu gewährleisten. Das bedarf jedoch der Kunst der Aufmerksamkeit, damit nicht unnötig viel Heizenergie verschenkt wird.

Wir haben ein gespaltenes Verhältnis zum Wetter und den Winden. Das Wetter stört uns oft und wir reagieren übermäßig darauf. All die vielen Wettervoraussagen weisen auf unsere Empfindlichkeit hin. Dabei wechselt gerade in unseren Bereichen das Wetter etwa alle drei Tage und könnte wie jede Veränderung für uns belebend sein. Die großen Wechsel der Jahreszeiten sind es ja, die in der nördlichen Erdkugel die Kulturen entstehen ließen. Und der Wind? Jeder Wind ist ein Wesen, hat seinen eigenen Geruch. Kommt er vom Hügel, dann riecht man die Würze der Kräuter oder den trockenen Sand. Kommt er vom Meer, dann ist es das Salz und die Feuchte. Geruch schafft Seelenraum. Wie fein die Spuren im Wind sind, zeigt mir der Hirte, dessen Zigarettenrauch über mehrere hundert Meter sein Kommen ankündigt. Für die acht Windrichtungen haben die Griechen den Winden je einen eigenen Namen gegeben. Im »Turm der Winde« in Athen gaben sie den Winden in einem zauberhaften Oktagon eine frühe bauliche Gestalt. In einer Stadt trägt der Wind auch die Informationen der dort liegenden Gebäude und damit deren Energie mit. Für das Haus und die Ortswahrnehmung ist die vorwiegende Windrichtung bedeutungsvoll.

Wenn ich in der wilden Natur lebe, bin ich umgeben von Pflanzen und Tieren und gehe unmittelbar auf der Erde. Sie ist uneben, und ich weiche Sträuchern, Steinen und Ästen aus. Früher waren Schuhe nur das Obermaterial, die Fußsohle berührte den Boden nackt. Wer lange draußen lebt, wundert sich, wie der Fuß ein noch so kleines Hindernis »sehen« kann. Der Fuß denkt mit. In ihm ist ja der ganze Mensch enthalten, wie die Fußreflexzonen-Therapie uns zeigt. Wir lernen durch den Fuß unseren Ort kennen. Über den Wechsel des Bodens und des Bewuchses, seine unterschiedlichen Härten und Temperaturen, die Trockenheit und Feuchte. Mehr noch. Er spürt die verschiedenen Strahlungen der Erde, deren auf- und abbauenden Energien er aufnimmt und dadurch den ganzen Körper harmonisiert. Früher wurde der Ort durch die Füße erkannt und auch wiedererkannt. Die Priester und Seher aus den alten Orakelstätten Griechenlands schliefen auf der Erde und wuschen ihre Füße nie, um sich ihr Gefühl für die Eingebungen aus der Erde zu bewahren. Wie bedeutsam der Fuß ist, zeigt sich, wenn jemand, der es nicht gewohnt ist, in fremden Räumen aufgefordert ist, die Schuhe auszuziehen. Es ist, als verliere er seinen Halt – und weist doch nur auf die elementare Wirkung der Füße hin. Immer mehr Menschen gehen barfuß in ihren Räumen. Dadurch trennen sie auch die Energien, die sie von draußen hereintragen, weil sie die Schuhe im Vorraum ablegen. Barfuß in den Räumen machen wir, wenn auch unbewusst, viele belebende, sinnliche Erfahrungen. So betrete ich in meinem Wohnraum vier verschiedene Materialien. Das Holz des Dielenbodens, danach ein Teppich, vor dem Kamin die Fliesen und in einer Schräge – statt einer Stufe – die eingemörtelten, kantigen Steine, die ich vom nahegelegenen Berg holte. Unabhängig von der Witterung hat ein jeder Boden seine eigene Temperatur. Schon der Wechsel der Temperaturen im Raum und am Boden wirkt dann auf den Wärmesinn anregend.

Die Erde unter uns will atmen. Wenn wir sie überbauen, unterbrechen wir die Verbindung zum Himmel. In meinem Seminarraum habe ich für die erforderliche Mittelstütze einen Findling als Fundament und einen freien Erdbereich als Kreis gelassen. Das geht bei einem Keller nicht. Doch stellt ein Keller ja einen Gegenraum dar, wie früher in den Kirchen die Krypta – er kann also eine neue Würdigung erfahren.

Gehe ich auf mein Haus zu, dann komme ich aus der wilden Weite des Landes; betrete den Garten, dann das Haus, den Raum, sitze auf dem Stuhl und begegne der Ordnung der Bücher im Regal. Gehe ich hinaus, dann weitet sich alles von den stehenden Büchern bis in die Wildnis draußen. So ist es ein Aus- und Einatmen.

Die Wirkung der feinen Reize

Wenn ich unter einem Baum sitze, übe ich mein Ohr im Wahrnehmen. Höre auf das Raunen der Blätter und lausche dem entfernten Murmeln der sanften Wellen. In der Natur waren wir einst von Gefahren umgeben und mussten zwischen den Geräuschen unterscheiden. Das Ohr war auf feinste Veränderungen eingestellt. Wir mussten ganz wach und dadurch ganz lebendig sein.

Das ist noch immer gegenwärtig in uns und will in unseren Räumen sich verwirklichen. Darum belebt uns das Plätschern von Springbrunnen, das Rauschen eines Vorhangs, die leisen Schritte im Nebenraum, das Glockenspiel, das dem Luftzug folgt. Der Wechsel des Bodenbelags regt an, der den Schrittklang ändert und die Füße belebt. Ein plötzlich ungewohntes Geräusch, ein Knall, ein Flattern macht wach und aufmerksam. Wir aber sind abgestumpft durch die zu vielen Geräusche um uns herum. Es müssen für uns jetzt schon ganz starke Effekte sein, um aufzurütteln. Doch dann entsteht nicht Belebung, sondern Erschrecken und Ängstlichkeit.

Was sich bewegt, bewegt uns. Wird für wahr genommen. Auch über das Auge sind wir auf feine Reize eingestellt. Ein Wild, das wir still beobachten, flieht sobald wir uns bewegen. So spürten wir früher, ob der Wind ein Gras bewegt oder ein Tier heranschleicht. Sobald sich etwas bewegt, geht unsere Aufmerksamkeit dahin. Auch wenn die Bewegung noch so klein ist. Darum bewegen sich manche Tiere nicht, wenn sie in Gefahr sind und passen sich dem Erdboden und den Pflanzen an.

In unseren Räumen kann uns beleben:

★ Wenn wir unsere Wände nicht monochrom streichen, sondern mittels Tupftechnik und Naturfarben tönen. Im Wort »Tönen« klingt bereits ein Mitschwingen an.
★ Wenn Räume nicht hart und voll ausgeleuchtet sind, sondern das Licht einen sanften Schatten und ahnende Schattenräume schafft.
★ Bringen wir das Dunkle in die Räume, geben wir den lichten Bereichen mehr Möglichkeiten zu unserem Ausdeuten. In manchen asiatischen Lokalen hängt unter den Lampen oft etwas leicht Bewegliches und streut das Licht, macht es milder dadurch.
★ Man möge dann und wann das elektrische Licht löschen, eine Kerze anzünden und beobachten, wie der Raum jetzt wirkt. In einiger Entfernung kann man eine zweite Kerze entzünden und wieder wahrnehmen, dann eine dritte.
★ Was zu klar ist, ist ohne Reiz. Wo Schatten ist, da lebt das Geheimnisvolle, das Märchen, der Traum. In der Antike wurden Skulpturen an Wasserbecken gestellt. Das Licht warf ein Bild auf den Wasserspiegel, das mit jeder kleinen Luftbewegung reflektierte. Flirrende Laubblätter vor dem Fenster beleben das starre Sonnenlicht. Lebendigkeit erzeugt auch ein Mobile, das sich leicht im Luftzug bewegt. Es ist erstaunlich, was schon kleine Veränderungen im Raum bewirken. Dies sind nur einzelne Beispiele, der Fantasie sind keine Grenzen gesetzt.

Um mich herum ist die Wildnis, dennoch sehe ich sofort, ob etwas neu oder an einem anderen Platz ist. Mag es auch noch so unbedeutend sein wie eine Dose tief im Gebüsch.

Es ist, als tragen wir ein inneres Bild aller uns umgebenden Räume mit uns. Wir erleben das, wenn ein Gegenstand im Raum verschoben ist. Das ist mehr als Pedanterie, sondern eine urtümliche Reaktion aus erhöhter Wachsamkeit. Was wir verändern, lässt wahrnehmen, was vorher war. Wenn man Bilder an der Wand wechselt oder auch nur an einen anderen Platz hängt, wächst die Wahrnehmung. Es gibt ein energetisches Gesetz, das auch im Feng Shui angewendet wird, nämlich: Die Energie folgt der Aufmerksamkeit. Je stärker die groben Reize, Lärm, Licht, Motor und Bildinformationen, uns überfluten, umso mehr sollten unsere Räume davon »leer« sein und feiner gestaltet. Um die Kraft solch geschaffener Räume ausleben zu können, braucht es einen Übergang, eine Art Schleuse von draußen und innen.

An dieser Stelle möchte ich noch von einem anderen Übergang sprechen. Es braucht den »stillen Raum« im Haus, um in der Stille bei sich anzukommen. Um der inneren Stimme, dem inneren Ohr freien Raum zu geben. In der Lebensgestaltung bietet es sich an, einmal zu »fasten« und ohne Zeitung, Fernsehen und Radio zu sein. Dadurch nehmen wir wahr, wie stark die äußeren Reize auf uns einwirken.

Der erste Eindruck als reine Wahrnehmung

Wenn ich in mir unbekannte Bereiche der Wildnis gehe, spüre ich meine erhöhte Wachsamkeit. Es ist, als ginge ich über die Wahrnehmung meiner Sinne hinaus. Aus früheren Zeiten haben wir etwas entwickelt, was man Instinkt nennen könnte – ähnlich wie bei unseren animalischen Verwandten. Wir mussten schnell reagieren, um zu unterscheiden, ob das Gegenüber ein Feind ist oder friedvoll.

Diese Fähigkeit ist uns noch verfügbar, doch trauen wir ihr nicht, weil sie dem rationalen Denken fern ist. Und verpassen damit so manche Chance. Der erste Eindruck ist wie ein kindhaftes Staunen. Es ist der Anfang von etwas Neuem, etwas, was noch nicht da gewesen ist. Da liegt noch ein Geheimnis im ersten Erkennen, als sei es vom Äußeren ins Innere des Menschen gesunken und rührt nun an ein Urvertrauen – sodass der Engel uns dort antworten kann. Ein jedes Kind trägt von der »anderen Seite« her ein Urvertrauen in dieses Leben hinein. Glücklich der Mensch, der nicht für diese ersten Eindrücke verschreckt wurde.

Die Fähigkeit des schnellen Reagierens ist uns geblieben, doch leben wir in einer Welt der ständigen Überreizung unserer Sinne. Wir sind durch die Bilder in den Medien auf Sensationelles eingestimmt und damit gröber in unserer Wahrnehmung geworden. Eine weitere Einwirkung durch das zivilisiertere Leben sind die Momente des Schreckens, das plötzlich Unerwartete in der Vielfalt der technischen Herausforderungen. Früher war man in umfassender und meditativer Wachheit gegenüber Gefahren. Sie waren auch bekannter und nicht so vielfältig wie heute. Wir dürfen einüben, die Schreckimpulse nur am äußeren Rand unseres Nervensystems zu lassen.

In Beratungsgesprächen wie auch im Wahrnehmen eines Ortes und eines Raumes darf man den ersten Eindruck ganz besonders würdigen. Er verflüchtigt sich jedoch schnell, sobald wir zu denken beginnen. Man kann die Wirkung des ersten Eindrucks einüben. Das beginnt mit seiner Anerkennung und mit Innehalten, danach darf man sich eine Wirkpause gönnen. Vor einer Begegnung sollte man innerlich leer werden und alle Erwartungen loslassen, insbesondere wenn es um Situationen geht, in denen man persönlich betroffen ist oder etwas Gewohntes sich wiederholt.

Wir alle haben durch die menschliche Entwicklung das Potenzial, einen Raum und Ort direkt zu erspüren. Es ist wie der Instinkt des Tieres und tief in uns eingesunken. Wir haben also Fähigkeiten, die wir im wahrsten Sinne des Wortes entdecken dürfen. Dieser Übungsweg erfordert die Verfeinerung der Sinne und Sensibilisierung für den ersten Eindruck. Dann erwächst ein inneres Wahrnehmungsorgan, das die Sinnfindung anrührt. Für mich ist deshalb die Raumerfahrung ein intuitiver Prozess. Es stellt sich auch die Frage, ob Rechenmaßnahmen zur Ortserkenntnis uns nicht von unserem Ursprungswissen eher entfernen. Taucht beim ersten Erspüren ein Wort auf, sollte man nachhorchen, denn in jedem Wort steckt die Kraft seines Anfangs. Im energetischen Wahrnehmen ist die ursprüngliche – aus dem Urgrund springende – Bedeutung eines Wortes sehr erhellend. In die Hand eines Beratenden gehört darum ein etymologisches Wörterbuch, um den tieferen Sinn eines Wortes zu erfassen.

Damit unsere Reaktionsfähigkeit nicht in Hetze entartet, brauchen wir einen geschützten Raum zur Erholung. Wir sollten unsere Rückzugsräume, unsere Wohnungen, als Oase der Ruhe für unsere Sinne gestalten. Eine weitere Verfeinerung des Wahrnehmens geschieht, wenn wir Gewohntes aufheben. In Seminaren lasse ich oft zuerst auf dem Boden sitzen, wahrnehmend, wie es sich dort anfühlt. Danach setzt man sich und erspürt die Erhöhung und den Stuhl als das morphische Feld eines Thrones. Ähnlich kann die Treppe als Himmelsleiter erfahren werden in Überwindung der Schwerkraft, im Auf und Ab der Engelswege, im Schweben aufwärts, im Niedersteigen zur Erde.

Wie wir blicken und was wir sehen

> *»Das Auge, mit dem ich Gott anschaue,*
> *ist das Auge, mit dem mich Gott anschaut.«*
> Meister Eckhart

Durch das Gehen in der Wildnis tasten wir den Raum mit unseren Blicken ab. Der Kopf ist leicht gesenkt, um die Gefahren des Bodens zu erkennen – und wir wenden den Kopf.

Der geneigte Blick wurde vor noch gar nicht so langer Zeit bei den Steh- und Lesepulten und den Schulbänken durch die schräge Lage gewürdigt. Die Kunst des »Bauhauses« mit ihren rechten Winkeln zwängt uns am Tisch nun den Magen ein und lässt das Genick erstarren. Es ist amüsant, dass Computer jetzt die Lesbarkeit erleichtern, wenn sie schräg aufgeklappt sind. In einem Möbelladen sah ich zu meiner Freude einen Schreibtisch, der auch ein eingebautes Lesepult hatte. Es ist ein Leichtes, sich dieses selbst zu basteln und bringt viele Vorzüge. Für ein Stehpult schwärme ich, weil es Denken, Gehen und Schreiben zu einer kreativen Einheit verbindet.

Durch den gesenkten Blick wird in der Raumgestaltung den Wänden und Fußböden die größere Bedeutung gegeben. Der Blick nach oben ist ein Willensakt. Interessant ist, dass man in Urzeiten in einfachen Hütten lebte, für den Blick zum Himmel aber gewaltige Steinbauten erschuf. Wir vernaschlässigen die Decke. In den barocken Sälen gab die Größe des Raumes uns den Blick in die Höhe frei, das, wie in Kirchen, auch ein Gottessehnen war. Bei Zahnärzten sah ich Bilder an Decken, und der Architekt Nouvel hat in einem Hotel die Decken bemalt, allerdings sehr dramatisch und wenig zum Schlafen einladend. Aber gerade in Zeiten der Hingabe, des Liegens beim Einschlafen, wird die Decke bedeutsam. Welch Möglichkeiten der Gestaltung in Farben und Motiven! Es gibt auch Räume, in denen seelische Qualitäten durch die Deckengestaltung unterstützt werden könnten: bei Krankheiten und beim Sterben, jenen Zeiten des Übergangs und der Wandlung. Unsere technischen Möglichkeiten erlauben uns, hierfür Bilder zu projizieren. Arzt und Therapeut können dann gemeinsam wirken.

Die andere Blickrichtung ist hin- und herschwenkend, um sich zu orientieren und um Gefahren früh zu erkennen.

Darum ist eine Fensterteilung durch senkrechte Sprossen für uns unangenehm, wenn sie die Mitte teilt und nicht für den Blick freigibt.

Blicken wir gezielt in eine Richtung, so nehmen wir dennoch am Rande des in uns entstehenden Bildes weitere Motive wahr. Darum hatte der Maler Klimt für seine expressiven Landschaftsbilder einen Klappkarton mit Ausschnitt dabei, um die Essenz eines Ortes zu erfassen. Wir können diese Erfahrung machen, wenn wir mit unseren Händen einen solchen Ausschnitt aus der Landschaft schaffen. Für eine geomantische Wahrnehmung ist dies sehr dienlich – und ein weit verbreitetes Kinderspiel. Daumen und Zeigefinger werden zum Guckloch gemacht, um durch den Ausschnitt das zu oft Gesehene neu zu entdecken.

Durch die Stellung unserer Augen können wir nie unseren Rücken selbst sehen, denn dort fehlt uns das Raumbewusstsein. Dadurch ist der Rücken energetisch offener, durchlässiger, zugleich aber auch empfindlicher und angstvoller für eine Gefahr, die von hinten kommt (siehe hierzu auch in meinem Buch »Kleidung wie sie schützt und stärkt«, Seite 66f.). Wir dürfen üben, mit dem Rücken zu »sehen« – mit dem inneren Blick – und beim Hören vom Rücken her zu lauschen. Meister Eckhart beschreibt es so: »Das Auge sieht unmittelbar den Himmel und nimmt ihn auf, gleicht ihm. Das Auge ist rund wie der Himmel. Es strahlt, ist nach außen gerichtet und nimmt leicht nach innen hin wahr. Das Auge denkt – es ist dem Licht nah.«

Der Wind schwenkt Gräser und Büsche hin und her, dennoch fällt in all diesen Bewegungen mein Blick auf ein Stück Pappe, das sich ebenfalls bewegt, aber dank seiner Schwere anders als die ihn umgebende Natur. Sind uns die Bewegungen der Natur immer noch so tief als Grundmuster erlebbar? Dinge, die gerade sind oder gar im rechten Winkel stehen, fallen uns sofort ins Auge. Es gibt keine eindeutigen Formen in der Natur.

Eine frei von der Hand gezogene Linie ist anregender und lebendiger als der Strich von einem Lineal. Die Kunst in der Gestaltung ist das Zusammenspiel zwischen der geistigen Qualität der Grundformen und den organischen Formen.

Durch die Sinnlichkeit zum Sinn

Wenn ich abends im Dunkel Wasser in mein Glas gieße, dann halte ich meinen Daumen hinein und spüre, wann das Wasser den Rand erreicht. Die Dunkelheit macht das Fühlen lebendig. Es entsteht ein anderes Raumgefühl. Auch die Erinnerungen an die Dinge im Raum verändern sich.

> »Alle unsere Begriffe sind im Be-Greifen verwurzelt.
> Wer sich an diesen Wurzeln nicht beschmutzen will,
> dessen säuberliche Begrifflichkeit wird bald entwurzelt vertrocknen.«
> David Steindl-Rast

Wie tief die Sinne unser Inneres beleben, zeigen schon die Wortgebungen auf. Wir sprechen vom Sinn des Lebens; vom Fühlen, das uns erfasst; vom Begreifen eines Gedankenganges. Wir fühlen Erinnerungen aufleuchten und erfüllen Seelenräume, wenn ein vergessener Geruch uns erreicht. Das, was wir sind, sind wir durch unsere Sinne. Durch das sinnliche Erleben werden wir zu einer Persönlichkeit, einem Individuum. Die Sinne sind es, die uns ein Gefühl unseres Selbst geben, in der Gewissheit, da zu sein. Durch das Tasten fühlen wir und werden dadurch innerlich berührt und bewegt, sowohl im Seelischen wie auch im Geistigen. Je intensiver die Begegnung mit der Materie und je größer der Widerstand ist, umso stärker wird die Fähigkeit des Fühlens und Begreifens. Und je stärker wir im Gefühl sind, umso mehr fühlen wir unser persönliches Da-Sein.

Zuerst war das Fühlen da, vorrangig durch das Tasten und Greifen mit den Händen. Das erste Denken geschah durch die Hände, was Hugo Kükelhaus sagen ließ: »Wir denken mit den Händen.« Es ist, als ob wir die große Frage nach dem Sinn des Lebens am ehesten durch die Hände, das Tun, das Schöpfende erfassen können. Die sinnliche Begegnung mit den Dingen vergeistigt und beseelt uns. Je mehr wir von der Sinnlichkeit der Materie, der Mutter Erde, uns getrennt haben, umso mehr hat sich der Intellekt verselbständigt. Wir können Raum und Haus und

Gegenstand nur wahrnehmen, wenn wir unsere eigene Leiblichkeit erfahren haben. Es ist unheimlich, wie un-sinnlich wir aufwachsen. Denken, Wahrnehmen und Empfinden haben sich stark gewandelt.

Etwas begreifen ist eine sinnliche Erfahrung. Zur Welterfahrung war das Denken nachrangig. Wir dürfen unsere Intellektualisierung kritisch betrachten. Die Sinne bringen uns dem Sinn unmittelbar näher. Wenn Sinne nicht gebraucht werden, stumpfen sie ab. Das breite Band der Wahrnehmung verengt sich. Die Feinheit der Naturerscheinungen wird übersehen, überhört, nicht mehr gefühlt. Damit mindert sich nicht nur die Sinnlichkeit und die Wahrnehmung, sondern auch die Sensibilität und damit der Weg zu übersinnlichen Erfahrungen. Sinnliches und Übersinnliches bedingen sich gegenseitig.

» *Was für die Tiere der Selbsterhaltungstrieb ist,*
das ist für uns Menschen die Sehnsucht nach Sinn.
Wir sind selbst der Sinn dessen, was wir sinnlich erfahren.«
David Steindl-Rast

In einer so sehr die Sinne tötenden Umwelt verliert sich die Nähe zur Sinnerfassung. Viele sehen keinen Lebenssinn mehr. Durch das Versagen der kirchlichen Institutionen flüchtet man dann in Engelswelten oder in eine fehlgeleitete Esoterik.

Wo ist in den modernen Wohnmaschinen die Sinnlichkeit? Harte Wände, totales Weiß, Sensoren, gleichartige Fußböden, gleiche Raumtemperatur, elektrisch gesteuerter Kamin, viele Druckknöpfe als »Schalter«, technische Geräusche, Staubsauger statt Besen, Lifte, automatische Türen, Rolltreppen ... Die vielen Schalter und Sensoren nehmen uns Wachsamkeit ab oder irritieren, wenn man Gast ist. Es ist dann, als wären die versteckten Installationen die Geheimnisse des Inhabers. Durch all das entsteht ein anderes Fühlen, Empfinden, Wahrnehmen und Denken. Das einzige Organische ist das Rauschen des WC-Wassers. Statt fließende Bewegung erleben wir den mechanischen Rhythmus im monotonen Takt der Motoren. Weil unsere Sinne so wenig gefordert werden, können wir nur schwer die feinen Wirkungen des Raumes und der Materialien erfassen. Leider fehlt in den meisten Ausbildungen der heranwachsenden Architekten ein sinnliches Ergreifen. Das frühere schwebende Wahrnehmen ist verlorengegangen, auch durch ihre intellektuelle Abwertung. Das Raunen der Natur, das Schweigen der Tiere gab ein Miterleben und orientierende Zeichen, die uns führten.

Vom Tasten

Beim Malen mit Pigmenten, die unmittelbar aufs Papier getragen werden, wird der Mittelfinger gerne benutzt, weil er so fühlig ist. Wenn wir am Computer sitzen und mit dem Finger ertasten, dann geschieht dies oft mit dem gleichen Finger, aber der Widerstand fehlt, die Flächen sind glatt ... Mit dem Finger wird vieles bewegt: die Lichtanlage, die Rolläden der Fenster usw. Durchs Internet wird mittels Fingerdruck eine ganze Welt eröffnet – doch wahrgenommen wird immer weniger. Alles ist auf die kleinen Bewegungsabläufe des Fingers und Armes reduziert, aber der ganze Körper verspannt sich dabei.

Berühren rührt an und rührt um – im Inneren –, erzeugt Berührtsein. So spricht man ja von »gerührt sein« und »rührend«, wenn »etwas zu Herzen geht«. Was wir nicht tastend erfühlen, rührt uns nicht an – und damit auch unser Inneres nicht. Fehlende fühlende Sinneswahrnehmung mindert die Sinnfindung. Alles wird eindeutiger und abstrakter durch das Handhaben von Schaltern, Armaturen, Displays, unterstützt durch das Zeitmaß der Uhr und Termine. Gleichzeitig hat sich die erfahrbare Welt immer weiter von uns entfernt. Maschinen, Motoren und Werkzeuge nehmen oder unterbrechen den Kontakt von Hand und Werkstück. Neue mechanische Handhabungen verniedlichen die Welterfahrung, vom Daumen für die SMS bis ... Es ließe sich nun die Menge all der glatten, neutralen, ordentlichen Dinge aufzählen, die uns in unseren Räumen umgeben. All die sogenannten Erleichterungen lassen uns verkümmern. Die Reiß- und Ratschverschlüsse machen, dass unsere Kinder kaum noch Schnürsenkel oder eine Schleife binden können – geschweige denn im Dunkeln. Auf allen Ebenen werden die Sinne entweder nicht geweckt oder überreizt.

Im Fühlen sind die Sinne stark angeregt, das Sehen ist näher am Werten und Analysieren. Im Fühlen kann das Erfühlte und das Gefühl belebt werden. Das ist eine mehr weibliche Welterfahrung und mildert unsere zu stark männlich geprägte Welt. In der Keimzelle unserer Kultur, der Wohnung, sollten wir den Sinnen mehr Nahrung geben. Da sind der Fantasie keine Grenzen gesetzt. Die Räume und Möbel und Dinge müssen be-greifbarer sein. Gerade für das seelische Wachstum eines Kindes ist die Sinnlichkeit so bedeutsam. Durch das Urvertrauen, mit denen das Neugeborene in die Welt tritt, nimmt es alles, was ihm begegnet, als richtig an – was es hört, sieht und fühlt. Doch seine Sinne werden betrogen durch Kunststoffe, chemische Düfte, zu glatte Dinge, digitale Geräusche usw. Die aus den Sinnen entstehenden Vorstellungen von der zu erobernden Welt sind falsch. Glatt ist monoton, regt nicht an, ist »glatt«, ist anonym. Hingegen dienen verschiedene Oberflächen – griffig, begreifbar – dazu, dass wir unterscheiden und »wahr« denken lernen.

Vom Riechen

> *»Mystisches Erleben ist dem Reichtum des Geruchsinnes entnommen.*
> *Von allen unseren Sinnen ist der Geschmackssinn der innerlichste.*
> *Er verweist auf die Weisheit.«*
> David Steindl-Rast

Die Säuberungsmittel für die sogenannte Hygiene nehmen unseren Dingen und Räumen den Schmelz. Früher roch ein Haus nach Bohnerwachs und Wäsche, Bügelwärme und Braten und dann und wann nach Brot und Backen. Es waren die Wochentage, die rochen. Im Riechvorgang kommen Materie und Seele in unmittelbare Begegnung. Gerüche regen den Seelenraum an. Wohl jeder kennt das Erleben: Ein Geruch taucht auf und unmittelbar erinnert man sich an ein längst vergessenes Geschehen. Geruch und Geschmacklosigkeit gehören zusammen. Geschmacklosigkeit ist Ausdruck eines Menschen, der nicht in harmonischer Entwicklung seiner geistigen, seelischen und leiblichen Kräfte steht. Der gute Geschmack ist eine moralische, eine ethische Qualität. So hängen die Sinne und die Schönheit und Menschlichkeit zusammen. Das stellt so manches Design in Frage, das lediglich ästhetisch ist – fotoreif, aber wehe ein Mensch wagt sich störend ins »Gestellte«.

Die Bedeutung des Riechens scheint eine sichere, aber tierische Reaktion zu sein. Die Redensart, dass man jemanden nicht riechen kann, steckt in diesem Instinkt. Die sexuelle Lockung durch den eigenen, individuellen Duft ist erst in jüngster Zeit durch die moderne Hygiene unterbunden worden. Der Zauber des Dufts und Wohlgeruchs darf wieder erlebt werden. Die Luft, die wir atmen, trägt viele Informationen, die unser Körper zwar wahrnimmt, die uns aber nicht bewusst wird.

Vom Hören

Sobald ich aus der Ferne die Glocken der Ziegenherde höre, richtet sich mein Ohr aus. Ob sie noch weit sind oder schon nahe am Zaun, der leider nicht überall dicht ist. Immer wieder erstaunt mich, wie ich mich in den Entfernungen täusche. Dabei übe ich doch schon seit Jahren, den Raum anders zu hören.

Wie bei den feinen Reizen besprochen, kam dem Hören große Bedeutung zu. Ketzerisch ausgedrückt könnte man meinen, dass unsere Zivilisation eher eine sprechende statt hörende ist. Sprechen ist yang, Hören ist yin. Alte Gebäude, besonders wenn sie aus Holz gebaut sind, haben ihre eigenen Geräusche – Schritte, die man hört, oder das Knirschen der Stufen. Die belebende Kraft der feinen und unregelmäßigen Geräusche dürfen wir uns ins Haus holen, sei es durch Springbrunnen oder Glockenklänge, Gongs statt schrillen Klingeln. Das Ohr nimmt sinnlich den Klang auf, aber auch was ätherisch dazwischen klingt – eine Art Musik.

Die Stille öffnet mehr für die inneren Worte und ermöglicht, die innere Stimme zu hören. Die Hörbewegung ist ein Aufnehmen, das Ohr ein Trichter. Die Stille tönt dann im Inneren: Man wird still, auch vor dem Geheimnis des Seins. Dieser Stille entspricht in den Tempeln der unbegangene Raum, das Adyton. Ein Haus, ein Raum ist dann der Vollkommenheit nah, wenn dort auch Stille und Rückzug möglich ist.

Hirte oder Bauer – Abel und Kain

Das Land, das ich hüte, ist groß, und lang sind die Grenzen. Das Land will geschützt sein vor den Schafen, mehr aber noch vor den Ziegen. Die Ziegen kommen gegen Ende des Sommers, wenn sie in ihrem eigenen Umfeld keine Nahrung mehr finden. Sie riechen den Duft der von mir gepflegten Pflanzen, und ihre Gewalt durchbricht jeden Zaun, der nur grenzbetonend, aber nicht stark genug ist. Ich pflanze und pflege zarte Obstbäume – und im Nu sind die Pflanzen abgefressen. Oft überkommt mich in meiner Ohnmacht ein heiliger Zorn.

Ich nehme aus tiefstem Seelengrunde wahr, dass Kultur und die Kultivierung eines Stück Erde mehr sind als ein Wortspiel. Ein Beispiel der Vernichtung zeigt sich in den Mittelmeerländern, wo die Herden-Wirtschaft nur trostlose Verwilde-

rung hinterlässt, weil schon das Keimende bis zur Wurzel abgeweidet wurde. Ahnend kann ich Kain verstehen, denn auch ich bin zornig auf den Hirten, der seiner Aufgabe nicht nachkommt. Ja – mich auslachte, als ich mit Steinen und Gebrüll seine Ziegen vom Land scheuchte. Ich gebe zu, dass seine Tiere nur schwer zu bändigen sind, wenn sie hungern. Was aber soll Kain tun?

Von einem maurischen Nomaden hieß es, dass er nur ein Oben und ein Unten kennt. Sein »Haus« hat als Wände den Himmel, der sich als Kuppel bis zum Boden wölbt. Er bezeichnet sogar den ganzen Weltenraum als eine Höhle. Sein Zelt war ihm nur wie ein Kleid. War er im Zelt, so wähnte er sich dennoch im Freien. Wenn den Nomaden der Himmel ganz umgibt, dann ist er mit jedem Schritt immerzu im Raum – unbegrenzt durch Wand oder Mauer. Alles ist nur Erde und Himmel, wobei das Zelt die Wiederholung der Kuppel ist und die Zeltstange als Omphalos die mitwandernde Mitte der Welt. Der Sternenhimmel ist ihm das Dach. Darum ist der Unterschied krass zwischen dem, der im »Freien« lebt und dem, der in einem Haus wohnt. Der Nomade fühlt sich im Zelt, als läge er im Freien. Das Umgebende war nachrangig im Gestaltungswillen. Es sollte die unendliche Weite eingerahmt sein, einbezogen in den vertikal erfassten Raum und möglichst durchlässig. Die Wege eines Nomaden sind weit und abweichend.

Auch im Asiatischen wurde dem Boden mehr Aufmerksamkeit geschenkt, ebenso der Decke, dem Dach, dem Himmel. Im japanischen Haus wird dem Dach derart große Bedeutung gegeben, dass der Dachraum nicht verbaut wird. Sogar das Wort Haus und Dach sind eines – entstanden aus der großen Naturbezogenheit der Japaner.

Das Zelt, in der zentrierten Mitte und seiner Kreisform ist in der Aufrichtung dem Himmel als Form nah. Der Kreis ist eine fließende, eher unbestimmte Form,

Freiraum

Besitz und Grenzen

Kreis und Quadrat.

ohne Anfang, ohne Ende. Die Zeltspitze ist gen Himmel gerichtet. Zelte sind beweglich, verkörpern Freiraum.

Das Quadrat ist starr, fest, von Dauer und entspricht der Erde. Die Ecken halten die Fläche. Stuhl, Zaun, Haus und Stadtmauer markieren Besitz. In den Flächen sind die Wege verdichtet. Der Besitzende und der Sesshafte haben einen Standpunkt, sind im Kreuz aufgerichtet zwischen Himmel und Erde und zugleich in die Weite der Horizontalen gestellt, in die Weite einwirkend. Um Halt zu finden, braucht er Wand und Mauer. Besitz hat immer Grenzen, die festgelegt und vermessen werden müssen. Darin liegt der Ursprung des Messens und der Zahlen. So sind auch der Bauer und der Bauende miteinander verwandt.

Jäger und Hirte leben im natürlichen Schutz einer Mulde oder Höhle oder unter dem Dach eines Baumes. Fehlt dies, dient ihm das bewegliche Zelt. Weil er alles tragen muss oder durch seine Tiere tragen lässt, hat er wenig Besitz. Das Wertvolle trägt er am Körper, oft zu Schmuck geformt. Der Landwirt benötigt Energie durch den Widerstand der harten Erde und die ständige Obacht vom Besitz. Sicher und standhaft müssen die geschaffenen Räume sein, zum Schutz der Vorräte gegen Witterung und Tiere.

Hirten, Jäger, Fischer richten sich nach dem Mond. Der wechselt seine Größe wie die Nomaden den Ort. Der sich wandelnde Mond macht unruhig. Eine Kultur des Mondes kann nur bedingt sesshaft werden. Das Matriarchat ist die Zeit des Wanderns, ein Sehnen in die Weite und Freiheit. Es gibt keine Pläne, man folgt dem Geschehen, der Witterung, dem Wachstum des schon Gewachsenen, dem Gras, den zu jagenden Tieren. Nicht der feste Ort bestimmt das Leben, sondern die Umstände des Seins. Die Erde wird nicht unterworfen, man schmiegt sich an sie und ihren Atem – im elementarsten, im unmittelbaren Erleben.

Die ständige Suche des Menschen nach der »Quadratur des Kreises« ist ein tiefes Sehnen und will das Fließen und das Starre vereinen. Bei den »Baustilen« finden wir architektonische Entsprechungen. Die Niederländer haben die Redensart: »Wohnen ist Leben, Reisen ist Sein.« Doch was ist mit Reisen gemeint? Früher war es ein Abenteuer und die Wegstrecke eine Lebenserfahrung. Heute ist es Spaß, und nahezu jeder fremde Ort ist einfach zu erreichen. Das wahre Reisen geschieht jetzt im Inneren des Menschen, und das Land der Abenteuer ist das Bewusstsein. Der Mut besteht nicht mehr darin, den höchsten Berg zu erklimmen, sondern in die eigenen Abgründe niederzusteigen, um dann wie Phönix aus der Asche wieder aufzusteigen.

> »Abwärts zu den Gipfeln seiner selbst
> bricht er hinauf,
> den Kampf mit seiner Unterwelt
> nimmt er gelassen auf.«
> Novalis

Der Prozess ähnelt einer äußeren Reise: Es gibt ein Ziel und eine Bewegung auf andere unbekannte »Orte« und Lebenssituationen zu. Heutzutage ist der Nomade »in« uns. Wohnen kann dann zu einer Reise zu sich selbst sein und verbindet das Unbewegliche des Raumes mit der inneren Bewegung: Wohnen als geistige Bewegung.

In jedem von uns lebt der Nomade und der Sesshafte. Unser Nomadentum findet sich entweder im Tourismus oder im sozialen Geschehen, wenn wir ausbrechen aus eingrenzenden Normen. Doch beides ist jetzt pervertiert. Der Tourist ist kein Gehender mehr, kein Wanderer. Er sitzt im Taxi, fährt bis zum Flieger oder bewegt sich im Wohnwagen – das Wort zeigt bereits die Verbindung auf … Er bewegt sich sitzend oder virtuell vor dem Fernseher, in die Ferne sehend.

Wohnen als Suche und Sucht

Dieser Titel klingt provozierend und ist auch so gemeint. Das Leben in der Natur zeigt uns, dass wir immerzu von Gefahren umgeben waren. Das bedeutete ständige Wachsamkeit. Sicherheit, wie wir sie jetzt kennen, war nicht gegeben. Sicherheit ist uns zum Lebensbedürfnis geworden und wirkt auf unsere Wohnweisen zurück.

> »Der Mensch verliert das Interesse an allem,
> was sich wiederholt.«
> Eissler

Für mich steckt im Wort »Wohnung« auch das Ge-Wohnte. Das Gewohnte entsteht durch die Wiederholung, wodurch mögliche Gefahren eingegrenzt werden. Wir brauchen »im Dschungel der Städte« zum Überleben die uns vertrauten Umstände, sei es der Raum, die Dinge, die Menschen oder Zeitabläufe. Sie gefallen uns und geben uns das Gefühl von Sicherheit und Ordnung. Auch sparen wir durch das Gewohnte viel Energie, wenn wir uns im Raum und in der Zeit zurecht finden. Wie oft schon hat man daneben gegriffen, wenn ein Gegenstand nicht an seinem Platz steht. Oder wir rücken einen Stuhl dahin, wo er »gewöhnlich« steht. Dann »bringen wir in Ordnung« und schaffen das Gefühl der Sicherheit. Es ist ein immer wieder in sich kreisendes Geschehen, wie ein Ritual, jedoch ohne bewusste Steigerung. Gerade das Haus, die Wohnung mit ihren Gegenständen, den vertrauten Abläufen gibt uns eine Vielzahl von Gewohntem.

Traditionstreue war früher zwingend zum Überleben der Gemeinschaft. Das Altbekannte gibt uns das Gefühl der Geborgenheit. Gleichzeitig aber binden wir auch Energie, denn wir verharren im Alten, halten dran fest und versperren uns dadurch den Weg zu Neuem. Das Gewohnte ist zwar effektiv, mindert aber die Lebendigkeit. Und ist eine Sucht. Jede langfristige Wiederholung erzeugt im Körper seelische und auch chemische Prozesse, die nach Erfüllung suchen. Suchen kreiert Sucht – und wir werden abhängig von unseren Wiederholungen. Darum empfehle ich, bei jedem inneren Wandlungsgeschehen auch im Außen, in der Wohnung etwas zu verändern. Das muss nicht viel sein, aber stellvertretend für den Entscheid zur Veränderung, sonst holen uns die uns umstellenden Dinge wieder ein. Keine Schlange schlüpft in die abgestreifte Haut wieder hinein, sie will doch wachsen.

Wenn Altes durch Neues einfach ersetzt wird, steckt darin oft nur der Wunsch nach Neuem und hat mit den möglichen Veränderungen – einem Wandlungsgeschehen – nichts zu tun.

Gemeinschaftlich leben

Einmal mussten wir im Winter vom Grundstück nach Athen. Ein Orkan stürmte und es regnete so sehr, dass trockene Rinnen zu Sturzbächen und Wasserfällen wurden. Bis zum Dorf konnten wir uns zu Fuß durchkämpfen. Dort half man uns trotz aller Gefahren weiter. Wir erlebten die Kraft einer unterstützenden Gemeinschaft.

Die Witterung und die Jagd, die Ernten und die bedrohende Umwelt zwangen ein gemeinsames Leben in einer Gruppe und in den Dörfern auf. Gemeinsames Handeln, Rituale und Feste waren nicht nur äußere Geschehnisse, sondern drangen bis ins Fühlen und Denken hinein. Man war eins miteinander, fühlte sich immer als Teil eines größeren Ganzen. Das gab Schutz und inneres Vertrauen. Als der Mensch in seiner Individualität sich entwickelte und zunehmend in Städten lebte, vereinzelte er sich. Bis in die Lebensformen hinein, die wir jetzt von uns kennen. Die uns heute vertraute Kleinfamilie war nie die einzige Form der Gemeinschaft.

Bis ins letzte Jahrhundert hinein gab es im Bäuerlichen noch die Urform der Großfamilie. Dort lebten drei Generationen zusammen – Verheiratete und Ledige, Kinder und Alte. Das Familienoberhaupt war der Großvater. Gemeinsam waren Küche und Wohnraum, Stall, Feld und die Arbeit. Gemeinsam das Essen und der Zeitablauf, zentriert auf den Hof, von der Weite der Äcker umstanden. Wie in alle anderen früheren Lebensformen, können wir nicht mehr in diesen Urzustand zurück. Es ist mir in diesem Buch wichtig, für die Zukunft eine neue Form der Gemeinschaften zu finden. Denn wir sind einerseits Einzelne, aber auch immer als soziales Wesen ein Teil des Ganzen. Dafür wollen neue Wohn- und Gemeinschaftsbauten entstehen, die beständig sind, nicht aus Tradition, sondern aus freiem und höherem Bewusstsein geschaffen. Wir sind geistige Wesen und uns verbindet vorrangig ein Übergeordnetes.

Als Ingenieur habe ich in Deutschland mehrere Ingenieur-Gruppen gegründet und begleitet. Das Ziel war, dass alle Ingenieure, Techniker und Zeichner selbständig sind und die unterschiedlichen Fachrichtungen in einem Hause miteinander arbeiten. Das war Pionierarbeit und der Impuls beflügelte. So ließ auch der berufliche Erfolg nicht auf sich warten. Der Erfolg blieb. Jetzt, nach vierzig Jahren, aber erkenne ich, dass erfolgreiche Wege der Lebenserhaltung und noch so hohe soziale Aspekte nicht genügen. Es braucht ein geistiges, ein spirituelles Anliegen.

Lob der Dunkelheit

Wenn es Abend wird, zögern wir, die Kerzen anzuzünden. Die Dämmerung hat ihr eigenes Geheimnis. Wir schauen dem vergehenden Abendrot hinter den Bergen nach. Wenden wir uns, dann schleicht die Nacht am Horizont heran, sanft, aber auch drohend. Später entdecken wir am noch hellen Himmel die ersten Sterne. Ist es Nacht geworden, wird jeder Schritt ein Tasten in der Dunkelheit. Helle Sterne und die Milchstraße bannen unseren Blick.

> *» Wenn man am Abend auch weint,*
> *am Morgen herrscht wieder Jubel. «*
> Psalm 30

Dies ist ein Lob der Nacht. Sie gibt dem Menschen die Kraft für den Tag. Zur Nacht gehört die Dunkelheit, das Verinnern, der Seelenraum. Tag und Nacht sind wie der Rhythmus des Atmens. Ein Sich-Zurückziehen und ein Ausstoßen im Wechsel des Polaren. Das ist Lebensspannung und Lebenskraft. Lebendig gelebtes Leben schwankt um die Mitte des Einen und des Anderen. Abtrünnig werden wir, wenn wir einseitig sind, eine Seite überbetonen. Wir leben in vielfacher Weise einseitig. So sprechen wir von Kraft, von Räumen und Orten der Kraft, aber der Mensch ist auch in die Zeit gestellt. Er steht in einem Zeit-Raum, der genauso viel Realität hat wie der gebaute Raum. Wir bauen aufmerksam die Räume, aber vernachlässigen unseren Wesensraum, den Zeitleib und damit die Kraft der Zeit.

Wir sind vom Licht und Dunkel grundsätzlich herausgefordert. Einmal ist es taghell und freundlich, dann wieder dunkel und voller Geheimnisse. Im Tageslicht wird all das Kleine sichtbar, aber die Nacht ist groß und weit und weitet unseren Innenraum, die Seele. Das Erleben der Dunkelheit öffnet uns für die Schönheit des Lichts, öffnet aber auch für die Angst vor der Dunkelheit und der aufziehenden Welt der Dämonen. Früher war man gewiss, dass es eine psychische Urnacht gibt, aus der heraus die Sehnsucht nach Licht und Bewusstsein rührte, als Drang, aus der uranfänglichen Dunkelheit herauszukommen. Vom Kosmos aus gesehen, mag es ein eigenartiges Bild sein, wenn auf der Schattenseite der Erde die Menschen ihre Räume verriegeln, sich entkleiden und hinlegen und die Augen schließen. Jeder wandert ins eigene Dunkle, lässt ins eigene Innenleben sich ein, vereinzelt sich dadurch und ist doch Teil der einen Dunkelheit. Ein Meer des Unbewussten breitet sich aus. Für den Menschen gibt es Tag und Nacht – ein kosmischer Zwang, dem wir uns nicht widersetzen können. Dieser Wechsel von Tag und Nacht ist belebend und gilt auch für die Tier- und Pflanzenwelt. Und der Mond, der die Erdkruste zu Ebbe und Flut anhebt, hebt auch die Säfte des Leibes an und weitet uns. Schlaf, das ist Hingabe des Ich, ist Bewusstlosigkeit. Durch das Versinken und die Ich-Aufgabe ist jedes Erwachen wie ein Neuanfang.

Wir fühlen uns frei von archaischen Vorgaben, doch die Dunkelheiten zeigen auf, in welchen tief versteckten Ängsten wir noch leben. Dabei gehört das undurchdringlich Dunkle zum Wesen des Menschen und ist eine Urwirklichkeit. So wie die

Ängste als Gabe von den Göttern angesehen wurden, die der Erschaffung des Menschen dienen soll. Die Faszination der Dämmerung und Dunkelheit, des Geheimen und des Unbewussten ist der Nährboden aller Märchen, den Traumgeschichten der Seele in den dunklen Tagen. Früher wurden die Tage in Nächten benannt, etwa *fortnight* im Englischen, und der Tag zählte von Sonnenuntergang bis Sonnenuntergang. So ist ja auch der Sonnabend der Abend zum Sonntag.

Ein mir befreundeter Indianer vom Amazonas, wo der Wechsel der Jahreszciten aufgehoben ist, sagte zu mir: »Wenn ich bei euch leben würde, ich würde im Winter nur schlafen.« Das ist der Grund, warum ich im Sommer in Griechenland lebe und im Winter im Norden, wo der Seelenraum in der dunklen Zeit empfänglicher wird. »Nur wer winterlich abzusterben vermag, kann einen schöpferischen Frühling erleben«, schreibt Heinrich Rombach. Schauen wir die Weltkarte an, dann sehen wir, dass Kultur dort wächst, wo der Wechsel der Jahreszeiten anregend auf uns wirkt. Der helle Sommer regt körperliche Kraft zur Tat an. Der dunkle Winter mit seiner geringeren Sinnesanreizung verlangsamt die Reaktionen und zieht die Aufmerksamkeit nach innen, im Sinne einer geistig-seelischen Samensetzung für den Sommer.

Das Grundbedürfnis nach dem Innenraum ist uns im wahrsten Sinne »eingeboren«. Wir kommen aus dem Mutterbauch und suchen den Innenraum – suchen ihn, weil wir im Vorgeburtlichen schon viele Wahrnehmungen haben, wie zahlreiche Forschungen belegen. Vermutlich liegt deshalb in uns das Sehnen, nach innen zu gehen, und der Wunsch, Räume und damit besonders Innenräume zu gestalten. Bauen ist Verwirklichung dieses Sehnens. Kein Wunder, dass es Kulturen gibt, in denen es für das Haus und den Mutterbauch nur ein Wort gibt.

Und in diesen Räumen gibt es ein Seelengefährt, das unmittelbar anregt, wieder einzutauchen in das ursprünglich Geschützte und Warme und Wässrige – das Bett und die umhüllende Dunkelheit. Für ein Drittel unserer Lebenszeit sinken wir in die Höhle des Bettes. Bett bedeutet »in die Erde eingewühlte Lagerstatt«. Man entkleidet sich, macht sich nackt. Wir weiten uns auch unbewusst dadurch, dass wir die enge Kleidung und Schuhe abgelegt haben. Obwohl wir zugedeckt sind, sind wir weiter geworden. Dann wird der Schlaf zum »kleinen Tod« und ein jeder Morgen die Neugeburt. Im Schlaf trennen sich Seele und Geist vom Lebensleib und vom physischen Körper. Dass der schlafende Mensch auch energetisch größer wird durch die Begegnung mit dem Kosmischen, finden wir im uns vertrauten Symbol der Ehe, den sich überschneidenden Kreisen, wieder. Im Schlaf geben wir uns Belastendes ab; durch das früher geübte Ausschütteln der Bettdecke, die man in die Sonne legte, wurde auch das seelisch Ausgedünstete entfernt. Das ist pure Geomantie. Das Wort »reinigen« bedeutet vom Wortstamm her, etwas zu trennen, was energetisch nicht zusammengehört.

In unseren durch Reize überfluteten Tage brauchen wir die Dunkelheit der Nacht, damit die Nerven zur Ruhe kommen und kosmische Kräfte uns erreichen. Im Liegen sind wir total passiv und unser Körper bietet dann den Erd- und Himmelskräften die größte Leibesfläche an. Im Schlaf schaffen wir uns neue Lebenskräfte. Gerade den Nordeuropäern ist die Dunkelheit wesensnah.

Es braucht auch Mut, vom ständigen Wachsein loszulassen und sich dem Ungewissen anheimzugeben. Der uns umgebende Raum wird weit und leer von Bildern; wie ein dunkler Abgrund auch räumlich, in der Tiefe der Nacht. Es gilt das alte Sprichwort, dass der Schlaf heilig und damit heilend ist. Im Einschlafen liegt viel Gottesvertrauen, denn das Löschen des Lichts ist ein sich Anvertrauen dem Dunklen, Unheimlichen. Nichts ist mehr erkennbar, nicht greifbar, nicht begreifbar. Der kontrollierende Verstand wird aufgehoben. Zur Abwehr der Dämonen wurden deshalb früher Bettpfosten mit schützenden Engelfiguren oder Fratzen geschnitzt. Letztere dienten dazu – dem Energiegesetz der Interferenz folgend –, Ähnliches mit Ähnlichem zu bannen. Aber es ist nicht nur das Dunkle um uns herum, das ängstigen kann, sondern das eigene innere Dunkel. Das noch nicht Durchlichtete des eigenen Schattens wird angeregt und verzögert das Einschlafen. Dabei können gerade im Schlaf und im Dunkel scheinbar unlösbare Fragen sich beantworten. Früher verband man sich deshalb mit den Engeln mit der Bitte um Schutz und um Antwort. In der Nacht verliert man die Kontrolle über sich und durch das fehlende Licht die Übersicht, das Erkennen im Außen.

Vielleicht liegt darin der tiefere Grund, warum wir unsere Nächte so hell gestalten. Ich werde mitunter angefragt, ob es neben der Lärmschutz-Ordnung nicht auch eine Licht-Ordnung gäbe ... Denn so mancher ist von den nächtlich angestrahlten Nachbarhäusern schlaflos und erschrickt vom plötzlichen Aufblitzen der Sensorenlampen. Ich selbst schätze die Lichtkunst, wenn schöne Architektur aus dem Dunkel herausgehoben wird. Doch darf man sich fragen, ob in der neuen Mode der Beleuchtung unserer Wohnhäuser nicht allzu viel der Selbstdarstellung und ein überbetontes Sicherheitsdenken liegt. Wir nehmen sowohl dem Licht wie der Dunkelheit die Würde. Unsere hellen Nächte spiegeln die Oberflächlichkeit und die Nervosität unserer Lebensweise wider.

Denkt man all dies Genannte zu Ende, dann entsteht daraus die Notwendigkeit einer politischen Entscheidung. Das Gesundheitsministerium und die Umweltbehörde müssten Eingrenzungen durch Gesetz fordern. Denn es ist nicht nur eine Verschwendung von Energie, sondern auch von Lebenskraft und Lebensfreude. Wenn wir uns umschauen, werden wir erkennen, dass uns eine allumfassende Verschlafenheit umgibt, weil wir nicht lange und tief genug schlafen. Häufig umgibt uns ein Dösen und Dämmern, doch zur Lebenskraft braucht es das Wachsein.

Licht in Raum und Zeit

»Jeder Schatten ist im Letzten doch ein Kind des Lichts.«
Stefan Zweig

Bewusstheit und Erkennen sind die psychischen Seiten des Lichts. Es gibt in unserer männlich orientierten Welt eine Überbetonung des Lichts, etwa durch die Glasarchitektur und die großen Fenster. Das mag zwar im übertragenen Sinn unserer höheren Bewusstseinsebene entsprechen, hat aber einen Nachteil: Zuviel Licht macht nervös. Gerade in unserer hektischen Zeit erhöht sich dadurch die Nervosität. Wir leben in einer Sucht nach Licht. Im Übertragenen zeigt sich das in den Selbstdarstellungen in den Medien. Alles soll und darf sichtbar werden. Vielleicht hat die so leichte Verfügbarkeit des elektrischen Lichts unser Bewusstsein und die Würdigung für das Licht verflacht – obwohl es aus dem Dunkel geboren ist.

Im Tag und im Jahr erleben wir durch die Natur und die Sonne ganz unterschiedliches Licht, das nicht nur organisch, sondern auch seelisch auf uns wirkt. Die Dunkelheit zieht nach innen, das Helle sehnt sich ins Außen. Das zeigt sich auch im Raumerleben. Je nach Gestimmtheit sollten wir das Dunklere oder Hellere im Raum aufsuchen. Oder vom Dunklen ins Helle schauen oder umgekehrt. Der Wechsel des Lichts von hell zu dunkel regt in uns die Kraft der Zeit an, die wir vom Licht des Tages und des Jahres tief in uns verinnerlicht haben. Es sind nach den Millionen Jahren der Menschheitsentwicklung erst etwa hundertfünfzig Jahre, die wir mit künstlichem, elektrischem Licht leben und dabei vorrangig in geschlossenen Räumen. Auch physisch wirkt noch das früher uns gewohnte Sonnenlicht. Die Wirkung des Hormons Melatonin, das schlaffördernd ist, die positive Wirkung der UV-Lichtanteile und das breite Farbspektrum des Sonnenlichts fehlen in unserer üblichen Beleuchtung. Der Stand der Sonne wirft morgens und abends lange Schatten und betont dadurch den Boden: fordert auf, bei Sonnenaufgang sich zu erheben im anregenden Rot, gen Abend sich niederzulassen im rötlichen Licht. Das kann man, solange es noch Glühbirnen gibt, für das Ende des Tages sich gönnen und die Lichtquelle mehr in Höhe des Bodens installieren. Hierzu bekam ich Hinweise vom Lichtplaner Manfred Ross.

Kränkend für die Seele ist das schattenlose, alles ausleuchtende Licht. Das Spiel von Licht und Schatten haben die Griechen gemeistert – herausgefordert durch das gleißende Licht: in den Kannelüren der Säulen und dem Schatten, den die Säulen auf die Wände werfen. Auch die kleinen Fenster geben dem Licht die Kraft des Strahlens. Der Umgang mit dem Licht ist im Norden anders als im Mittelmeerraum, wo die Sonne das Land verdorrt. Für uns ist die Sonne ein wärmender und nährender Segen, weswegen wir sie »die« Sonne nennen.

Licht anmachen und auch das Wachwerden fordert heraus und irritiert, fasziniert aber auch. Jedes Lichtanmachen kann ein kleines Ritual werden. Das Entzünden eines Streichholzes wird dann zum Schöpfungsakt, zumal das Feuer das einzige Element ist, das der Mensch kreieren kann. Ein Licht, ein Feuer anzuzünden, ist ein tief verankertes Geschehen des willentlich Sichtbarmachens, etwas ins Bewusstsein zu heben. Das »ewige Licht« in katholischen Kirchen ist nicht zur Ausleuchtung da. Es soll den Lichtfunken Gottes, das Licht, das aus dem Dunkel kommt, versinnbildlichen.

Licht wird zur Anregung des Bewusstseins. Zudem entsteht ein wohltuender Reizreichtum, der uns belebt. Wie weit entfernt davon ist doch das banale Knipsen am Schalter ... Wie dumm wir mit dem Licht umgehen, zeigt die übermäßige nächtliche Beleuchtung der Häuser – die Selbstdarstellung greift bis in die Nacht hinein.

Was auf uns einstrahlend wirkt

Etwas am Berghang zwischen den Steinen und Bäumen zieht meinen Blick an. Es ist weit entfernt. Nichts bewegt sich und dennoch bleibt mein Blick an einer Stelle haften. Dann bewegt sich der Hirte, und ich sehe jetzt, was ich bereits ohne zu sehen dennoch »sah«. Das ist die Ausstrahlung eines Menschen und Tieres. Aber auch Pflanzen und Steine strahlen, weit über ihre räumliche Ausdehnung hinaus.

Jeder Autofahrer kennt das und weicht einem parkenden Auto aus, selbst wenn es gar nicht in die Fahrspur hineinreicht. Jede Masse strahlt ab, so auch jede Wand. Wenn wir die Mitte eines Raumes suchen, dann gibt es dazu verschiedene Wege: die geometrische Mitte, die sich aus dem Schnittpunkt der Diagonalen ergibt; die energetische Mitte, die aus der Vitalkraft der Erde rührt. Zudem gibt es den Massenschwerpunkt der Wände, der sich von einer leichten Fensterfront zu den schweren Wänden hin verlagert.

Wer länger in der Natur lebt, spürt, wie unterschiedlich manche Stellen auf ihn wirken. Nomaden schlugen ihre Zelte dort auf, wo sich nach der Reise die Hunde ausruhten. Es war ein Ort ohne störende Erdstrahlen. Heute können wir radiästhetisch mit den verschiedensten Methoden gute und weniger gute, aufbauende oder kraftzehrende Plätze »muten« und danach den Grundriss eines Hauses gestalten.

Ich empfehle jedem Bauenden, sein Grundstück von einem kompetenten Rutengänger untersuchen zu lassen (siehe hierzu Seite 190). Das gilt besonders, wenn man baubiologisch baut und erst recht, wenn ein Holzhaus errichtet wird. Es wirkt nämlich wie der Klangkörper eines Instruments und kann alle Schwingungen erhöhen. Außerdem speichert das Holz die energetischen Einflüsse.

Zu den Schwingungs-Einflüssen zählen auch unsere technischen Einrichtungen, weswegen beispielsweise sanitäre Ringleitungen zu vermeiden sind, wie auch Stahlbeton-Ringanker, zuviel Stahlteile, lange Versorgungsleitungen, Aluminium-Kaschierungen, diffuse Elektro-Einspeisung usw.

Gestalt, Gestaltung und Lebensgestaltung

Mensch und Raum

»Jedes Erschaffene hat in sich die nur ihm eigene Gestalt –
und das Leben soll zu dieser Gestalt hinführen.«
Aristoteles

Einstimmung

Der Titel ist mehr als ein Wortspiel, denn wir gestalten aus unserer Gestalt heraus. Alles Raumschaffen will die Lebenskraft erhöhen. Dabei ist soviel Energie unmittelbar im Menschen, in seinen Leibesräumen und seiner Gestalt enthalten, dass es danach ruft, diese zu entdecken und zu verwirklichen. Dieses Kapitel soll aufzeigen, wie unsere Gestalt, ihre Bewegungen und wie unsere Körperräume unmittelbar energetisch wirken und welche Formen und damit Raumgestaltungen entstehen. Die folgenden Kapitel zeigen auf, wie man sich im Raum bewegt und wie Raum und Mensch sich ergänzen.

Von den Gesten

Wir betonen die Kraft eines Ortes oder Raumes und dürfen erkennen, dass Energie durch unsere Gesten entsteht, weil sie Formen schaffen. Auch für diese Formen gilt das Gesetz, dass sie kosmische Kräfte, die Ätherkräfte anziehen. Mit unseren Gesten können wir uns unmittelbar kosmische Energien zuführen. Darin liegt das Geheimnis aller universalen Gebetsgebärden. Wir gestalten Gesten mit unserem Körper und durch seine Bewegungen. Das kann nur der Mensch. Wenn wir Gesten in Räumen mit gelungenen Proportionen vollziehen, kommen wir in Übereinstimmung mit den Grundformen, mit denen Tempel und Kathedralen gebaut wurden. Das war der Grund, weswegen früher in Kirchen getanzt und mit dem ganzen Körper gebetet wurde.

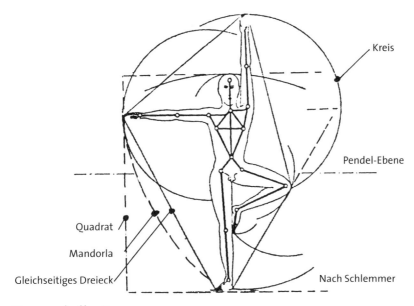

Gesten schaffen Formen.

Unsere Gesten schaffen die Grundformen Kreis, Quadrat, Dreieck. Durch die Gesten gehen wir über uns hinaus, zeigen uns, äußern unser Innenleben. Geist ist schnell, die Seele langsamer und noch langsamer ist der Leib. Es dauert lange, bis etwas in den Zellen Verankertes sich verändert. Darum widerstrebt der Körper. Gesten und Haltungsänderungen wirken erst, wenn sie bewusst gelebt und oft wiederholt werden. Damit die Gesten wirken, braucht es die Nachhallzeit, die Pausen. So verharrt im japanischen No-Drama der Schauspieler in einer Geste, damit sie vom Zuschauer geistig verarbeitet werden kann.

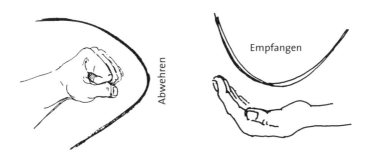

Eine einfache Übung zeigt, dass eine äußere Bewegung den Seelenraum mit bewegt. Die nach vorne stoßende Faust erzeugt eine andere Empfindung, als die empfangende zum Herzen führende Handschale. Daraus entsteht sogar oft ein Ausruf oder Seufzer, ein Klang als seelischer Ausdruck, vom Odem begleitet.

Tragen und Getragenwerden, Ruhen und Streben, Stehen und Liegen, Innen und Außen, Öffnen und Verschließen, Ein- und Ausatmen – all diese äußeren Bewegungen rühren innere Bewegungen an. Und umgekehrt: Was im Inneren mich bewegt, wie Gefühle und Emotionen, suchen ihren äußeren Ausdruck in Bewegungen. Das zeigt, dass physische und psychische Energie eine Wurzel haben und sich entsprechen und weswegen Raumveränderungen seelisch und geistig anregen.

Empfangen und Geben als Urgesten

Der Mensch ist als ein Gebender angelegt.

Je mehr wir uns vom Spirituellen entfernen, umso tiefer kommen wir in die Materie, sei es aus Luxusstreben oder Existenzängsten. Und verankern uns im Nehmen, werden einseitig.

Die Grundgeste des Nehmens und Gebens ist auch eine Raumordnung. Wir empfangen mit der linken Hand, die dem Herzen nahe ist, wandeln im Herzen und geben mit der Tathand, der rechten Hand das Gewandelte in die Welt hinein.

Von außerhalb eines Hauses strahlen Kräfte ein. Es gilt zu spüren, woher die größte aufbauende Kraft kommt. Dorthin richten sich Blick und Herz und nehmen diese Kraft auf. So kann es sinnvoll sein, dass die Frau auf der empfangenden Seite des Hauses ihre Lebenskraft lebt und der Mann im rechten Bereich. Dann kann

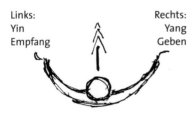

Grundgeste des Empfangens und Gebens.

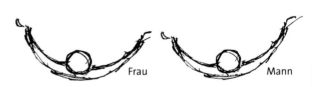

Das Paar als Geste.

die Frau aus ihrem Seelenraum heraus den Mann in seiner Aktivität stärken. Die Weisheit des Mannes besteht darin, auf die Weisheit der Frau zu hören und danach zu handeln. Selbst im gemeinsamen Gehen wirkt dieses energetische Gesetz.

Wenn man nach »Knigge« früher anders ging, dann lag das an der Degenführung, mit der ein Mann seine Frau beschützen konnte. Wie sich die Dinge doch ändern, wenn man weiß …

So ist es auch von Bedeutung, wo und wie wir im Raum sitzen, was von der Rückseite des Herzens aufgenommen oder geschützt wird und wohin der Blick geht.

Gestalt und Gestaltung

> *»Gott schuf uns nach seinem Bilde.«*
> *Nach seiner Gestalt. Mit unserer Gestalt sind wir Tempel Gottes.*

Gestalt kommt von »Stellen« und geht über das Stehen hinaus. Gestalt bedeutet vom Wort her »Art und Weise einer Person«. Die innere und äußere Gestalt eines Menschen entsprechen sich, wie die Wortausdeutungen zeigen werden. Folgende Worte sind aus der Gestalt heraus empfunden und wirken bis in die Gestaltung des Lebens hinein, wenn sie gesprochen und erlebt werden. Sie geben unterschwellig ein Urvertrauen, denn alle Worte sind im Uralten verwurzelt. Psychologen haben festgestellt, das Metaphern wie »kalter Egoist« und »warmer Menschenfreund« mehr sind als sprachliche Elemente: »Sinnliche Simulationen, körperliche Zustände und momentane Handlungen bilden die Grundlage unseres Denkens.« So wird Einsamkeit als Kälte empfunden, Zuneigung und Gemeinschaft mit Wärme, Schuld mit Schmutz, Größe mit Erfolg assoziiert.

> *Das Wort Leib kommt von Leben.*

Wer gut Fuß fasst, kann er-gründen und be-gründen statt nur zu be-haupten. Dann ver-stehen wir mit dem Verstand, also von den Füßen her, vom Leib her – und nicht vom Kopf. Die immer größere intellektuelle Lebensgestaltung, das Leben aus zweiter Hand statt in der Natur trennt uns von der unmittelbar sinnlichen Umweltwahrnehmung. So sind auch unsere Gehäuse fern der Körperbezogenheit, wir fühlen uns kalt und fremd in ihnen und sehnen uns nach Wärme. Wir sprechen vom Raum und meinen dann den uns umgebenden Raum, in dem wir leben. Doch dieser Raum ist nur der Ausdruck des ersten Raumes, des menschlichen Raumes, seiner Gestalt. Aus der Wahrnehmung des Körpers können die zu gestaltenden Räume erst richtig »verstanden« werden. Das erlebt jeder Mensch, wenn auch unbewusst. Das Baby »schwimmt« und erfährt die Schwerkraft im Sichfallenlassen. Später baut es vertikal – türmt die Bauklötze auf – und erlebt danach den Raum horizontal im Gehen.

Gestalt meint Gestelltheit, auf den Fuß »gestellt«. Es spiegelt wider, dass wir von oben kommen und von »Kopf bis Fuß« da sind. Erst nach dem Erwachsensein, wachsen wir vom Fuß her auf. Durch eigenen Willen in eigener Kraft. Das ist Menschwerdung. Und das an jedem Tag im Aufstehen und Aufrichten. Man bezieht Standpunkt bis in den Ehe-Stand und Berufs-Stand hinein.

Weil die Aufrichtung uns nicht von Geburt mitgegeben ist, muss sie erworben werden. Das heißt aber auch, dass sie verformbar ist. Die aufgerichtete Haltung ist uns selbstverständlich, aber nicht bewusst genug. Wie bedeutsam sie ist, sagen Worte wie »ein aufrichtiger Mensch« oder »Rückgrat zeigen«. Durch das Aufrichten werden die Hände frei zum Handeln und das Herz wird offen. Wir kommen in unsere eigene Haltung. Wir halten uns vom Willen her.

Die folgende Abbildung möge den gegangenen Weg aufzeigen von der »Lage« des Tieres bis zum »Standpunkt« des aufgerichteten Menschen.

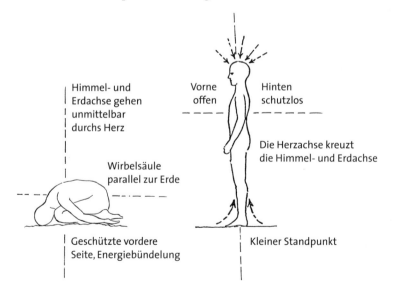

Die Gestalt – Maß aller Dinge

*Nur die Tempel dürfen die Körperlichkeit übersteigern –
im Sehnen »über sich hinaus«.*

Wir bauen für den Menschen, demnach wird seine Gestalt zum Maßstab für den Raum. Das gedanklich vollzogene Experiment, die Gestalt des Menschen proportional zu vergrößern, misslang. Von einer bestimmten Größe an bricht das Knochengerüst zusammen. Das heißt, wir haben innerlich eingeschrieben in uns ein Gefühl vom Maß unserer Körpergröße. Die inneren Maße aus dem tragenden Gerüst unseres Körpers, dem Knochengerüst, sind uns ebenfalls als harmonikales Gesetz eingeschrieben. Wir spüren das nicht unmittelbar, wohl aber, wenn wir in Gebäuden sind, die nach menschlichem Maß gebaut sind. Das Maß der Elle oder der Körpergröße war nicht ein Ersatz eines fehlenden Messwerkzeugs, sondern wie der Grundton eines Hauses. Darum kann man von Übereinstimmung sprechen. Wie man neue Maßstäbe findet, erfuhr ich durch eines meiner Enkelkinder. Als ich fragte, wie hoch die im Vorjahr gesetzte Kastanie jetzt sei, sagte er nach einer Gedankenpause: »So hoch wie ein Nutella-Glas.«

Die Formungen der Gestalt und der Räume

Wir fallen immer wieder aus der Ordnung.

Es ist ein seelisches Geschehen, dass wir durch Wandlung immer wieder in Unordnung fallen. Doch trägt uns unsere innere Ordnung, unser Skelett, das seine eigene Struktur hat. Für uns sind proportionierte Gebäude aus Grundformen und harmonikalen Prinzipien lebensnotwendig. Sie geben den psychischen Entwicklungen den notwendigen Halt. Ordnung kann durch die eigene Gestaltgebung erzeugt werden. Auch in der Zeit sind Ordnungsgesetze wirkend. Früher war es der sonntägliche Gottesdienst, der die Ungereimtheiten der Woche ordnete. Die Logik der Handlungsabläufe in einer Arbeit sind wohltuend für die seelischen und spirituellen Turbulenzen.

Die Grundordnung des Menschen ist der rechte Winkel. Senkrecht ist er auf die Erde gestellt; nach links und rechts in die Welt hinein, nach vorne in die Zukunft, nach hinten aus der Vergangenheit. Der Mensch ist nicht nur durch seine Gestalt ins Kreuz gestellt, sondern auch in der Zeitqualität. Vertikal sehnend in die geistige Zukunft, ins Licht, denn er ist den Engeln nah, sucht die Sonne, richtet sich wie die Pflanze auf. Dagegen wirkt das Fallen durch die Anziehung der Erde, er kann der Materie verfallen. So ist er in der Horizontalen schwankend zwischen Verdichten und Verflüchtigen; im Empfangen der linken Seite, der Vergangenheit, und der rechten, dem Willen, der Tat, der Zukunft. Das ist schwingende Spannung, die immer wieder die Achse, die Mitte sucht.

Die Diagonale

Die Wirkung der Diagonalen in der Gestaltung lässt sich auch aus der Gestalt erklären. Nicht nur im so einfachen, aber wirkungsvollen Symbol der »Deutschen Bank« finden wir die Diagonale.

Jede Diagonale in einem Bild, die von unten links nach oben rechts führt, hat eine besonders aufbauende Energie. Wir erleben sie beispielsweise in dem Gemälde von Grünewald »Stupacher Madonna« oder in den Kompositionen von Kandinsky (siehe Abbildungen Seite 237 und 275). Es ist die Kraftrichtung unserer Gestalt, aus der nach oben sich sehnend aufrichtenden Wachstumskraft gepaart mit der Willens- und Tatkraft der Horizontalen, der rechten Hand. Statt in Worten möge man es erspüren und in die Spannung des Daumens gehen.

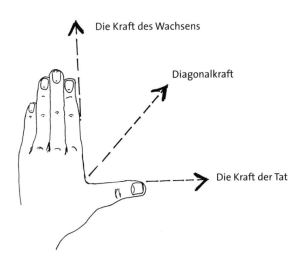

Die Kraft der Diagonalen.

Wie bedeutsam für unsere moderne Baukultur die Diagonale ist, zeigt das Phänomen der Umstülpung. Hier ist es die Raum-Diagonale, die nach Paul Schatz bis hin zur Form des Oloids sich erweitert. Es entstehen die nicht-euklidischen Formen wie die Zeltdächer des Stadions in München (siehe auch Seite 125).

Die Körperräume und die Räume im Haus

Jeder Mensch trägt durch seine Gestalt in sich die Architektur eines Hauses.

Man kann das Haus mit dem Körper und seinen Funktionen vergleichen. Raum und Haus stehen in Beziehung zu den Körperräumen: Das Becken verkörpert Gründung und erdhafte Ruhe. Darüber ist der Raum der inneren Bewegung, der Bauch, das Wässrige. All das wird belebt durch die Wärme des Herzens in der Impulskraft des Feuers, verbunden durch das Luftige. Die Energie fließt in den Räumen und entspricht der Kraft im Körper, geleitet von der Energiespur der Wirbelsäule. Der Energiefluss von Raum zu Raum ist der Austausch in den Körperräumen. Die Räume sind untereinander verbunden in der Gliederfolge. Die Türen sind im Körper die Engpässe der Gelenke. In der Homöopathie wird in der Gelenkbeuge ein Mittel eingerieben, weil hier, wie bei der Tür, der Energiefluss am besten informiert werden kann. Das größte Gelenk ist der Hals, der Raum des Bekennens, und entspricht dem Hauseingang, mit dem »Wort«, dem Symbol und dem Namen. Das Knochengerüst ist das statische Gerüst, die Struktur, Standsicherheit, Stabilität. Die Basis ist die Fußhöhle. Die innere Ordnung des Hauses ist wie die Körperordnung; wie die Organe in ihrer Funktionsordnung, so ist die logische Ordnung der Räume zueinander. Die Räume des Körpers sind nicht leer, sondern sind, wie die Innenräume eines Hauses, gefüllt mit bestimmter Energie und Qualität. Die Wirbelsäule ist der Grundton des Hauses, ist Frequenz, Energieträger und entspricht der Elektrizität. Der Energiefluss die Wirbelsäule entlang ist der Chi-Fluss im Haus durch die Flure und die Treppe. Architektonisch findet es sich im Stupa wieder (siehe hierzu »Räume der Kraft schaffen«, Seite 122).

Die Erde trägt das Wasser, darüber weht die Luft, durchlodert vom Feuer. Unten das tragende Yin. Der Beckenraum ist Erde, fest, Materie, Material – der Phlegmatiker. Der Bauchraum ist Wasser, fließend, die Installation – der Melancholiker. Darüber ist das bewegende Yang: Der Brustraum ist Herz und Tat, Feuer, wärmend, der Ofen – der Choleriker. Kopf und Kehle, das ist die Luft, erhellend, Licht im Raum – der Sanguiniker. Die Ätherschichten und Lebensebenen entsprechen den inneren Räumen und den vier Elementen (siehe hierzu Seite 71).

Über die Form von Ohr, Nase und Stirn, die Hände und den Körperbau kann durch das Studium der Physiognomie vieles über einen Menschen erfahren werden und der spirituellen Begleitung dienlich sein. Auch der Körperbau von Kopf, Rumpf, Becken, Beine gibt Aufschluss.

Von der Wirbelsäule

Die Wirbelsäule ist eine Säule, die umwirbelt ist. Sie ist energetisch die Verbindung zwischen Himmel und Erde und damit, bildlich gesprochen, die Säule, die den Himmel trägt. Durch die einzelnen Wirbel ist sie als Säule nur dann gerade, wenn wir uns bewusst in die aufrechte Haltung stellen. Es ist nur scheinbar eine Erleichterung, wenn wir bei Bewegungen die Wirbelsäule krümmen, statt sie als Stab zu neigen. Das Verhältnis 1:2 ist musikalisch die auch energetisch erhöhende Oktave.

Die Wirbel sind wie aufeinandergelegte Steine. In der Überwindung der Schwerkraft wird von der Wirbelsäule die Last der Materie vergeistigt, wird erhöht. Das bezeichne ich als Inkarnation durch die Kraft des Willens. Jeder Hausbau ist Inkarnation. Jedes morgendliche Sichaufrichten ist Inkarnation.

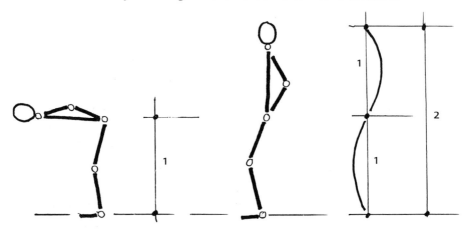

Bewegung um die Hüfte.

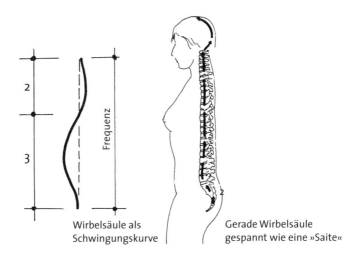

Wirbelsäule als Schwingungskurve

Gerade Wirbelsäule gespannt wie eine »Saite«

Die eigenschöpferische Menschwerdung ist, die Wirbelsäule zur geraden Säule zu machen. Das gelingt nur, wenn wir in den Knien nachgeben. Das Knie steht für Gerechtigkeit und in der Astrologie für den »Saturn« und »Steinbock«. Nachgeben als Hingabe ans Göttliche widerspricht unserer Selbstherrlichkeit. Geben wir aber in den Knien nach, dann können wir bewusst die Wirbelsäule zur geraden Säule gestalten – die doppelte Krümmung, die dann auch als Schwingungsbild erkannt wird. Es entsteht das Verhältnis 2:3 und musikalisch die wohltuende Quinte.

Ist die Wirbelsäule gerade und damit unter Spannung, wird sie zur Saite und bekommt den ganz persönlichen Klang des Individuums, kommt in Resonanz zur ganz persönlichen Kraft. Zudem wird die Wirbelsäule dann zur energetischen Antenne und wird für die Raum- und Ortswahrnehmung ein viel besseres Instrument. Ebenfalls wird die intuitive Wahrnehmung verfeinert.

Bleiben hingegen die Knie durchgedrückt, so muss die Last des Körpers seitlich gehalten werden. Das bedeutet Muskelkraft oberhalb der Hüfte und erzeugt die uns vertrauten Rückenverspannungen.

Durch Nachgeben in den Knien lässt sich das verändern. Dazu aber gehört, die Bewegungen von der Hüfte aus zu machen und die Wirbelsäule nicht mehr zu »krümmen« – was auf die Wortwurzel von »krank« verweist. Wie so vieles andere, ist dies eine alte Weisheit. Im Alten Testament handelt Genesis 32 von der Menschwerdung: Der Engel schlägt Jakob auf das Hüftgelenk, den Ort im Körper, wo der Mensch sich aufrichtet und dadurch vom Tierhaften zum Menschen wird.

Im Astrologischen wird die Hüfte dem Tierkreiszeichen »Schützen« zugeordnet – das Zeichen mit der großen Sehnsucht nach Transzendenz; in früherer Zeit war es das Bild vom Kentaur, dem Tier, aus dem der Mensch herauswächst.

In der großen Verneigung des Menschen um die Hüfte oktaviert er sich musikalisch in seinen Proportionen – und erhöht durch die Heilkraft der Oktave. Durch die Verlagerung der Bewegung und der Aufmerksamkeit zur Hüfte werden die Gelenke mehr benutzt und dadurch durchlässiger für den inneren Energiefluss.

Die Wirbelsäule ist ein Bauelement, ist eine Säule. Sie hat eine Basis und ein Kapitell. Das Kapitell hat seine Wortwurzel im Lateinischen: caput, »Kopf«. Die Abbildung weist die Schädeldecke auf, die Basis ist das Becken. Beide »Schalen« atmen in leichter Vibration miteinander. Sie finden sich auch im Aufbau eines Hauses wieder – in der Gründung und im Dach. Die Fußhöhle und das Schädelgewölbe schwingen miteinander. In der Geomantie spricht man von der »axis mundi« als vertikale Achse, welche die kosmischen und irdischen Kräfte verbindet. Über diese Achse kann Kraft in einen Ort einstrahlen. Diese Achse meint auch das jeweilige

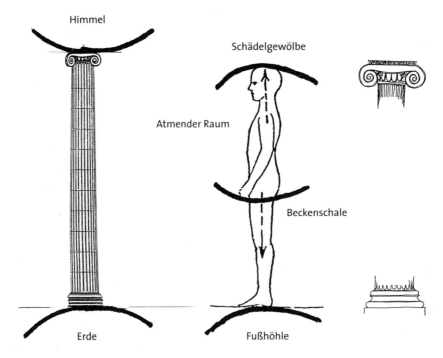

Der atmende Raum zwischen Becken und Schädel.

Zentrum der Welt. In der Maya-Sprache ist die Wirbelsäule und die Weltenachse dasselbe Wort: Sie verbindet die Materie mit dem Geist. Die Wirbelsäule kann auch mit dem Speer des Erzengels Michael gleichgestellt werden. Er bannt mit der Lanze das Dunkle, er tötet nicht, sondern aktiviert die Kraft des Drachen für einen aufbauenden Impuls. An solchen Stellen befinden sich dann sakrale Bauten, die wie Akupunkturnadeln wirken. Wenn wir bei der Wirbelsäule das Kreuzbein mit einbeziehen, dann sieht sie aus wie eine Lanze, die im Beckenraum, dem Ort der Lebenskraft, steckt. So kann man den Menschen als wandernde »axis mundi« ansehen – und seine Spuren werden zu Kraftlinien.

Zur Lebensgestaltung

> *»Es gibt keine Entfaltung des Geistes,*
> *wo diese nicht tief in der Leibperson begründet ist.«*
> Heinrich Rombach

Aufgrund großer Rückenbeschwerden musste ein Kind ein Korsett tragen. Das gab ihm eine sehr aufrechte Haltung und ein erhobenes Haupt. Diese Haltung blieb ihm auch als Erwachsener – und man nannte ihn stolz. Er war nicht überheblich, dennoch hatte sein Umgang mit Menschen einen Hauch von Überlegenheit. Wie ich bin und erscheine, so »bleibe« ich. Mein Äußeres ist die Wiedergabe meines Inneren. Meine äußere Gestalt spiegelt meine Vorstellung von mir selbst wider. Man sieht mich und reagiert entsprechend. Diese Reaktion darauf wiederum nährt das Bild, das ich von mir habe. Ein Kreis, der sich immer mehr verdichtet ...

Wenn eine Frau ihre Haare kurz schneidet oder den Kosenamen ablegt und mit vollem Namen genannt sein will, dann stutzt man. Man spürt, da ist etwas geschehen. Lebensgestaltung ist auch Formung der eigenen Gestalt. Die Einheit der bisherigen Lebensanschauung wird aufgelöst. Es entsteht Chaos und Irritation. Ein Impuls zur Wandlung verändert die äußere Erscheinung und wird identisch mit dem inneren Wachstum. Eine erhöhte neue Einheit entsteht. Das ist wie die Beschreibung eines geomantischen Vorgangs.

Lebenswandel meint auch Wandlung. Aus dem Schreiten wird dann Tanz. Schreiten meint ursprünglich eine gewundene, bogenförmige Bewegung. Lebens-Lauf ist Gang durch die Zeit.

Vom Stehen, Gehen und Tanzen

Berührung ist immer gegenseitig.
Niemand kann berühren, ohne berührt zu werden.

Einstimmung

Durch ein neues Wahrnehmen und Erlernen von Stehen, Gehen, Sitzen, Liegen und Steigen können wir Gewohnheiten ablegen. Wir kommen dann zu ursprünglichen Körperhaltungen, erkennen unsere Gestalt besser und finden durch sie neue Gestaltungsformen. Es gibt einen Zusammenhang zwischen Gestalt und Gestaltung bis in die Raum- und Lebensgestaltung hinein. Da wir in einer verzerrten Umwelt leben, möchte ich die Erfahrung und Gestaltung des Raumes von den Grundhaltungen her bewusster und erlebbarer machen. In der Weise, wie wir im Raum sind, stehen wir in einem jeweils ganz spezifischen Bezug zu ihm. So klingen Worte an, die ebenfalls Lebensqualitäten meinen: seinen Standpunkt beziehen, im Gleichgewicht sein, einen Weg gehen – dies sind Zeichen für die Beziehung zwischen dem Außenraum und dem Innenraum, dem Seelenraum des Menschen. Was uns außen bewegt, bewegt uns auch innerlich und tiefere Ebenen werden angesprochen. Vieles lernen wir in den Schulen, nirgends das Stehen. Es ist auch nicht selbstverständlich, auf einem Stuhl zu sitzen. Die Hälfte der Menschheit hockt. Aber was meint das für unsere Räume und die sitzende Wohnweise?

Vom Stehen

Es mag erstaunen, wenn ich mit dem Stehen beginne. Es ist die Grundbewegung des Menschen – eine eher innere Bewegung, denn sie ist im Stehen kaum sichtbar. Stehen macht uns zum Menschen, ist das Ursächliche im Raum zu sein. So wie wir stehen, so »steht« es um uns – elastisch oder unbewegt, hart oder weich, krumm oder gerade. Wir sprechen durch unseren Körper. Stehen ist ein ständiges Verhindern, nach vorne zu fallen. Man fällt aus dem Stehen in den Schritt hinein. Seitlich schwanken wir ständig wie ein umgekehrtes Pendel über unserem Standpunkt, suchen nach dem Gleichgewicht. Der Mensch schwankt immer zwischen zwei

Polen – nicht nur äußerlich. Im rechten Winkel aufgerichtet, fußend auf der Erde, dem Himmel entgegen, so stehen wir in der Kreuzes-Gestalt. Wir tragen das Kreuz in uns. Das Kreuz auf sich nehmen, heißt auch anerkennen, in der Welt zu sein. Im Stehen ent-steht unmittelbar ein wichtiges architektonisches Element: der rechte Winkel. Wir sind Raum.

Durch den nach oben verlagerten Schwerpunkt ist Stehen eine labile Haltung. Stehen benötigt inneren Halt und braucht dazu ständig Muskelarbeit. Wir sprechen von unserer Haltung, die wir haben – aber nicht von Natur aus sind. Auf die Lebensgestaltung bezogen, gibt Haltung zwar Halt, aber kann auch festhalten.

Vom Fuß und den Gewölben

Der Fuß spricht mit den Steinen, die er betritt.

Es gibt viele Gründe, mehr barfuß zu gehen, sei es, um die Kraft der Erde aufzunehmen oder den Raum unmittelbar sinnlich zu erfahren. Hier möchte ich von den Raumvorgaben des Körpers sprechen. Heben wir die Fußspitzen, so verstärken wir mit der Hacke den Kontakt zur Erde, hinein in die Materie. Heben wir die Ferse, dann erheben wir uns, was im Gehen zur Erhabenheit werden kann und was beim Treppensteigen noch näher beschrieben wird. Die Ferse ist die Materie, ist Erde und Vergangenheit. Die Fußspitze ragt nach vorne, ist Zukunft – königlich und erhaben. Der hohe Absatz eines Schuhs erhöht uns »willenlos«. Das Königliche dagegen ist eine Willensentscheidung. Ich setze die Ferse auf und lasse mich zur Erde nieder. Das möge man nicht nur lesen, sondern auch vollziehen.

Die beiden Füße nebeneinander bilden eine Höhle, die der Schädeldecke entspricht. Darum heißt es auch, dass wir ver-stehen – auch aus der Wachheit des Stehens heraus. Das Fußgewölbe gibt Spannkraft, ist Spannungsbogen zwischen Ferse und Fußspitze, ist Spannung wie in jedem Gewölbe. Ist Kraft, die aufwärts wirkt. Zwischen Schädeldecke und der Schale des Beckenraumes atmet der Leib, wie auf Seite 58 dargestellt.

Vom Standpunkt

Im Stehen sind wir im Standpunkt zentriert, verwurzelt in der Erde. Stehend sind wir wach, müssen es sein, denn stehen heißt, ständig seine Achse in die gleiche Gewichtigkeit, ins Gleichgewicht zu bringen. So schwanken wir über unserem Standpunkt, immer wieder die Mitte einpendelnd, in ganz kleinen Bewegungen. Wenn wir eine Fassade sehen, die etwas aus der Symmetrie ist, dann rücken wir sie mit den Augen innerlich ins Lot. Es ist die leichte Irritation, die Feinheit, die belebt – und die Kunst einer gelungenen Gestaltung. Diese Bewegung ist eine Zeitqualität im Raum. Die gemeisterte kleine Abweichung ist wie die anregende Dissonanz in der Musik, ist wie das Lächeln im Gesicht. Die Dissonanz aber darf nicht zu groß werden, denn dann kippt die Fassade. Darum schmerzen solche Gestaltungen, ebenso wie jede Einseitigkeit in der Lebensgestaltung. Wir fallen durch eine zu große Einseitigkeit um.

Die Aufrichtekraft

Die erste Menschentat ist die Aufrichtung, ist Menschwerdung an sich. Sein Wille und seine Entscheidungskraft richtet auf, ist gerichtet, ist richtig, ist gerecht. Er wagt es, sich auf einen Punkt zu stellen. Dadurch muss er in ständigem Finden der Mitte ganz wach sein. In jeder Architektur, beginnend im Baukastenspiel, später in jeder Fassade, wiederholt sich die Aufrichtung. Es ist ein Sehnen gen Himmel – in der Überwindung der irdischen Schwerkraft. Jedes Bauwerk richtet auf bis hin zum Richtfest – im Stein auf Stein setzen, die Schwere überwindend, die Last, die man trägt und absetzt. In der Verwirklichung eines Baus wird die Aufrichtekraft des Menschen angeregt und gestärkt. Die Verwirklichung der Aufrichtekraft schafft Freude, was sich in der Lust, Türme und Wolkenkratzer zu bauen, spiegelt. Der Mensch ist gesund und in seinem Lebenssinn und seiner Lebensfreude, wenn er aufbauen, etwas Eigenes bewegen kann.

Vom Gehen

*»Wenn Du zufrieden bist und stehen bleibst,
dann ist es um Dich geschehen.«*
Johann Wolfgang von Goethe

Gehen ist schwankender Über-Gang im schwebenden Fuß. Gehen ist ein Fallen nach vorne, hinein in die Zukunft, verdichtend im Aufsetzen des Fußes. Lösend vom Ver-Gangenen, der Vergangenheit. Üblich ist uns der Hackengang als ein Gehen aus der Vergangenheit. Doch man klebt dann an ihr. Wenn die Zehen führen, geht der Weg in die Zukunft. Nach hinten sind wir offen im Nacken, Rücken und in der Kniekehle. Das Vergangene ist im wahrsten Sinne des Worte vergangen; das Bekannte, das es zu erinnern gilt, wie auch das Unbewusste, hat im Rücken sein Zuhause.

Gehen ist Verdichten und Lösen in jedem Schritt. Jeder Schritt nimmt von der Energie der Erde auf und mit jedem Schritt kann man von sich abgeben. Das ist Rhythmus im Yang und Yin. Jeder Schritt ist ein Nachgeben in den Knien. Man kann nicht mit durchgedrückten Knien gehen. Darin liegt die Kraft der Demut.

Der Mensch ist ein Gehender. Einen Weg gehen, heißt auch: weg gehen. Man verlässt die Vergangenheit und tritt in die Zukunft. Dabei überschreitet man mit jedem Schritt eine imaginäre Grenze. Grenze ist auch bindendes Gesetz, denn der Schritt richtet sich nicht in eine andere Richtung. Dadurch richtet er und richtet aus. Weitergehen ist daher mehr als nur ein unbewusstes Weitergehen, sondern ständiger, wenn auch unbewusster Entscheid. Ein Zurück wäre Flucht und Fluch. Darum sagt Christus: »Geh!« Im schon beschriebenen Pilgerschritt wird die Verbindung zur Vergangenheit noch deutlicher. »Auch die gewöhnlichste Handlung kann zu einem geistigen Akt werden. Jeder Weg kann den Lebensweg symbolisieren, jeder Gang eine Wallfahrt zum Zentrum der Welt sein«, schreibt Mircea Eliade.

Die Schrittlänge eines Menschen ist sein ganz persönliches Maß und damit eine Frequenz. Sie wird von der Wirbelsäule aufgenommen und gibt den Impuls weiter. Der Schädel wirkt energetisch als Form-Resonator, sammelt den Impuls und gibt ihn ans Denkzentrum weiter.

Im Großhirn sind Bewegungs- und Sprachzentrum zudem nahe beieinander. Die Schule der Peripatetiker des Aristoteles war die des Gehenden. Heinrich Mann,

Heisenberg, Rodin gingen, bevor sie arbeiteten. »Wenn ich jemanden gehen sehe, weiß ich, wie er denkt«, resümiert Thomas Bernhard. Gehen unterstützt das Denken. Nietzsche will keinem Gedanken Glauben schenken, der nicht im Freien und bei freier Bewegung geboren ist. Yogananda empfiehlt beim Gehen die Urschwingung des OM zu summen, die am obersten Halswirbel dann einwirkt. Dort, wo die Medulla oblongata liegt, das verlängerte Mark der Wirbelsäule, und wo man radiästhetisch die Informationen des kränkelnden Körpers abfragen kann.

»Wer zu viel im Wagen sitzt, mit dem kann es nicht ordentlich gehen«, schreibt Seume Anfang 1800.

Um die wahre Natur eines Raumes zu erfassen, will er ergangen sein. Bewegung löst den starren Raum, bringt ihn zum Fließen. Übergänge und Verschmelzung statt abgekapselte Räume. »Der Raum wird zum Raum-Zeit-Kontinuum«, so Gideon. Diese Sichtweise begann mit Mies van der Rohe und dem Pavillon zur Weltausstellung 1929 in Barcelona. Das Gehen im Raum ist eine ständige Veränderung der Richtung und damit ein ständiges Wechseln der Eindrücke. Das wirkt auf uns. Wir nehmen die Räume nicht nur mit den Augen wahr, sondern auch motorisch mit dem ganzen Körper im Gehen und Verändern der Blickrichtung. Es ist ein Zeichen unserer heutigen Architektur, dass die uns geläufigen zwei Dimensionen unseres Seins, der Raum und die Zeit, noch übersteigert sind durch die Bewegung, den Weg.

Gehen wir im Uhrzeigersinn, dann erzeugt das Gehen Yin-Kräfte in uns. Yang entsteht, wenn wir gegenläufig gehen. Widerstand erzeugt Aktivität. Man möge sich über einen Bach stellen. Kommt das Sprudeln entgegen, weckt es auf, drehen wir uns und sehen das Abfließen, dann steigt die Gemütsstimmung des Yin auf. Durch die normale Linkslage vor der Geburt ist die rechte Körperseite stärker ausgeprägt. Das Schrittmaß rechts ist etwas größer und macht, dass wir in Nächten oder der orientierungslosen Wüste im Kreis gehen. Der rechte Schritt ist Kraftschritt. Die 400-Meter-Bahnen im Stadion werden gegen den Uhrzeigersinn gelaufen und erzeugen bessere, kürzere Laufzeiten. Die Führung des Kunden in einem Kaufhaus in Links-Richtung hängt auch damit zusammen.

Die Statuen stellten die Götter mit geschlossenen Beinen dar. Der Schritt teilt in zwei Teile und das im unteren Bereich, wo die Lebenskraft des Menschen ist. Indem wir gehen, spalten wir die Einheit der Beine auf. Die moderne Hosenmode stellt den Menschen als »zweifelndes« Wesen dar, ist wie eine Überbetonung des Zweifels.

Vom Tanzen

Der Tanz gehört zu den ersten menschlichen Schöpfungen wie Sprache, Kleidung, Werkzeug. Bei allen alten Völkern hatte der Tanz sakralen Ursprung. Aus diesem so ursprünglichen Bedürfnis will seine Kraft in der spirituellen Raumgestaltung neu lebendig werden. Tanz ist körperlicher Ausdruck von Musik, Eurythmie ist die Verbindung von Tanz und Architektur. Tanz ist die Bewegung als Kunst im Raum. Tanzen ist ein erhöhtes Gehen im Leichten, im Rhythmus. Während das Gehen zielgerichtet ist, ist der Tanz ein vitales Tun.

Denn beim Tanzen entsteht die Bewegung vom Rumpf her. Aus dem Beckenraum heraus, der Vitalebene, schraubt sich der Körper in die Vertikale. Die Aufmerksamkeit geht vom Kopf in den Rumpf, es löst sich das Ich vom Analysieren. Diese Bewegung ist dem Gehen fremd, entfernt sich vom Zielgerichteten, dem Nützlichen. Die Vertikale führt in den Raum hinein. Die Bewegungen füllen allseitig den Raum. Im Tanz wird Dasein und Lebendigkeit unmittelbar erlebt.

Tanzen hebt Grenzen ständig auf. Man bewegt sich sogar willentlich rückwärts. Verbindet im pausenlosen und im wahrsten Sinne rücksichtslosen Wirbel das Vergangene unmittelbar mit dem Zukünftigen; das Linke mit dem Rechten. Man ist im Spiralmittelpunkt gleichzeitig die Unendlichkeit. Darum hebt der Tanz auch Altes auf, alle alten mentalen Verhaftungen. Durch Tanz können wir an uns anhaftende Informationen herausschleudern. Ein guter Weg ist, wenn man sich in einem emotionalen Tal befindet, schlechte Gedanken wegzutanzen.

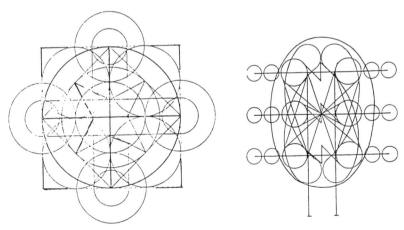

Formgebung durch Reigentänze. Nach Werner Finke »Bauwelt« 1979, Heft 5.

Jeder Raum ist eine Bannung im umfassenden Energiefeld der Erde. Der Raum, das Haus, staut die fließende Kraft (siehe Seite 111). Tanzen ist Energiefluss. Durch ihn wird der ursprünglich freie Fluss der Erdenergie wieder angeregt und stärkt den Ort. Das war auch der Grund, weswegen früher in Kirchen getanzt wurde. Dadurch entstand Bewegung. Der Tanz hebt Formen auf und schafft neue; dadurch bringt er neue Energien in den Raum. Weil es Reigentänzen waren, machten ihre gebundenen Formen die geweckte Energie für den Menschen erträglich.

Man darf den alten Tänzen nachspüren, wenn man die Energie eines Raumes erhöhen will. Früher wurde um die Dorflinde im Kreis getanzt: zuerst rechtsherum – im Uhrzeigersinn zum energetischen Lösen und Abladen, dann in gleicher Zahl der Schritte linksherum – gegen den Uhrzeigersinn zum energetischen Aufbau. Gebundene Tänze ergeben im Raum Energiespuren. Daraus entstehen Formen, die wiederum Ätherkräfte binden. Der Raum wird energetisch durch Tanzen erhöht.

Weil der Tanz keine Raumrichtung hat, hebt er das Gefühl für die Entfernung auf. Wir bewegen uns in unserem durch den Tanz geschaffenen Raum innerhalb eines Raumes. Der Tanz hat auch kein Ziel. Es gibt Pausen der Erholung, um dann in gleicher Art fortgesetzt zu werden. Ein Ende kann die Ekstase sein. Im Gehen ist das Drehen und Rückwärtsgehen sehr unangenehm, weil man die Orientierung verliert. Im Tanz fällt diese Scheu weg. Es ist ein spontanes Rückwärtstanzen, aufhebend das gewohnt Vergangene. Raum wird erlebt, weil Tanz nicht zweckgebunden ist. Raumerleben wird unmittelbar, es gibt keine Trennung zwischen Objekt und Subjekt. Dadurch entsteht auch das Einswerden mit dem Raum. Das ist der Grund, weswegen Goethe einen Raum für sich ertanzte. Im Tanz verbindet sich die Zeit mit dem Raum. Durch die Schritte entsteht ein Zeitmaß und ein Raummaß.

Jeder Raum ist mit Geschichte und Lebensvorgaben, Himmelsrichtungen und Wegvorgaben imprägniert. Im zwecklosen Tanz wird der Raum erlöst, wird ursprünglich. Das Feste des Raumes wird durch die Bewegung des Tanzes aufgehoben. Tanzen ist totale Gegenwärtigkeit und in einer Gruppe von Menschen eine verstärkende Einheit. Das bringt einen Raum in seinen Ursprung, in ein Unbeschriebenes zurück. Ein solcher Tanz ist ursprüngliche Welterschaffung. Sehr hilfreich sind Tänze von Kulturbereichen, wo die Musik noch zur Landschaft gehört und einen sakralen Bezug hat, wo der Tanz noch das Beten meint.

Unterstützend sind Tänze, wo das Rhythmische überwiegt, die Wiederholung und die Einbindung asymmetrischer Takte, um die Spannungen der gewohnten Gehbewegungen aufzulösen. Durch Rhythmus wächst der Einzelne über sich hinaus und alle Kräfte steigern sich, wenn es in Gemeinschaft geschieht. So sah ich in einer Kirche eine Schwarze in religiöser Hingabe tanzen, geführt und gehalten wurde sie vom Rhythmus der Trommel.

Zur Raumwahrnehmung möge man sich ganz in den Tanz einlassen, dann verharren und die eigenen Empfindungen, Stimmungen und die Struktur der Gliedmaßen wahrnehmen. Erst danach wird die Struktur des Raumes oder Gebäudes in geistiger Wahrnehmung erahnt. Später wird dann die Raumeshülle visualisiert.

Vom Sitzen – Jeder Stuhl ist ein Thron

Einstimmung

> »*Der Stuhl leitet sich vom Thron ab*
> *und setzt unterworfene Tiere und Menschen voraus.*«
> Elias Canetti

Was Joseph Beuys von einem Tisch sagt, gilt auch für den Stuhl: »An einen Tisch sind genau dieselben Anforderungen gestellt wie an einen griechischen Tempel.« Die uns vertraute Freude von Architekten, einen guten Stuhl zu kreieren, repräsentiert ihre Weltauffassung: »Wer einen guten Stuhl schaffen kann, kann auch ein gutes Haus bauen.« Darin erahnen wir die ursprüngliche Bedeutung des Stuhls. Vielleicht rührt daher im Griechischen, dass sich die Worte für »sitzen« und »wohnen« klanglich so nah sind.

Der Stuhl ist uns so selbstverständlich und so ständig im Gebrauch, dass er uns eher gewöhnlich erscheinen kann. Dabei prägt er den Menschen in seiner Individualität und Kultur. Schon ein einsamer Stuhl in der Landschaft vermittelt den Hauch von Kultur. Die Hälfte der Menschheit sitzt oder hockt auf dem Boden. Durch den Stuhl werden die Ebenen vom Boden zum Tisch erhoben, wurde die heilige Feuerstelle zum Tisch und der Tisch zum Altar. »Der Stuhl, das Sitzen macht leiblich unabhängig und gibt die Empfindung einer Nähe zu göttlichen Wesen. Das starre Kleid des Stuhls glättet die inneren Stürme«, schreibt Hajo Eickhoff. Gerne zitiere ich im Folgenden sein Buch »Himmelsthron und Schaukelstuhl«. Der Titel lässt nicht vermuten, welch Gedankenreichtum darin enthalten ist und welche wunderbaren, kulturhistorischen und spirituellen Darlegungen.

Das Sitzen auf Stühlen ist weder bequem noch dem Menschen natürlich. Es dient zur Entlastung der Beine. Sitzen ist neben der äußeren eine psychische Haltung. Der Stuhl verhindert spontanes Handeln und Bewegen. Wer sitzt, handelt nicht, sondern verbindet sein Leben als Homo faber, als Tuender, mit der Qualität der Muße, dem Nichts-Tun. Im Sitzen nimmt sich der Mensch nicht nur räumlich, sondern auch emotional zurück. Er hemmt seine Ausdrucksmöglichkeiten, und die emotionale Kraft wendet sich nach innen. Diese Kraft ist es, die Kulturelles erzeugt. Goethe bevorzugte, um klar denken zu können, einen Stuhl, schon der Anblick eines bequemen Sofas minderte seine Klarheit.

Obwohl man sitzt, ist man erhabener als der Stehende. Es ist die innere Erhöhung gegenüber dem Stehenden. Alte Hofzeremonien gehören dazu. Aber auch neue Riten, denn ein Herr steht auf, um eine Dame zu begrüßen. Wir stehen in einer Versammlung auf, um den Gast zu ehren. Den Stuhl als Thron finden wir in seiner Würde wieder im »Lehrstuhl« und auch im Stuhl des Richters.

Vom Thron

Der Stuhl hat sein Vorbild im Thron. Im damaligen Herrschersitz zeigt sich konkret das Kreative, das Gebären – früher fand die Geburt im Sitzen statt. Der König soll im ruhenden Thronen spirituelle Kräfte sammeln, um sie dem Volk zu geben. »Der König vermehrt im thronenden Nichtstun das Wissen des Stammes. Durch seine Askese bildet er Fähigkeiten aus für die Übernahme kosmischer Kräfte«, so Eickhoff. Sein Thronen ist ein sich Opfern. Der König war der Diener seiner Rolle. Er setzte sich ursprünglich nicht aus eigener Macht, er wurde gesalbt und er wurde gesetzt. Zwar hatte er Macht, aber war zugleich ohnmächtig. So war auch ein Thron nie gemütlich zu ersitzen. Der Herrscher lehnte sich nicht an. Die Rückenlehne diente lediglich dem Schutz des Rückens. Majestätisch war er durch die Ruhe, die der Stuhl erzwingt.

Menschlich und thronend sitzt der Mensch nur, wenn er in der guten Form, der Aufrechten sitzt. Wenn wir im Westen uns durch das Sitzen so erheben, spiegelt das unsere herrische Yang-Qualität wider? Oder fordert uns ein jeder Stuhl heraus, königlich im Leben zu sein? Unsere Zeit, die den Menschen zum Funktionieren formt, will keine eigenständigen, gar königlichen Menschen. Das zeigt sich im Straßenbild der angepasst Schwarzgekleideten, ohne die Krönung und Erhabenheit eines erhöhenden Hutes. In falsch verstandener Demokratie vermischen wir die Dinge der lieben Gleichmacherei wegen. Diese unsere Lebensart spiegelt sich im Möbelstück des Sofas. Man sitzt nicht, man liegt nicht, man »hängt« herum. »In unserer Welt ›ohne Mitte‹ ändert das Sitzen seine Funktion. Früher den Göttern, Königen und Priestern als Thron vorbehalten, dient er jetzt dem Bürger zum Halt und gibt ihm die Mitte zurück«, so Eickhoff. Stühle sind die Throne der Masse. Sie sind nicht Komfort, sondern Symbol. Weil uns das Sitzen so gewohnt ist, haben wir das Thronen vergessen.

Vom Tier

Weil neben dem Mineralischen und Pflanzlichen das Tierische in uns am nächsten »zu Hause« ist, streben wir an, es zu überwinden. Es ist das Sitzen und der Stuhl, der die Macht über das Tierische versinnbildlicht. Auf einem Tier sitzen wir machtvoll. Die vier Beine eines Stuhls stellen das Tier dar, das wir uns unterworfen haben, damit es uns diene. Die vier Beine sind »fremde« Beine. Auf den Stuhl wurden Felle gelegt, vom Ross oder Löwen, um auch dadurch die Macht über das Tier auszudrücken. Welch langer Weg bis hin zu den weichlichen Polstern unserer Couch! Die vier Beine stellen auch Berge dar, sie waren Erhöhungen und trugen in alten Weltvorstellungen den Himmel. Es repräsentiert ein solcher Stuhl durch Form und die Zahl vier auch den Kubus und damit die Erde, die wir uns im Sitzen untertänig machen. »Der Mensch entfernt sich im Sitzen am weitesten vom Tier, aber seine Souveränität liegt erst in der Beherrschung der Haltung, ihrer guten Form«, so Eickhoff. Durch das Sitzen wird das Kreuzbein in eine senkrechte Lage gestellt. Wenn der Mensch das aufgerichtete Tier ist, dann ist Menschwerdung im Sitzen eine Fortsetzung der Aufrichtung.

Was im Körper geschieht

Die Unsicherheit im Stehen sucht das Sitzen, die Ruhe. Sitzen scheint mühelos zu sein, aufgerichtet aber ist es erhöhte Muskelarbeit. Wenn das Gehen als ein ständig nach vorne Fallen aus dem Stehen ist, so ist das Sitzen ein Kippen nach hinten. Darum lehnen wir uns an, vermeiden dadurch Muskelarbeit, aber verlieren an innerer Haltung. Im Sitzen wird die sinnliche Wahrnehmung herabgesetzt. Der sinnlich und körperlich erlebbare Raum schrumpft. Das Sitzen macht die Atmung eng. Atem aber ist Leben. Meistens sitzen wir gekrümmt auf dem Stuhl, denn auch im Sitzen wird viel Muskelkraft gebraucht. Nach außen ruhig, sind wir innen verspannt. Die Geschlechtsorgane sind im Winkel verborgen und durch die feste Unterlage nach unten abgeschirmt. Beweglich sind nur Fuß und Unterschenkel.

Eines ist es, sich auf einen Stuhl zu setzen, ein anderes, wieder aufzustehen. Auch wenn der Bewegungsablauf gleich erscheint, ist es nicht dasselbe. Es ist ein Geschehen wie der Atem, im Ein- und Ausatmen. Nach Moshe Feldenkrais wird für das übliche Aufstehen sehr viel Kraft gebraucht, weswegen wir dazu neigen, sitzen zu bleiben. Wir stehen meist falsch auf. Messbar ist beim Aufstehen ein hohes Körpergewicht, höher als das vorhandene. Nach Feldenkrais geht es darum, vom Kopf her den Körper nach oben zu ziehen, indem man die Nackenmuskeln anspannt. Wieder ein Hinweis, dass wir vom Geistigen her uns ausrichten.

Geistige Auswirkungen

Im Sitzen wird die Sinnlichkeit und sinnliche Wahrnehmung verringert, die Lusterfüllung wird unterdrückt. Das erzeugt seelische Spannungen, die sich als Melancholie äußern können. »Der Stuhl prägt dem Organismus eine Zurückhaltung auf und führt letztlich zur ›inneren‹ Bildung. Der gehemmte Ausdruck nach außen wirkt als bildende Kraft nach innen zurück«, so Eickhoff. Es entsteht ein gehemmtes Leben, wodurch eine Verlagerung ins Geistige stattfindet. Überspitzt ausgedrückt, erzeugt ein gehemmtes Leben unser kulturelles, menschliches Sein. Sitzen und Denken gehören zusammen. Der Stuhl schafft Kultur.

»Sitzen ist die rationale Form des Leibes«, so Eickhoff. Der Stuhl bändigt die inneren seelischen und emotionalen Stürme. Die christlich geprägte westliche Lebensform findet im Sitzen auf dem Stuhl ihre Entsprechung in ihrer Ferne zum Körper und zur Sinnlichkeit. »Das rechtwinklige Sitzen hat Einfluss auf die geistigen Potenzen und auf die Entfaltung des Menschseins überhaupt. Der Stuhl gestaltet die Formen des Verhaltens, Empfindens und Denkens wesentlich mit. Gleichzeitig bildet er die Fähigkeit aus, Lusterfüllung zugunsten einer höheren, geistigen Ordnung aufschieben zu können (...) ein Grund des abstrakten abendländischen Denkens. Der Stuhl wird zur Metapher für Europa (...) Viele sinnliche Wahrnehmungen sind eingeschränkt, besonders der Tastsinn«, schreibt Eickhoff. Das spiegelt sich auch sozial wider, in der Überbetonung des Individuellen im Westen, im Gegensatz zur asiatischen Lebensform.

Der rechte Winkel und die Bedeutung des Knies

Wir sind in unseren Räumen von rechten Winkeln umgeben. Was ist das Geheimnis dieses Winkels beim Sitzen? Im Sitzen auf dem Stuhl entsteht mehrfach der rechte Winkel.

Interessant ist der Kniefall. Ebenfalls ein »Fall«. Wenn der Ritter vor seiner Dame kniete, waren die Herzen auf einer Höhe. Das Knie steht in seiner Urbedeutung auch für Geburt. Der Aspekt der Gerechtigkeit zeigt sich darin, dass früher ein Kind erst dann vom Vater anerkannt war, wenn er es auf sein Knie gesetzt hatte. Knie hat wie die Worte Kind und König seine Wurzeln in »gebären, erzeugen«, aber auch in »erkennen, kennen«. Im rechten Winkel des Knies steckt die Gerechtigkeit. Das meint die Skulptur über dem Haupteingang des Stefansdom in Wien, wo Christus in der Mandorla sitzt und sein linkes Knie entblößt.

Im Sitzen ragt das Knie in den Raum hinein. Es ist energetisch hoch empfindlich, strahlt Energie ab, aber nimmt sie auch auf. Das Knie ist wie die anderen Gelenke ein Engpass des Energieflusses und dadurch auch durchlässig. Das mag der Grund sein, wenn bei der Begrüßung die Freimaurer ihre Knie aneinanderlegten.

Die rechten Winkel im Sitzen und die Ebenen der Energie im Raum.

Im rechten Winkel dräut die Kraft der Explosion, die sich gezielt entlädt in der Kraft der Diagonalen. Das ist die antreibende Kraft, die auch die ständige Entfaltung und Einfaltung erlebbar macht im DIN-Format unserer Papierform. Nur durch die Diagonale ist die Wiederholung der Proportion gegeben. Auch das Wort »diagonal« gehört zum Knie und verweist auf die anregende zeugende Formkraft der Diagonalen. Im Nachgeben in den Knien, der Demut als Dienmut, wird die Starre der Körperhaltung aufgehoben und weich, sodass der erste Schritt getan werden kann. Denn nur im soldatischen Stechschritt ist das Bein gerade. Jeder Schritt beginnt im Nachgeben.

Die energetische Wirkung

Durch den Stuhl wird der Mensch aus den Energieebenen des Raumes herausgehoben. Im Hocken auf dem Boden entsteht eine unmittelbare Verbindung zwischen Raum- und Körperebenen. So wie wir sitzen, entheben wir uns der Yin-Kräfte und betonen die aufsteigende Yang-Wirkung (siehe Abbildung Seite 71). Energetisch ist dadurch unsere männliche Lebensform betont. Wir sitzen mit den Ebenen des Leibes gänzlich im Yang-Äther des Raumes. Wir erheben uns zudem über den animalischen Bereich, den wir fürchten. Die aufsteigende Energie vom Boden wird durch die rechten Winkel immer wieder umgelenkt, ebenso der Atem, mit dem das Chi fließt (von oben bis hin zum Fuß). Dadurch ist der Energiefluss im Körper gehemmt. Die energetische Durchlässigkeit des Knies bedeutet, dass man wissen muss, wohin das Knie ausgerichtet ist. Etwa auf den Kabelsalat unter dem Schreibtisch?

Wenig kommt einem Menschen so nahe wie der Stuhl. Ein Platz sammelt Kraft im Laufe der Zeit und durch die Wiederholung. So war früher der Stuhl des Hausherren angestammter Platz des Vaters. Stamm-Baum schimmert in diesem Wort durch. Sein Platz ist ihm zu eigen geworden. Er wurde dann zum Ehrenplatz, wenn der Stamm-Vater ihn dem Gast anbot. Sitzt ein Gast dann dort, wird er mit den Augen der Familie gesehen als Gast »im Vater«. Bleibt der Platz leer, so ist der Vater dennoch gegenwärtig. Durch das Nicht-Dasein ist eine Leere geschaffen, die soghaft sein Bild erzeugt.

Es gibt noch einen anderen Grund der Energieaufladung. Früher waren die Stühle aus Holz. Weil Holz ein Material ist, das Ätherkräfte bindet, sind diese im

Stuhl enthalten. Deshalb durfte kein anderer diesen Stuhl besetzen. An dieser Stelle wird auch die energetische Wirkung von Be-Sitz deutlich. Nehmen wir jedes Mal wirklich bewusst Kontakt auf, wo wir aufsitzen? Dazu brauchen wir den Widerstand. Und was machen die Polster mit uns, diese diffuse Weichheit?

Der Stuhl im Raum

»Der Stuhl ist die ursprünglichste Burg des Raumzeitlichen.«
Hajo Eickhoff

In einem meiner ersten Seminare forderte ich die Teilnehmer auf, sich intuitiv ihren Platz zu suchen. Sie kannten sich untereinander nicht, wussten auch nicht, wer der Nachbar sein würde, denn versammelt waren wir vor Beginn in einem anderen Raum. Als ich später mir die Namen aufschrieb und dazu das Tierkreiszeichen und den Aszendenten, staunte ich. Alle hatten sich so gesetzt, dass es durch die »Sterne« einen Energiekreis gab. Es ist nicht zufällig, wo man in einer Runde sitzt.

Ein Stuhl in der Natur ist deutungsvoller als im Raum. Um ihn entsteht eine weit ausstrahlende Aura und ruft nach zentrierendem Be-Sitzen. Die Stühle im Raum stehen zueinander im Bezug und spiegeln für sich ein soziales Gefüge. Ihre Abstände sind das Spiel der Bewohner. Stühle stehen deshalb nie zu nah beieinander. Selbst leere Stühle sind dann intim zu einander. Die im Sitzen vermiedene Hautnähe wird optisch erzeugt. Bei ausreichendem Abstand hat jeder Stuhl seinen ihm zugehörenden Umraum, sein Territorium. Das ist wörtlich der »Hoheitsbereich«. So ist ein jeder Stuhl dadurch isoliert und zeigt die Einsamkeit des Individuums. Das Umstellen von Stühlen erzeugt jeweils ein neues soziales Gefüge. Man könnte allein durch leere Stühle ein Theaterstück in Szene setzen. Auch dadurch zeigt sich die Bedeutung des Stuhls. »Im Stuhl schrumpft der erlebbare Raum von Kosmos, Heimat und Haus«, so Eickhoff.

Polster kommt von »Balg und Ball« und meint »Aufgeschwollenes«. Das Sofa ist typisch für unsere die Gegensätze verwaschende Zivilisation. Durch den Stuhl heben wir unseren Leib an. Die nun üblich gewordene Mode, Fenster bis zum Fußboden gehen zu lassen, lässt nicht nur ungehemmt die Raumenergie ausfließen, sie entblößt auch unsere »niederen« Bereiche ins Sichtbare. In Japan sind die Fenster auch ohne Brüstungen, jedoch sind durch das Hocken die unteren Körperzonen verhüllt. Der Stuhl hebt uns heraus aus diesen Ebenen – Ebene ist weitläufig. Ein Stuhl jedoch zentriert, ist Platz im Raum. Er hilft uns, in unserer nervösen Zeit ein Ruhepunkt zu sein.

Hinweise zur Gestaltung

Wir haben in uns ein so feines Gespür für die Höhe eines Stuhls, dass wir erschrecken, wenn er auch nur etwas niedriger ist als erwartet. Wenn man dagegen die Sitzfläche nur wenig anhebt, entsteht im Sitzen das Gefühl von Thronen. Der Dreifuß war der Schemel der Pythia, war Ort der Wahrsagung. Darin ist die Weisheit der Dreieinigkeit zu sehen. Von den Füßen steigt die Weisheit auf. Drei Beine ergeben die größte Stabilität eines Stuhls und ermöglichen erlebtes Vertrauen, denn durch einen Stuhl holt sich der Mensch fremde Beine zur Hilfe. Erstaunlich ist die überwiegende Wahl der vier Beine eines Stuhls, erklärbar nur aus der Überwindung der Tiergestalt in uns. Rein statisch ist ein dreibeiniger Stuhl standsicherer. Vier Beine machen ihn statisch »unbestimmt«, so die Fachsprache des Statiker. Interessant, weil die Vier das irdisch Feste meint und ein kleiner Unterschied ein Kippeln erzeugt.

Der moderne Bürostuhl hat fünf Beine und könnte die Menschwerdung meinen, hat aber energetische Herausforderungen. Alle Drehstühle sind durch die eingebaute Spirale Formstrahler und schießen Energie in die Wirbelsäule. Die jetzt üblichen fünfrädrigen Stühle ergeben die Form des Pentagramms. Das ist eine hochenergetische Form, doch kritisch, weil sie empfindlich ist für Informationsaufnahme. Die offene Seite kann Informationen aus dem Raum aufnehmen und über die Drehspirale in die Wirbelsäule weiterleiten. Gerade in den modernen Büroräumen sind durch die Installationen viele energetische Anregungen vorhanden.

So mancher Schaden an der Wirbelsäule erklärt sich aus falschem Stuhl und falschem Sitzen.

Wenn man die körperliche Nähe des Stuhls zum Menschen bedenkt und die langen Zeiten, die er dort verbringt, dann darf der Stuhl auch viel kosten: an Zeitaufwand, Geld und Aufmerksamkeit. Wie im achtsamen Bettenbau sollte dem Stuhl mehr handwerkliche Würde gegeben werden. Stühle sollten aus Holz sein. Sie können durch ihre Gestaltung energetisch aufbauen. Die Holzart wähle man je

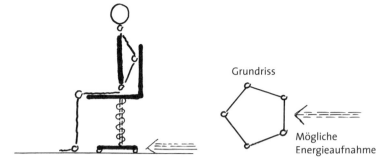

Der übliche Bürostuhl.

nach gewünschter, energetischer Qualität. Jedes Holz hat seine eigene Qualität, kann Ruhe, geistige Anregung oder Wachheit erzeugen. Es können Beine, Sitzfläche und Lehne aus verschiedenen Hölzern sein, die harmonisch aufeinander abgestimmt sind. Keine Metallteile verwenden. Die vier Stuhlbeine werden idealerweise aus einem Stück Holz wie bei den Ecksteinen des Hauses geschnitten und in Wuchsrichtung gestellt. Symbole auf der Sitzfläche oder der Lehne können als feinstoffliche Energiequelle eingeschnitten werden. Die Sitzfläche ist leicht nach vorne geneigt.

Auf solche Stühlen muss man jedoch anders sitzen. Die jetzt eingebauten technischen Beweglichkeiten sind Hilfsmittel, sind Ersatz für bewusstes Sitzen. Die Wirbelsäule ist als gerader Stab gemeint. Die Bewegungen erfolgen von der Hüfte her. Tunlichst den Arbeitstisch u-förmig so ausschneiden, dass man eher »im« Tisch sitzt. Lesepulte sind sinnvoll, damit der Kopf nicht so stark gesenkt werden muss, sonst staut Energie im Nacken, verspannt und mindert die geistige Arbeit.

Die Sitzfläche so hoch einstellen, dass die Füße den Boden vollflächig erreichen. Sind Sitzflächen zu hoch, dann ein Holzstück unter die Füße legen. Die Füsse sollten immer Kontakt zum Boden haben, tunlichst ohne Schuhe, ohne feste Sohle. Spüren Sie, was ein weiches und ein hartes Sitzen bewirkt. Fühlt man sich streng, so kann ein weiches Kissen nachgiebig machen. Wir haben die weichen konturlosen Polstermöbel. Dadurch entfällt der Widerstand, sich sinnlich und damit sinngebend wahrzunehmen. Stuhlbezüge aus Plastik sind zu vermeiden. Sie sind undurchlässig für den entstehenden Wasserdampf und stauen die Feuchtigkeitsabgabe. Das kann zu verminderter venösen Zirkulation führen und die Gesundheit beeinträchtigen.

Der Zusammenhang von Stuhl und Tisch ergibt sich auch aus der Wortdeutung. Stuhl kommt von »Gestell« und im Russischen meint *stol* auch »Tisch, Thron«. Der Tisch ist somit im doppelten Sinne erhaben, denn wie die Feuerstelle, die ebenfalls vom Boden zum Herd angehoben wurde, ist nun der Tisch ein Altar.

Vom Liegen, vom Schlaf und vom Bett

Einstimmung

So wie die innere Haltung des Menschen seiner äußeren entspricht, so ist das Liegen und Einschlafen ein Aufgeben des Haltes. Im Stehen und Sitzen muss man sich »halten«, aufrecht halten. Im Liegen verliert man die äußere und innere Haltung, man gibt seinen Standpunkt auf. Im Liegen verliert sich auch die Spannung, die wir in der Konfrontation, dem Stehen im Gegenüber zur Umwelt erleben. Im wachen Leben müssen wir uns be-haupten, vom Kopf und Willen her handeln. So wie das Stehen als Yang-Haltung das reine Wachsein braucht, so kann man im Liegen loslassen und den Schlaf vorbereiten. Darum heißt es auch: »Wir fallen in den Schlaf.« Im Arabischen ist schlafen und sterben nur ein Wort.

Im Liegen wenden wir uns großflächig dem Kosmos und auch der Erde zu und öffnen uns beiden Einflüssen. Der Körper bietet im Liegen den Erd- und Himmelskräften die größte Fläche des Leibes an – jedoch passiv, nicht im Spannungsfeld der Aufrichtkraft. Im Liegen ist die Wirbelsäule parallel zur Erdoberfläche. Bei der üblichen Höhe des Bettes liegen wir voll im physischen und wässrigen Äther des Raumes (siehe Seite 71) und den Yin-Kräften, die der Erholung dienen.

Die Wirkungen der Nacht

>*»Schlaf ist ein Hineinkriechen des Menschen in sich selbst.«*
>C. F. Hebbel

Der Abend ist der Tod des Tages, der Morgen seine Geburt. Die Nacht und der Schlaf sind »der Mutterleib« im Mutterleib des Hauses. Man »taucht« in jeder Nacht in den Mutterschoß zurück. Das Bett lädt ein zu versinken ...

Die Nacht und das Dunkel ergreifen den Menschen. Beide sind nicht leblos, nur jenseits unserer unmittelbaren Wahrnehmung. Nacht und Dunkel werden zu einem Wesen, das nun den Menschen beherrscht. So werden der Raum und das Körpergefühl diffuser, auch die Zeit verliert ihr Maß. Schlaf und Dunkel erzeugen Zeitlosigkeit. In der Dunkelheit verliert sich die dritte, die räumliche Wahrnehmung, alles wird flächig. Wenn wir in die Dunkelheit des Raumes gehen, das Licht löschen, geben wir uns anheim. Wir geben unsere Beweglichkeit im Raum auf und verbleiben an einem Platz. Das Raumgefühl verändert sich. Wir sehen weniger und nur das Naheliegende. Alles ist in die Ferne gerückt. Dadurch werden die Dinge im Raum und der Raum selbst undeutlicher. Der als Raum erlebbare Körper wird konturloser, wird schlaff. Raum und Welt ziehen sich zusammen. Den Raum erfassen können wir erst, wenn wir wieder in die Aktivität, ins Aufstehen gehen. Man gibt sich hin und ist zur gleichen Zeit im elementarsten Raum der ganzen Welt, jedoch in der Weise einer Umstülpung. Die Welt wird ganz nach innen eingesogen. Die äußere Welt verändert sich zur Innenwelt. Mit dem Ablegen der Kleidung lassen wir alles Ungetane, alle Sorgen, alles, was nicht zum Himmelreich der Nacht gehört, hinter und unter uns. Nähern uns dem Dunklen, dem Tod und dem Unheimlichen. Es wird statt des Kopfes das Herzbewusstsein angesprochen. Das Licht am Morgen anschalten, ist dagegen Äußerung des Bewusstwerdens.

Der Schlaf

» Wen man schlafen sah, den kann man nie mehr hassen.«
Elias Canetti

Ein Drittel unserer Lebenszeit liegen wir im Schlaf, im Dunklen. Somit ist der Schlaf ganz urtümlich Teil unseres Lebens. Durch unsere überaktive und Yang-gesteuerte Lebensweise wird der Schlaf auch darauf bezogen und angesehen als Teil des Tuns: Schlaf als lästiges Ereignen, das lediglich zur Regeneration diene. Der Schlaf und die Nacht werden nicht ernst genommen. Sie werden als Unterbrechung angesehen und damit nicht gewürdigt in dem, was sie wirklich sind, nämlich Seelenwanderung. In der Nacht wandert unsere Seele heim in geistige Welten, wird dort genährt und kommt als erfrischtes Leben in den Tag zurück. »Ein schlafender Mensch ist größer als der Tagesmensch. Weil wir nachts ins Kosmische emporwachsen, sind wir am Morgen wieder neu gestärkt«, schreibt Emil Bock. Die Hingabe eines Menschen an den Schlaf strahlt tiefstes Vertrauen aus. Wir würdigen diese Gott zugewandte Hingabe, wenn wir scheu vor einem Schlafenden werden.

Im Schlaf dehnen sich die Umräume des Menschen aus. Schläft man nebeneinander, dann tauschen sich die feinstofflichen Köper aus und durchdringen sich. »Sie schliefen miteinander« meint deshalb nicht nur Sexualität, sondern – im feinsten Sinne – auch energetischen Austausch. Das ist aus der Kulturgeschichte als Sumnamismus bekannt. Weswegen früher älteren Herrschern für die Nacht ein Mädchen zum »Beischlaf« für die Nacht ins Bett gegeben wurde, damit er sich im Schlaf vitalisieren konnte. Daraus folgt für uns, dass Erwachsene über sechzig Jahre nicht mit Kindern in einem Bett schlafen sollten – möge die seelische Nähe von Großeltern zu den Enkeln auch noch so groß sein.

In der Nacht wird im Schlaf zwar das Immunsystem gestärkt, andererseits können ungewünschte Einflüsse sich regen. Es sollte für die Zeit des Schlafs ein mentaler Schutz geschaffen werden. Das schöne Kindergebet von den vierzehn Engeln, die um das Bett herum schützend stehen, ist ein solcher Wall. Das Schließen der Chakren ist sehr zu empfehlen. Der Raum sollte abgedunkelt sein. Im Schlaf sind wir wehrlos. Zum Schlaf gehört Vertrauen und das Gefühl von Sicherheit. Blitzende Lichter von außen rühren Ängste an. Jedes Blitzen ist Signal der Unsicherheit. Es ist nicht nur das Licht, das wach hält, sondern das fehlende Gefühl von Sicherheit.

Zum Schlaf gehört auch das Wachwerden. Das morgendliche Aufstehen wird zum täglichen Willensakt der Aufrichtung, der Menschwerdung. Im Winter wird es deutlich, dass es wie die Geburt aus der Wärme des Mutterbauchs in die kalte Welt ist. Magisch kann jeder Morgen beginnen, in der Urfrage: Wofür stehe ich auf?

Zur Himmelsrichtung

Die Frage nach der besten Ausrichtung des Bettes ist nicht durch eine Regel zu beantworten. An dieser Stelle möchte ich Hinweise zur Eigenerfahrung machen. Die Lage mit dem Kopf nach Norden wird durch den Erdmagnetismus erklärbar, der für die nördliche Erdkugel gen Süden fließt. So kann er den Einfluss von Überland-

leitungen zum Süden hin weiter ausdehnen. Beim Menschen entlastet er den energetischen Körper vom Kopf her. Das hat Christian Morgenstern beschrieben:
»Palmström ist nervös geworden;
darum schläft er jetzt nach Norden.
Denn nach Osten, Westen, Süden
schlafen, heißt das Herz ermüden.
(Wenn man nämlich in Europen
lebt, nicht südlich in den Tropen.)
Solches steht bei zwei Gelehrten,
die auch Dickens schon bekehrten –
und erklärt sich aus dem steten
Magnetismus des Planeten.
Palmström also heilt sich örtlich,
nimmt sein Bett und stellt es nördlich.
Und im Traum, in einigen Fällen,
hört er den Polarfuchs bellen.«

Eine andere Erklärung ist die Polarität. Der Nordpol ist pluspolar genauso wie am Kopf der Mensch. Liegt er mit dem Kopf nach Norden, dann ist er im Fluss des Polaren. Mit dem Kopf nach Osten heißt es bei Morgenstern:
»Als er dies von Korf erzählt,
fühlt sich dieser leicht gequält;
denn für ihn ist Selbstverstehung,
dass man mit der Erdumdrehung
schlafen müsse, mit den Pfosten
seines Körpers strikt nach Osten.
Und so scherzt er kaustisch-köstlich:
Nein, mein Diwan bleibt – westöstlich.«

Das wiederum erklärt sich aus dem Reibungseffekt des Erdmantels mit der Atmosphäre, der ein elektromagnetisches Feld aufbaut. Außerdem wird durch die schnelle Erdumdrehung der Wasserhaushalt des Menschen – den Kopf entlastend – zu den Füßen hingeführt.

Nahe eines großen Flusses kann es sinnvoll sein, gegen die Fließrichtung mit dem Kopf zu liegen. Lebt man an einem Berghang, dann können in der Nacht abfließende Energien die Schlafrichtung bestimmen. Es gibt keine eindeutigen Regeln. Wenn ein Indianer nicht im Zelt, sondern im Freien schläft, möchte er beim Wachwerden den Sonnenaufgang sehen und liegt darum gen Westen mit dem Kopf. Das stärkt ihn. Hier zeigt sich, wie die psychische Wirkung die unpersönliche Energiewirkung übertönt. Erstaunlich fand ich die Bettenausrichtung in Bali, von der Karen Kingstone schreibt, dass alle Balinesen nachts mit dem Kopf in Richtung zum heiligen Berg liegen. Das muss eine hohe gemeinschaftliche Energie erzeugen.

Das Kopfkissen entspricht den asiatischen Nackenstützen. Die Erhöhung des Kopfes sollte den Blick zum Süden erleichtern in Verehrung zur Sonne.

Durch die vielen technischen Strahlungen, die auf uns wirken, ist der Mensch nicht mehr eindeutig polar ausgerichtet, weswegen die natürlichen Richtungen wie die zum Norden nicht mehr ungeprüft übernommen werden dürfen. Es geht um eigenes Ausprobieren, ein Weg des aktiven Wohnens. Kindern sollte man ihren Raum leer zum Schlafen anbieten. Sie sind noch so spürig, dass sie genau den Platz und die Himmelsrichtung finden, die ihnen gut tun.

Zum Bett

Die Bedeutung des Bettes kann für unsere Gesundung nicht hoch genug eingeschätzt werden. In großen Räumen kann es sein, dass man das Gefühl hat auszufließen, weil die Wände soweit voneinander stehen. Das wird uns deutlich, wenn wir im Freien übernachten. Das uralte Himmelbett grenzt den weiten Raum wohltuend ein und gibt ein traumtragendes Gehäuse. Ein seidener Himmel schafft eine schützende Hülle. Das Bett – vom Boden abgehoben – ist Teil der menschlichen Kulturentwicklung. Es bündelt Energie, wie es beim Stuhl beschrieben wurde. Es beherrscht den Raum und will ästhetische Beachtung, ist Mitte des eigenen Rückzugs und bedarf der subjektiven Gestaltung. Es soll Geborgenheit vermitteln, um sich den Träumen hinzugeben. Man entkleidet sich, macht sich nackt, dann ist das Bettzeug das Kleid, das Bett selbst der Raum.

Obwohl ein Bett leicht verschoben werden kann, möchte es seinen angestammten Platz. Das schafft Orientierung und Verlässlichkeit. Es verwundert nicht, wenn unsere germanischen Vorfahren ihr Bett nicht verrückten. Im Gegensatz zu den Mittelmeerländern. Zur Orientierung dient es auch, einen klaren Bezug zur Wand herzustellen – senkrecht dazu oder parallel –, um beim Aufwachen nicht verunsichert zu sein.

Energetische Hinweise

Wir sprechen von Bettwäsche. Das verweist auf die Bedeutung des Reinigens, denn in den Nächten dünsten unsere Körper nicht nur physisch, sondern auch feinstofflich aus. Das Schlafzeug und die Oberbetten lüften, dann wirken Luft und Sonne. Energetisches Ausschütteln, wie es Frau Holle im Märchen vormacht, ist energetisches Reinigen. Die Nachtkleidung gehört nicht unters Bettzeug. Die Matratzen wechseln, sie sind Träger von Information und können in einer neuen Ehe herausfordern. Man fällt in den Schlaf, fällt in die Tiefe und will auch getragen sein. So soll die Matratze zum Einsinken in den Traum nachgiebig genug sein und dennoch so fest, dass sie das Gefühl des Getragenseins vermittelt.

Weitere Empfehlungen
- ★ Auf Farben, Muster, Symbole und Bilder des Bettzeugs achten, sie sollen beruhigen.
- ★ Zum Schlafen Armbanduhren, Ringe und Armbänder ablegen.
- ★ Nicht zu nahe an Zuleitungskabeln, Steckdosen, Elektrokasten, Heizkörper und Telefon.
- ★ Wasserbetten sind zu bedenken, denn Wasser speichert Ätherkräfte.
- ★ Keine Federkernmatratzen – sie enthalten Metallspiralen, die als Formstrahler wirken.
- ★ Schlafraum sollte nicht über Garage, Metallbehälter, Heizungsanlage, Heizöltank sein.
- ★ Heizöl ist rechtszirkular, Lebenskraft aufbauend und macht wach.
- ★ Prüfen, was im Raum über dem Schlafraum ist.
- ★ Keine Metallteile wie Bettschrank. Glasplatten vermeiden, ebenso Spiegel.
- ★ Kein Fernsehgerät, Radio, Standby, keine Quarzuhr.
- ★ Keine Fußbodenheizung. Möglichst auch nicht im Raum darüber.
- ★ Fußbodenheizung ist ein Strömungssystem mit linkszirkularen Mitteln gefüllt.
- ★ Die Heizung mindestens im Bettbereich aussparen.

Die Betthöhe muss groß genug sein, sonst fehlt Belüftung und Atmung; auch um gut reinigen zu können und um den Bereich positiver Ionen zu verlassen. Durch die Höhe kommt man aus dem magnetischen Feld heraus. Der Raum unter dem Bett ist kein Abstellplatz. Ein energetisch gestaltetes Bett ist im Buch »Die Kraft des Übergangs«, Seite 18, beschrieben.

Vom Steigen und von der Treppe

*Jede Treppe ist eine Himmelsleiter
und meint einen Weg, den Gott leitet.*

Vom Steigen

Wir bauen unsere Räume für den Menschen, für seine Maße, seine Lebensrhythmen und seine Bewegungen im Raum. Das klingt abgedroschen, doch unsere modernen Bauten zeigen uns oft, dass wir das rechte Maß verloren haben. Warum heißt es, etwas bewegt mich? Eine äußere Bewegung erzeugt auch ein inneres Bewegtsein. Und umgekehrt. Die uns am meisten herausfordernde Kraft ist die Schwerkraft. So erheben wir uns aus dem Liegen in die Hocke, ins Sitzen, ins Stehen, ins Gehen – und dann ins Steigen. Steigend sich erhöhend. Die Worte weisen uns auf den Ursprung der Treppe hin – auf die Himmelsleiter, denn jedes Steigen ist ein Weg gen Himmel und jede Stufe war dem Menschen ursprünglich der Gang zum Thron. Horchen wir der Geschichte des Menschen nach, dann erkennen wir, dass in jeder Handlung und damit in jeder Gestaltung und jedem Lebensimpuls auch ein spiritueller Funke wirkte. Wir bereichern unser Leben, wenn wir uns die Urimpulse und mythischen Kräfte wieder bewusster machen und in unseren Alltag einwirken lassen.

Durch das Steigen gehen wir aufwärts, kommen dadurch auf eine höhere Ebene. Jedes Steigen ist ein Überwinden der Schwerkraft und damit auch ein Überwinden der eigenen, auch seelischen Trägheit. Das Steigen ist ein Gehen in die Höhe. Es ist ein Wachsen, spiegelt das Wachsen des Menschen. Das berufliche Aufsteigen ist im Bild der Treppe mit ihren Stufen ebenfalls enthalten: Wir kommen auf eine höhere Ebene.

Wenn Sie künftig bewusst die Stufen unter sich »wegtreten«, dann erleben Sie ein unmittelbares Steigen. Das Steigen gibt der ganzen Körpergestalt eine neue Haltung. Die Schwerkraft verlangt uns im Steigen Kraft ab. Kraftansatz erzeugt Kraft. Im Aufwärtsgehen entsteht Willens- und Yang-Kraft. An dieser Stelle sei noch einmal eingefügt, dass jedes Bewusstwerden einer Handlung schon die Raumenergie erhöht.

Von der Treppe

Treppen und Leitern waren Attribute des Göttlichen.

Es geht mir bei der Treppe darum, sie aus spiritueller Schau neu zu würdigen (siehe hierzu auch »Die Kraft des Übergangs«, Seite 93f.). Die Treppe als bedeutsamer Teil unserer Häuser ist zu wenig in unserem Bewusstsein. Das mag daran liegen, dass eine Treppe sehr störend und im Entwurf sehr herausfordernd im Gefüge eines Hauses sein kann. Seit eh schwankten die Baumeister darum, die Treppe entweder zu verstecken oder erst recht dominant zu gestalten. Es geht hier um eine neue Wahrnehmung. Die Treppe ist, ähnlich wie der von mir beschriebene Übergang an der Tür, der Schwelle und dem Flur, ein für uns notwendiges, aber in seiner Wirkung uns recht unbekanntes Bauteil. Im öffentlichen Raum kann sie Macht und Pracht ausdrücken. Im Wohnhaus wird ihre technische Notwendigkeit oft als architektonisch störendes Übel angesehen, wird versteckt oder gestalterisch vernachlässigt.

Die Treppe hat etwas Unterordnendes. Sie ist nicht der individuellen Nutzung und den körperlichen Gegebenheiten angepasst, sondern ist für Erwachsene wie für Kinder gleich groß. Schon immer war sie zwischen zwei extreme Pole gespannt; sie wurde wie das notwendige Fundament für das Haus als untergeordnet betrachtet. Zudem »tritt man sie mit den Füßen«, und das ist mehr als ein Wortspiel. Es ist ein Spannungsfeld zwischen erhöhend und erniedrigend und betont die Ambivalenz der Treppe. So repräsentiert sie auch die Himmelsleiter und spiegelt die erhöhende Rangstufe für Könige und Priester wider. Sie ordnet unter und ist gleichzeitig im Bewusstsein selbst untergeordnet.

Es kann das Treppensteigen zum Ritual erhoben werden. Die Raumwahrnehmung verändert sich, weil wir uns aus der Ebene des Raumes erheben. Die Treppe als spirituelle Erfahrung, als Menschwerdung in der Tat der Aufrichtung. »In der Bibel wurde die Treppe und damit das Steigen gewürdigt, als Mittlerin zwischen der niedrigsten und der höchsten Instanz. Ihre Stufen suggerieren eine betretbare Materie und ihre Richtung zielt in die Unendlichkeit des Universums«, schreibt Friedrich Mielke. Die Treppe, das Steigen, kann man dann in Bezug setzen zu den Chakren in aufsteigender Folge. Die Besonderheit der Treppe wird deutlich, wenn wir sie mit einer Rampe vergleichen, die auch der Höhenüberwindung dient. Die Rampe lässt die Individualität des Benutzens zu, sie ist ungeformt. Stufen formen.

Zur Wendeltreppe

Am Beispiel der Wendeltreppe können wir erkennen, dass Altgewohntes noch in uns nachwirkt. Nach Friedrich Mielke gingen die Wendeltreppen mit dem Uhrzeigersinn nach oben.

Dadurch hatte der von oben herabsteigende Verteidigende die rechte Seite frei zur besseren Führung des Schwertes. Wie aber können wir die für uns richtige Wendelung erkennen?

Wenn wir es energetisch betrachten, dann wissen wir, dass unsere rechte Körperseite stärker ist als die linke, der rechte Schritt ein wenig länger als der linke. Das rührt aus der Lage des Embryos, der vorrangig auf der Herzseite liegt. Dadurch ist rechts die Seite der Tat, der Yang-Kraft. Wir schreiten mit rechts weiter voran, und so tritt man lieber mit rechts an. Der Gang gegen den Uhrzeigersinn ist ein Gehen »gegen« etwas, braucht Kraftansatz und erzeugt Kraft. Ein weiterer Kraftansatz ist die herausfordernde Steigung gegen die Schwerkraft. Aus all dem folgt, dass – energetisch gesehen – eine Wendeltreppe gegen den Uhrzeigersinn beginnen sollte.

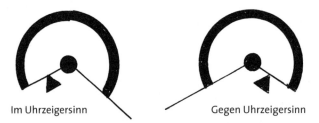

Die Wendelung.

Zu den Stufen

Kann eine Treppe klingen?

Raum und Zeit sind die Grundvorgaben des Menschen. So wie ein Musikstück führt, ein Raum hingegen frei lässt im Erleben, so ist die Treppe eine Verbindung von Raum und Zeit. Treppen sind vorgegebene Wege mit eindeutigem Ziel. Sie führt und ist zugleich Raum. Hier klingt schon an, ob denn eine Treppe der Musik besonders nah steht. Die Zahl der Stufen war unseren Vorfahren je nach Ritual und religiöser Ausrichtung unterschiedlich bedeutsam und wurde etwa bei heiligen Bauten festgelegt. Bedeutsam war im Islam die Zwei, im Christlichen die Drei, im Judentum die Sieben. Die Zehn meinte die Zahl der Gebote. Die tiefe Beziehung zwischen jedem Weg und dem Leidensweg Christi sollte in den Stufen erspürt werden.

Die Zahlen waren innere Messwerte zum inneren Nacherleben, verstärkt durch die Stufen, die gegen die Schwerkraft und durch körperliche Anstrengung überwunden werden. Seit über dreihundert Jahren gilt als Treppenmaß dreiundsechzig Zentimeter aus der Summe von zwei Steigungen und einem Auftritt – und wurde nie wirklich in Frage gestellt. Nach Prof. Eike Hensch gibt es für die Länge von dreiundsechzig Zentimeter eine Schwingungsqualität von aufladender Wirkung und meint im Feng Shui die »Drachenenergie«, wenn sie rechtszirkular einwirkt.

Je nach Neigung des Treppenlaufs entsteht ein ganz bestimmter Winkel und damit neben der psychischen auch eine besondere energetische Wirkung. Durch die Stufenart ist die Schrittweise vorgegeben: Steilanstieg oder würdevolles sich Erheben. Auch ist die Genauigkeit der Stufenhöhen prägend, denn nach den ersten Schritten ist das innere Maß der Treppe im Körper gespeichert. Dadurch kann er sich ganz auf die Wiederholung verlassen. Das gibt Vertrauen trotz des Gehens in die Höhe und möglichem Schwindelgefühl. Das Steigen wird automatisch, die Treppe verinnert sich im Steigenden.

Die körperliche, seelische und spirituelle Wirkung der Treppe wird noch erhöht durch ihre geistige Qualität, durch ihre Verbindung zur Musik, dieser hohen und geistigen Kunst. Schon der Begriff der Tonleiter führt uns in die Verwandtschaft von Architektur und Musik. Auch der Ursprung des Wortes »Treppe« verweist auf Klang, denn er kommt von »trappen« und meint »laut auftreten«.

Zwischen Klang, Musik und Architektur gibt es vielfältige Beziehungen – ein Gebiet, das für die energetische Raumgestaltung noch nicht voll ausgelotet ist. Der wesentliche Unterschied ist, dass der Raum den Menschen in seiner inneren und äußeren Bewegtheit weitgehend frei lässt, die Musik aber führt. Eine Treppe leitet die Bewegung. Die Stufen sind einheitlich festgelegt, ebenso die Richtung. Wenn von Simson sagt: »Musik und Architektur sind Geschwister, da sie beide Kinder

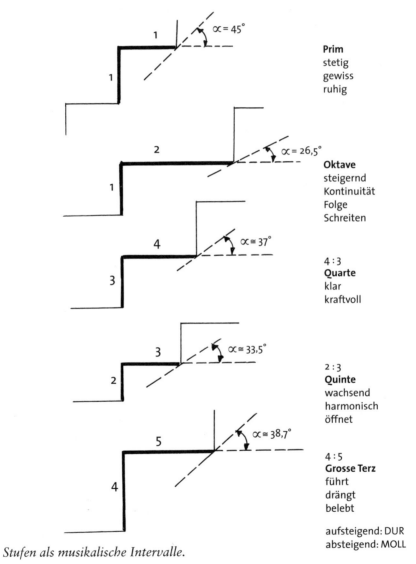

Stufen als musikalische Intervalle.

der Zahl sind«, so bestimmt die Anzahl und Klarheit der Stufen den Rhythmus. Auch die Stufenzahl gibt einen Rhythmus vor, und wer kennt nicht das Kinderspiel einmal zwei, dann drei, dann eine Stufe zu nehmen.

Die Stufe selbst kann in ihrer Proportion wie ein harmonikales Intervall wirken. Durch das Verhältnis von Auftrittsbreite zur Stufenhöhe wird unmittelbar einer musikalischen Gesetzmäßigkeit gehorcht. In der Abbildung ist von mir zu den Intervallen der Versuch gemacht, auch Gefühls-Gestimmtheiten anzudeuten.

Nach dem ersten, meist zögernden Schritt ist man auf das Grundmaß und damit den Grundton der Treppe eingestimmt. Früher hat man wohl trotz der handwerklichen Möglichkeiten kleine Differenzen eingebaut, um die Aufmerksamkeit zu erhöhen. Weist diese Dissonanz auch auf das Musikalische? Das Podest ist kein Ruheplatz, sondern Pause, Ende und Neubeginn. Es ist Wandel und wendend und wirkt wie die Oktave als erste Vollendung und weiterleitend. Nach den führenden Stufen kommt oben die Freiheit des ebenen Raumes. Im Podest und dann im Stockwerk ist ein Sehnen erreicht. Auch die Podeste geben Rhythmus vor.

Mögen diese kleinen Hinweise zu einer neuen Würdigung der Treppe führen – durch leichtfüßige und spielerische Eigenwahrnehmung. Auch weise ich gerne auf die Forschungen zur Treppe von Prof. Mielke hin.

Die vier Temperamente in der Raumgestaltung

Die vier Temperamente haben meines Wissens bisher noch keinen wirkungsvollen Eingang in die Raumgestaltung bekommen. Dabei können gerade sie für die spirituelle Baubegleitung besonders hilfreich sein, weil sie wie die Elemente, denen sie entsprechen, maßgebende Grundlagen zur Gestaltung sein können. Es ist gewiss, dass eine Typenlehre stark eingrenzend ist und nur ein grobes Raster sein kann bezogen auf die Vielfalt der Menschen und bei der Fülle seines Wesens. Es gibt eine meist unbewusste Abneigung, weil die Festlegung auf einen oder maximal zwei Typen die Einmaligkeit unseres Seins und unserer Individualität aufhebt. Dennoch wirken die Temperamente. Sie sind karmisch und genetisch bestimmt. Schon in der Beziehung zwischen Eltern und Kind wirken sich die Verhaltensweisen der Temperamente aus. Weil wir uns so einmalig vorkommen, erscheint uns das eigene Temperament und wie wir die Welt erfahren als das allgemein gültige Prinzip. So manches Kind wurde bestraft, weil es dem Temperament der Eltern nicht entsprach. Und das prägt, denn es kann sich nicht wehren und hat nicht die Einsicht, warum es so behandelt wird. Selbst der Erziehende handelt oft unbewusst und weiß nicht um seine eigenen Vorgaben.

In allen uns bekannten Schöpfungsgeschichten sind es die vier Elemente – Erde, Wasser, Feuer und Luft –, aus denen die Erde als Einheit geschaffen wurde. Auch der Mensch entspricht in seiner Gestalt und seinem Lebensausdruck den Elementen. Es ist der Beckenraum, mit seiner Lebenskraft, der die Erde repräsentiert. Der Bauchraum, das Wässrige, ist den Gefühlen zugewandt. Das Herz, die Tat und der Antrieb zum Leben, entspricht dem Feuer. Und die Beweglichkeit wie auch das Denken der Luft. (Das wurde bereits näher auf Seite 55 und 71 beschrieben.)

Nach C. G. Jung ist die Vierteilung die einfache und natürliche Aufteilung des Kreises und einer Einheit. Er leitet daraus eine Typenlehre des Menschen ab: den Denktypus – Luft, den Gefühlstypus – Wasser, den Empfindungstypus – Erde und den intuitiven Typus – Feuer.

Eine weitere Nähe zu den Elementen findet sich in unseren kreatürlichen Lebensnotwendigkeiten wieder: der Ernährung, dem Essen, dem Trinken, dem Atmen und dem Wärmen. Den Elementen entsprechen die vier Temperamente. So repräsentiert der Choleriker das Feurige, der Sanguiniker das Luftige, der Phlegmatiker das Erdige und der Melancholiker das Wässrige.

Die Temperamente sind unterschiedlich stark im Menschen vertreten. Meistens herrscht eines vor, höchstens sind es zwei. Je nach Lebensalter treten andere Temperament-Erscheinungen hinzu. Auch im Tagesverlauf werden die Temperament-Qualitäten wechseln, denn der Morgen hat mehr Impulskraft als die hingebungsvolle Abendstimmung. Dennoch dominiert ein Temperament im Leben immer wieder. Auch gibt es Übergangsformen, wie sie in einer »Temperamentrose« von Goethe und Schiller gemeinsam entwickelt wurde, die in der Abbildung einbezogen ist.

Weil karmische Vorgaben tiefgreifend sind und stark im jetzigen Leben den Menschen bestimmen, sind die Temperamente gerade für Wandlungsgeschehnisse so bedeutsam. Sie sollten in der Beratung und Lebensgestaltung beachtet werden – jedoch behutsam, wie bei allen Typenlehren. Das den Menschen bestimmende Temperament ist sein Seelenausdruck und zeigt sich in seinem Körper, dessen Gesten und Bewegungen. Damit das Denken, Fühlen und Wollen zu einer geistigen Kraft werden, will das Temperament durch bewusstes Erleben erkannt sein, um zu einer besonderen Fähigkeit zu werden. Weil vererbt und weil »damals« schon ein-

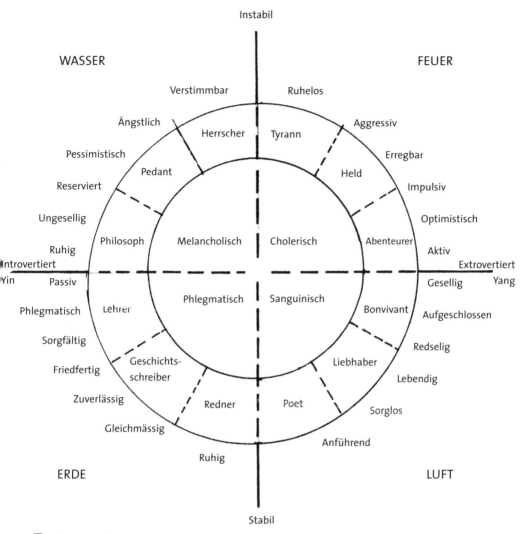

Temperamentrose.

mal gelebt, entsprechen die jetzt wirkenden ein oder zwei Temperamente nicht in der allerletzten Tiefe dem Wesen eines Menschen, sondern sie sind vorgegeben und wollen durchdrungen sein. Zunächst kann man spielerisch und von ihnen unbeschwert seinen Weg gehen und eine Energiebindung in eine bewegende Kraft verwandeln. Ist nur ein Temperament betont, und das zu stark, kann es sich bis zu seelisch bedingten Krankheiten steigern.

Die Temperamente sind aber auch landschaftlich bedingt. Ein Mecklenburger reagiert anders als ein Rheinländer, ein Städter anders als ein Hirte. Die Temperamente eines Menschen wurden verstärkt durch die ihn umgebende Landschaft, die Geologie und das soziale Gefüge – oder aber gedämpft. Die früheren großen Reisen, wenn Handwerker auf Wanderschaft gingen, waren wesentliche Lebenserfahrungen, weil andere Umgebungen und Lebenssituationen das eigene Temperament und damit auch die vier Elemente ansprachen. Das Reisen war wie eine Einweihung, besonders wenn es mit einer Pilgerfahrt verbunden war, die damals zudem oft gefahrvoll und dadurch sehr einprägsam war. Das Reisen ist in unserer organisierten Welt glatt geworden. Auch die mehrfachen Umzüge verwischen die Kraft von widerstrebenden Erfahrungen. Sie sind oft nur äußerlich bedingt und die tiefere Bedeutung des Ortswechsels wird nicht erkannt, oft auch nicht gesucht. Nach Untersuchungen wechselt der Deutsche sieben Mal im Leben seine Wohnung. Das Paradoxon unserer Zivilisation ist, sich als mobil zu empfinden, doch bewegen wir uns vorwiegend sitzend – sind also immobil! Dadurch bekommt das Wohnen und der Wohnort eine neue Bedeutung – kann herausfordern oder unterstützen. Es bedarf aber, sich der Kraft des Raumes und Ortes zur eigenen Entwicklung bewusst zu werden.

Beschreibung der Temperamente

Die folgende Beschreibung hat karikierende Tendenzen. Das liegt nicht in meiner Absicht, sondern in der Komik, die jede Einseitigkeit in sich birgt. In unseren Seminaren wird die Darstellung der Temperamente bewusst übertrieben und erzeugt viel Lachen. Lachen ist nach Bergson eine Korrektur im Sozialen. Die vorgeschlagenen Übungen sollte man für sich vollziehen, weil dadurch eine unmittelbare Erfahrung entsteht. Sie werden erstaunt sein, wie viel wacher Sie sind, wenn Sie Menschen künftig wahrnehmen wollen.

Der Phlegmatiker – das Erdige

Es gibt in der Literatur unterschiedliche Auslegung. Nach meinem Empfinden ist Erde dem Phlegmatiker und Wasser dem Melancholiker zuzuordnen.

Orte des Körpers
Die Drüsensysteme und der Innenraum des Leibes. Wohlbehagen ist dann, wenn im Organismus alles in Ordnung ist. Wenig Willenskraft, ruht behaglich in sich selbst.

Karikatur
Ist satt, fett und kugelrund. Kann Mengen essen, aber ist kein Feinschmecker. Hat die Ruhe weg. Hat sich nicht von der Mutter gelöst. Nuckelnd wie ein Säugling, träumend und schläfrig – ein Wickelkind. Was immer auch kommt, an ihn kommt nichts ran. Köstlich ist es ihm, wenn ihn nichts mehr bewegt.

Die positiven Seiten
Er ist treu und zuverlässig. Pünktlich und ordentlich. Gewissenhaft, fleißig. Ruhig und strahlt Vertrauen, Gelassenheit und Kontinuität aus. Gibt Halt. Ist väterlich.

Für die Übung
Friedvoller und teilnahmsloser Gesichtsausdruck, Wohlbeleibt. Nach vorne geschobener Bauch. Oberkörper zurückgelehnt. Die Hände ruhen verschränkt auf dem Bauch. Geht sehr langsam und schleppend. Setzt die Füße nicht parallel, sondern mit den Zehen nach außen, tritt aber nicht richtig fest auf. Bleibt immer wieder stehen, um auszuruhen. Gähnt und wird so schwer, dass er sich gar zu Boden legt und seinen Termin vergisst. Springt dann plötzlich sich erinnernd auf, aber wird gleich wieder langsam. Alles ist gut so, wie es ist.

Heilweg
Immer schwerer und dichter und satter werden, bis die Grenze erreicht ist. Dann plötzlich in die Gegenbewegung des Sanguinikers oder Cholerikers gehen: fröhliches Hüpfen und Tanzen oder heftige Gesten und zielvoll ausschreiten.

Der Melancholiker – das Wässrige

Orte des Körpers
Der Leib und die Sinnesorgane. Das Leid und die Schmerzen beherrschen ihn. Er trägt die Last der ganzen Welt auf seinen Schultern.

Karikatur
Wolllust des Leidens, immerzu Ärzte aufsuchend. Alle Krankheiten pflegen. »Ich leide, also bin ich.« Jammernd nach dem Sinn des Lebens fragen und unzufrieden mit sich und der Welt. Tiefste Traurigkeit und keine Selbstliebe. Einsam, vergrämt, verletzt und ständig beleidigt. Man hackt auf ihm herum. Fühlt sich von Gott gepeinigt und verlassen.

Die positiven Seiten
Er ist gefühlvoll und hilfsbereit, achtsam und unterstützend. Gutmütig, intuitiv. Ist mütterlich und nährend. Hingebungsvoll. Kann warten und geschehen lassen.

Für die Übung
Nach vorne herunter hängender Kopf. Auch die Schultern hängen und tragen übermäßige Lasten. Gesenkter Blick zum Boden. Die Füße nach innen gerichtet. Schlürfendes, schweres Gehen. Seufzen: »Ach, ich armer, armer Mensch!«

Heilweg
Leiden und Schmerzen nicht ausweichen, sondern bewusst betonen. Auch hier die Gegenbewegung des Cholerikers oder Sanguinikers einnehmen. Ihm dient die Klagemauer, die Jammerecke, die auf Seite 167 beschrieben ist.

Der Choleriker – das Feurige

Orte des Körpers
Kreislauf. Feste und sichere Haltung, klare Blickrichtung des Auges. Kleiner Wuchs, scharf geschnittene Gesichtszüge. Durchsetzung der Ich-Kraft gegen alle Widerstände.

Karikatur
Handlungsdruck und Siegeszwang, Hang zur Tobsucht. Wird dann Opfer seiner selbst. Muss Chef sein, der andere muss gehorchen. Selbstherrlich und göttlich rasend. Kampf ist Lust und Lust ist Kampf. Warum gibt's die anderen bloß? Selten ist da jemand, mit dem es sich zu kämpfen lohnt.

Die positiven Seiten
Er ist voller Begeisterung und kann begeistern. Kreativität. Freude. Unterstützt Schwächere. Kraft, Willensstärke. Klare Ziele. Umsetzung in die Tat. Gibt Impulse.

Für die Übung
Bebt vor Wut. Kinn und Oberkörper sind nach vorne geschoben, Kopf vom Nacken her erhoben. Stürmt mit geballten Fäusten durch den Raum. Tobt vor jedem Widerstand. Wilde, ungezügelte Kraft. Fester und zielgerichteter Schritt. Aggression. Will sich auch zeigen. Geht auf Schuhabsatz, Hacken vorwärts, voller Kraftansatz, ist nicht zu bremsen.

Heilweg
Situationen schaffen und ausleben, in denen es nicht Sinn macht, wütend zu werden. Dinge tun, zu denen man keine Kraft braucht, die keinen Widerstand erzeugen, insbesondere an unbedeutenden Sachen. Genießen wie der Phlegmatiker, fühlen wie der Melancholiker.

Der Sanguiniker – das Luftige

Orte des Körpers
Nervensystem. Empfindungsbereich. Schlank und geschmeidig. Bewegliche und ausdrucksvolle Gesichtszüge.

Karikatur
Lebt in Gedanken und Bildern. Ist intellektuell und voller Interessen, aber führt die Ideen nicht durch. Bleibt nicht bei einem Eindruck, sondern eilt weiter. Alles ist gut, wenn es nur interessant ist. Lachen, zappeln, trippeln. Himmelhoch jauchzend, zu Tode betrübt. Spaß und Hanswurst. Lebt in der »Szene«. Liest ein Buch nur halb. Wenn er faul ist, dann glaubt er etwas zu versäumen.

Die positiven Seiten
Kenntnisreich, verbindlich, kommunikativ, gesellig, heiter, spielerisch, unbekümmert.

Für die Übung

Schnell an etwas haftender Blick und wieder wegsehen. Hierhin gucken und gleich danach woanders hin. Lustig. Froher Blick, lächelnd, singend. Leichte, fast hüpfende Gangart; dann auf den Zehenspitzen tanzen, mit hoch erhobenen flatternden Händen. Hin- und herschwebend durch den Raum gehen.

Heilweg

An Dingen, an denen man Interesse hat, kein Interesse haben. Vieles leben, was nicht interessant ist. Sich mit uninteressanten Dingen beschäftigen, Langeweile erzeugen und sie leben. Erfahren, wie schwer das Leichte fällt, wenn man es lange tut.

Die Temperamente im Wohnen und Leben

An dieser Stelle wird deutlich, wie Raum- und Lebensgestaltung miteinander verbunden sind.

Durch die Übungen wird erkannt, welches Temperament und damit welches Element man vorrangig lebt. Um ein heilendes Gleichgewicht zu schaffen, darf das dominierende und bestimmende Temperament auch beherrscht werden. Der Heilungsweg aber besteht darin, die Einseitigkeit willentlich soweit bis an den Rand zu übertreiben, bis sie umkippt. Unterstützt wird die Harmonisierung dadurch, dass ein nicht so leicht verfügbares Temperament belebt wird. So kann das cholerische Naturell den Phlegmatiker anfeuern. Für diese Gegenbewegung können gestalterische Maßnahmen im Raum gefunden werden, aber auch Veränderungen in der Kleidung und den Essgewohnheiten.

Übung

Wenn Sie bei sich das dominierende Temperament entdeckt haben, dann gehen Sie bewusst in die Haltung hinein und steigern sie. Halten Sie eine zeitlang durch, bis Sie an Ihre Grenze gekommen sind. Dann gehen Sie unmittelbar in ein gegenteiliges Temperament, etwa vom leidenden Melancholiker in den übermütigen und frohen Sanguiniker.

Für die Raumgestaltung bzw. Bauweisen können die Elemente und Tierkreiszeichen herangezogen werden. (Ausführliche Beschreibungen finden Sie in »Räume der Kraft schaffen«, Seite 117f. und 148f.)

Der eigene Name – ein geistiger Weg

Einstimmung

Man kann auch schwer an seinem Namen tragen.

Wenn man der Geschichte und Magie des Namens nachhorcht, dann erstaunt es, wie wenig wir von der Fülle und Würde des Namens in unser Leben einbeziehen. Dabei lässt sich seine Bedeutung schon in der Bibel ablesen, wenn so überaus häufig der Name betont wird. Auch kennen wir die alte Redewendung »nomen est omen« – der Name als Schicksal. Zwischen dem Wort und einem Gegenstand, einer Pflanze oder einem Tier ist eine enge geistige und wesenhafte Wechselbeziehung – umso mehr im eigenen Namen. Wie jedes Wort so ist auch der Name ein Urklang und ist verbunden mit dem morphischen Feld derer, die diesen schon trugen und auslebten. Die Namensgebung hatte immer etwas Heiliges und Heilendes. So heißt es in der Bibel: »Ich nenne Dich bei Deinem Namen.« In jedem Namen ist etwas Magisches. Wie bedeutsam der Name früher war, zeigt auf, dass man erst dann »lebte«, wenn man einen Namen bekam. Vorher war man nicht existent.

Unser Vorname ist neben dem Gesicht der Mutter das, was uns in der ersten Zeit begegnet. Mit dem Namen werden wir gerufen. Er wirkt schon tief auf das Kleinkind ein, zumal es abhängig von der Mutter ist. So bindet der Name. Im Benennen steckt ein Beherrschen. Jede Namensgebung ist ein Übermachten – auch wenn es mit guten Wünschen der Eltern geschieht. Jeder Mensch ist durch den Namen von Anfang an fremd bestimmt, da er seinen Namen nicht selbst gewählt hat. Er wurde ihm auferlegt. Im Namen liegt somit eine schicksalswirkende Vorausdeutung. Im Wort »Beruf« steckt der Ruf Gottes an den Menschen, seine »Berufung« zu leben.

Die Begegnung mit dem Namen hat viele Parallelen zur Begegnung mit dem künftigen Raum und seiner Gestaltung, denn der Vorname, ebenso die Kleidung und der »eingeborene« Umraum, sind durch die Eltern bestimmt. Diese wirken früh und ganz unmittelbar, und so kann der Name ein guter Schlüssel zur Selbsterfahrung sein. Er wirkt im Laufe des Lebens, sei es durch Annahme oder Ablehnung. Ich gehe noch einen Schritt weiter. Die Erkenntnis und nachträgliche Annahme des Namens kann parallel zum konkreten Baugeschehen ein begleitendes, spirituelles Geschehen sein.

Wir tragen unsere Namen seit Kindesbeinen und so selbstverständlich und vertraut, dass aus der Gewohnheit heraus kein Hinterfragen nötig erscheint. Doch weil die Namensgebung und ihre Wirkung stark im Unbewussten ruhen, sind sie energetisch so bedeutsam. Darum gehört für mich der Name mit zur Gestaltung des eigenen Lebens. Oft sind persönliche Wünsche und Erwartungen der Eltern im Namen verborgen. In diesem Kapitel soll die energetische Bedeutung des Vornamens, des Familiennamens und des Ehenamens aufgezeigt werden. Es geht mir um einen zeitgemäßen und spirituellen Umgang mit dem Namen und um seine energetischen und psychischen Wirkungen. Die Hinweise sind auch an die Eltern gerichtet und sollen aufweisen, wie verantwortungsvoll, aber auch wie kreativ die Namensgebung ist.

Zum Vornamen

»Ich habe Dich bei Deinem Namen gerufen; Du bist mein.«
Jesaia 43.1

In sogenannten »primitiven« Kulturen gab der Priester oder der Weise des Dorfes den Namen. Es war neben dem Rufnamen der geheime Name. Der Weise hatte durch seine Hellsichtigkeit diesen Namen so gewählt, dass er für die Zukunft wie ein Leitstern eine führende Kraft war. Niemand durfte ihn wissen, denn man geriet in Gefahr, in die Gewalt des anderen zu kommen – was dem Tode glich. Wir kennen das aus dem Märchen: »Welch ein Glück, dass niemand weiß, dass ich Rumpelstilzchen heiß.«

Bevor ein Kind mit etwa drei Jahren »ich« zu sagen lernt, nimmt es den eigenen Namen und sagt: »Karl will nicht.« Später dann auf die Frage »Wer bist du?« antwortet er: »Ich bin Karl.« Das ist eine frühe und später gänzliche Identifikation mit dem eigenen Namen. Der Vorname ist maßgebend für das ganz Persönliche. Die falsche Nennung eines Namens oder das Vergessen löst negative

Gefühle aus. Jetzt sagt man auch: »Ich heiße ...« Das Wort »heißen« steht für »auffordern und befehlen, zu etwas drängen, in Bewegung setzen«. Jemanden etwas heißen, bedeutet Befehl. Der Eigenname ist so sehr die Person selbst, dass man vor noch nicht so langer Zeit als Kind die Eltern mit »Sie« und »Herr Vater« und »Frau Mutter« ansprechen musste. Das jetzt übliche Du und der Vorname statt »Vati« oder »Paps« zeigen aber auch unsere Individualisierung, auf die ich so oft verweise.

Merkwürdig, dass jeder Mensch eine Affinität zu bestimmten Vornamen hat, die er gerne hat oder aber nicht mag. Das kann mit persönlicher Erfahrung zusammenhängen, weil diese Personen oft in ihrer Wesensart uns nahe sind. Vielleicht gibt es einen anderen, tieferen Grund, wenn man Menschen mit einem bestimmten Vornamen näher oder ferner steht. Beispielsweise war jemand dem Vornamen »Peter« gegenüber sehr skeptisch, weil er selbst eher weich und von »wässriger« Natur war und Peter, der für »Stein« steht, als hart empfindet. Man kann aus dem Gegensatz das Eigene besser erkennen. Auch verbindet man in der Vorstellung die Vornamen mit einer bestimmten Physiognomie.

Die energetische Wirkung eines Namens

»Jeder ist in seinem Namen eingeschlossen und kann nicht mehr heraus.«
Thomas Bernhard

Nach Goethe ist der Eigenname nicht etwa ein Mantel, an dem man allenfalls noch »zupfen und zerren« kann, sondern ein vollkommen passendes Kleid, ja wie die Haut selbst ihm über und über angewachsen, an der man nicht »schaben und schinden« darf, ohne ihn selbst zu verletzten. Der Name ist wie ein Kleid, er schützt, stellt dar, zeugt vom eigenen Wesen und zeigte vom Stand, ist aber auch Tarnung. Er ist zur spirituellen Haut geworden in dieser unseren speziellen Zeit. Der Name ist eine Hülle, ist ein Raum, den wir ständig mit uns tragen, wie ein Kleidungsstück. Von Vorfahren übernommen, steckt im Namen eine Traditionsprägung. Durch die ständige Wiederholung wirkt er tief ein.

Wir senden mit jeder Benennung einen Energiestrahl aus und erleben, wenn auch unbewusst, einen Widerhall im Du. Der Name ist Klang, Ton und Licht. Er ist eine Frequenz und wirkt schon früh und dann fortwährend auf die eigene Aura ein. Die Bedeutung der Vokale und Konsonanten im Namen, die Beziehung zwischen den Vokalen und den Chakren zu erkennen, sind ein vertiefender Weg. Rein energetisch löst die Nennung eines Namens im Gehirn eine emotionale Reaktion aus. Wir sind im Laufe der Jahre so auf unseren Namen eingestimmt, dass wir in einer lauten Gesellschaft ihn hören, auch wenn er weit ab von uns und nicht lautstark ausgesprochen wurde.

Es gibt eine Vielzahl kultureller Vorschriften und Handlungen, die auf die Magie und damit auf die Energie eines Namens verweisen. Das hat auch damit zu tun, dass man den Namen »in den Mund« nimmt, was im magischen Weltbild zu vermeiden war. Ich »heiße« meint ja auch, das man mich heißen, also mir befehlen kann. Ich werde durch meinen Namen dinghaft gemacht. Hässliche oder schreckliche Namen sollten abwehren. Ähnlich den Fratzen an den Westportalen der Kirchen, um den Dämonen der Nacht zu widerstehen. Gute Namen sollten Gutes anziehen, weswegen die Römer zur Grundsteinlegung nur Soldaten mit positiven Namen beriefen.

Ernst Jünger spricht davon, dass schon die Stellung im Alphabet wichtig sein kann, wann man »dran« kommt. Es gibt Konsonantenverbindungen, die schwer auszusprechen sind oder Assoziationen hervorrufen, die bei der Wahl von Kandidaten bei gleicher Würdigung außerhalb des Bewusstseins von Ausschlag sein können. Ein Beweis für die Wirkung des Namens wird im Namenatlas gegeben, wo viele Statistiken über die Namen gesammelt sind. Es ist ein reines Fachbuch ohne jeden esoterischen Anhauch. Sportler, die Schmidt, also Schmied, heißen, haben größere Erfolge als die mit dem Namen Schneider. Weiter heißt es: »Entwicklungspsychologisch spielt der eigene Name eine große Rolle.«

Es gibt viele Geschichten zur Wirkung des Namens. Jemand trug den Namen seines Onkels, der als Mensch in der ganzen Familie verehrt wurde und offenbar nur gute Eigenschaften hatte. Im Krieg fiel er. Nun blieb der Namensträger übrig und malte ein heroisches Bild von seinem Onkel und wollte so »gut« werden wie er und überforderte sich von Jugend an. Wäre der Onkel auf Erden geblieben, hätte er dessen Mängel und Schatten gesehen und hätte das rechte Maß getroffen.

Es kann große Auswirkung haben, wenn ein Kind als Mädchen erwartet wird, der Name vorher schon feststeht und dann plötzlich doch ein Sohn zur Welt kommt. Da darf man die Eltern fragen, warum der Vorname gewählt wurde.

Der eigene Vorname – ein Erkenntnisweg

» Wer seinen Namen wechselt, wechselt auch sein Schicksal. «
Talmud

Das Erkennen des eigenen Namens kann besonders in Umbruchzeiten die Wandlung unterstützen und das innere Geschehen bereichern. Man findet sich als Erwachsener irgendwann mit einem Namen so fraglos vor, dass ein vertieftes Erspüren zuerst erstaunt. Da man seinen Vornamen nicht mehr ändern kann, darf man ihn nachträglich durchleuchten und annehmen. Namensänderungen sind nichts Neues, so wurde Saulus zum Paulus und Platon hieß als Kind Aristokles.

Concourt vermerkt, dass die japanischen Künstler ihren Namen mehrmals im Leben wechselten und nennt es »bewahrte Freiheit«. Es ist ein Phänomen, wenn sich eine Frau mit über vierzig Lebensjahren noch Uschi nannte und nun möchte, dass man sie Ursula nennt. Es verwundert auch nicht, wenn in dieser Zeit sich der Haarschnitt ändert und damit das Gesicht. Das ist Standpunkt beziehen, Ausdruck des gewollten Wandels, und erzeugt zuerst Irritation. Jede Namensänderung verändert den Menschen. Darin steckt eine Parallele zum Raum. Wenn wir uns ändern, will auch der Raum verändert sein. Was wir sind, ist unsere Vorstellung dessen, was wir sind. Wir leben danach, erscheinen so und das Bild im Gegenüber entspricht unserem inneren Bild von uns. Der andere formt uns durch sein Reagieren auf das Bild, das wir von uns haben und nach außen hin leben. Entscheidet man sich zu seinem ganzen Namen, dann wird die eigene Entscheidung verstärkt durch die Irritation der Außenwelt, die jetzt einen ganz anderen Menschen sieht.

Der Name, der durch innere Ja-Zusage angenommen wird, wirkt auf den Leib zurück. Die Entdeckung des eigenen Namens, im Sinne der Aufdeckung, ist wie ein Koan, den ein östlicher Meister seinem Schüler wie zum »Wiederkäuen«, dem Memorieren und damit zur Erkenntnis gibt. Der erkannte und dann wie im eigenen Schöpfungsakt angenommene Name, ist wie das Wort über der Tür eine starke Energieausrichtung. Er wird ganz einverleibt als Eigenschöpfung. Die Indianer bekamen den Namen, den sie sich »verdient« hatten. Künstler wählen einen anderen Namen, weil sie damit ihren Standpunkt und ihre Lebensausrichtung klarer machen.

Die Suche nach dem Inhalt des eigenen Namens ist ein Erkenntnisweg, ein Weg zur eigenen Kraft. Jedes Mal, wenn ich meinen Namen ausspreche, identifiziere ich mich mit meinem ganzen Leib. Das kann man vertiefen, denn die Schwingung des Namens entspricht der des Körpers und wirkt auch auf die Organe. So ist es dienlich, sich bei meditativen Körperübungen sich mit dem eigenen Namen anzusprechen und den Vokalen, Konsonanten und dem Rhythmus des Namens vertieft nachzuhorchen. Die Seelenbewusstheit verbindet sich mit dem Bewusstsein des Körpers. Vielleicht werden dabei besondere Körperräume oder Chakren angesprochen.

Beim Gehen kann man den Namen summen und dabei die Aufmerksamkeit zum Nacken hinwenden; oder aber den Namen schmecken. Auch in den Schlaf kann man ihn mit hineinnehmen. Erst nach der eigenen Annäherung sollte man die Bedeutung des Namens in Lexika nachlesen und erspüren, wer ihn in der Geschichte schon früher trug und was diese Vorgänger jetzt auslösen. Welche Mitglieder der Familie diesen Namen bereits trugen, kann auch aufschlussreich sein. Die Feier des Namenstages ist eine Verbindung mit der geistigen Kraft des Namengebers. Das ist der Grund, weswegen in einigen Ländern der Namenstag gefeiert wird. In diese Zeitqualität kann man sich einschwingen.

Der zweite oder dritte Vorname, der oft gar nicht benutzt oder gar nicht mehr bewusst ist, kann wie der »geheime Name« ein Erkennen sein. Die mehrfachen Namen eines Kindes hatten früher den Grund, je nach Wachstum einen anderen davon zu wählen. Man nannte Kinder nach dem Taufpaten. Der Pate war als geistlicher Vater gewollt, auch Gevatter als Mitvater genannt, zur Betonung des »geistlichen« Vaters, der auch Gottvater als Vater in Gott ist.

Weitere Wege zur Selbsterforschung
- ★ Die Unterschrift groß aufschreiben, dann auf Folie bringen und per Overhead an die Wand werfen. Mit einem Stab, als verlängertem Arm, diesen Zügen der Schrift – den Schriftzügen – folgen. Die nun entstehenden inneren Bewegungen ankommen lassen und nachspüren. Die Einübung der eigenen Unterschrift war oft charmanter Teil der Pubertät und bedeutete Selbstfindung. In der Unterschrift eines Menschen stecken alle Information über ihn.
- ★ Welchen Namen gab man seiner Puppe? Welchen Namen möchte man jetzt viel lieber tragen?
- ★ Spitznamen weisen früh auf Eigenarten der Erscheinung hin, durch die Unerbittlichkeit der Kinder, die noch »wahr« sehen. Den Spitznamen erinnern, daraus kann man auf sich selbst schließen.

Die soziale und seelische Bedeutung

Ein Name ordnet. Die Namensgebung macht den Menschen dingfest im guten wie im weniger guten Sinne. Der Name an sich gibt dem anderen Macht, denn man kann rufen, ja man kann ihn heißen, etwas zu tun. Er ist benennbar, kann gerufen oder gescholten werden. Mit dem Namen wächst er in den sozialen Verbund und wird ein soziales Wesen. Name ist Sozialisierung, man ist kommunikationsfähig, kann angesprochen werden. Durch die Namensgebung entsteht eine ordnende Beziehung und Distanz zum namenlosen Fremden und dem Schicksal. Anerkennen und bekannt werden ist möglich, auch Würdigung der Andersartigkeit. Um die Verbundenheit in einer Familie zu betonen, suchte man Vornamen, die im Gleichklang waren. In traditionellen Kulturen empfinden sich Fremde mit gleichem Namen als miteinander verwandt. Der Gleichklang in meiner Generation wurde durch den Stabreim erzeugt. So tragen meine Geschwister und ich den gleichen Anfangsbuchstaben beim Vornamen.

Wir haben in uns einen Wilden, eine ungezähmte Kraft, und das rüttelt an der Namensvorgabe. Exzentrische Vornamen können zu neurotischen Störungen führen, die vielleicht schon die auswählenden Eltern selbst tragen. Es gibt Untersuchungen, dass psychisch beanspruchte Menschen oft auch an ihrem Namen leiden. Sie scheinen empfänglicher für die Wirkung des Namens zu sein. Beispielsweise ist jemand nie sicher, heißt aber »Sicher«. Steckel folgert daraus, »dass nicht neurotische Menschen sich zu wenig mit dem Namen beschäftigen«.

Die Bedeutung des Nachnamens

Die genetische Beziehung zwischen den Ahnen und dem Kind verbindet über den Tod hinaus. Unsere Zivilisation hat den Kontakt zu den Ahnen und damit zu den geistigen Energien aus der uns vorlaufenden Zeit aufgegeben. Damit haben wir eine große Chance der Rückbindung verloren. Ursprüngliche Kulturen leben mit diesen Welten und glauben, dass durch die Weitergabe des Namens auch die spezifische Energie weitergegeben wird – weil der Name Energie ist.

Der Nachname ist ein morphisches Feld und wirkt auf uns ein – wenn auch sehr unterbewusst. Oft erst in späteren Lebensjahren. Der Familienname steht für den Klan, die Herkunft, das Kollektiv, den Stamm, die Familie. Auch der Name der Familie ist eine Frequenz. Mit dem Familiennamen übernimmt man einen karmischen Teil der Familiengeschichte. Den Familienverbund zu erforschen, kann zum bereichernden Erlebnis werden.

Die sogenannten Berufskrankheiten sind eigentlich Erwerbskrankheiten und »technischer« Natur. Die wahre Berufskrankheit entsteht aus dem geistigen Verfehlen der von Gott gemeinten Lebensaufforderung. Im falschen Beruf mindert sich die Lebendigkeit und Krankheiten können sich äußern. In der Berufung stehen die mitgebrachten Gaben und Veranlagungen »zur Hand« – auch als genetischer Anteil. Wiederum ein Hinweis, sich der eigenen Herkunft, mindestens den Großeltern sich zuzuwenden. Durch den erkannten Vornamen wird die persönliche Energie angeregt. Der Blick in die Zukunft und damit in die Berufung kann durch den Blick zurück erweitert werden.

In der Bibel spricht man von der »Schuld« bis ins siebente Glied. Wir werden als Kind von unseren Eltern geformt, nach ihren Vorstellungen vom Leben. Zumal sie aber selbst als Kind geformt worden sind, ist es ein wichtiger Erkenntnisweg, um das Leben der Vorfahren zu wissen. Gelingt es uns, das Familienmuster aufzulösen, dann werden nicht nur wir freier, wir löschen energetisch zudem eine alte, störende Spur. In allen Kulturen der Erde und zu allen Zeiten war die Geschlechterfolge das Leben mitbestimmend. Der weitergegebene Name diente zur energetischen Anbindung. In unserer Zivilisation schauen wir von der Gegenwart nur in die Zukunft und anerkennen nicht unsere Wurzeln. Wir vergeuden die energetische Gabe der Herkunft. In der christlichen Kultur ist diese Kraft verwurzelt, aber nicht im Bewusstsein lebendig, obwohl am Tag der »Allerseelen« der verstorbenen Ahnen gedacht wird. Das Verb »ahnen« bedeutet mittelhochdeutsch »etwas Unbestimmtes rührt mich von außen her an«.

Die merkwürdige Verbindung zwischen Mensch und Name: So heißt der Storchen-Spezialist Norddeutschlands »Storch« und der bedeutende Wasserforscher »Lauterwasser«. Es ist, als ob es eine innere Anziehung gibt. Oder auch Abneigung, wenn jemand »Fürst« hieß, aber Bauernknecht war. Untersuchungen haben ergeben, dass es einen Zusammenhang gibt zum Image, das man von sich und dem Namen hat. Vor- und Rufnamen und Beruf erscheinen wie ein Energiefeld. Beispielsweise tippten viele beim Namen Uwe Hasselhorst auf einen Soldaten. Adelige, deren Namen auf einen Ort bezogen wurde, sind eigentlich »namenlos«, es sei denn, sie erkennen ihren Ort. Überhaupt empfehle ich die Begegnung mit den Orten, woher die Familie stammt. Das kann Tiefes erkennbar machen.

Zum Stammbaum

Leider ist das Anlegen eines Stammbaumes in Verruf geraten. Die Tradition des Stammbaumes ist ebenfalls in der Bibel verankert und von großer Bedeutung. Mir selbst war es sehr wichtig, um meine Vorfahren zu wissen. Es ist eine schöne Möglichkeit, mindestens den naheliegenden Generationen nachzusehen.

An jeder Verzweigung eines Baumes ist Spannung, die messbar ist. Wer mit der Rute gehen kann, wird bei jeder Gabelung einen Rutenausschlag bekommen. Dort ist also Energie lebendig! Leonardo weist darauf hin, dass alle Verzweigungen eines Baumes in ihrer Summe dem Stamm des Baumes entsprechen und jeder Zweig die Summe der zwei vorherigen. Das ist mehr als nur ein symbolisches Bild.

Bei der Verzweigung entsteht somit das Verhältnis 1:2. Das ist musikalisch die energetische Steigerung der Oktave. Das gilt auch für den »Stamm«, aus dem man stammt. Man kann dadurch erforschen, warum ich bin, wie ich bin, und woher man stammt.

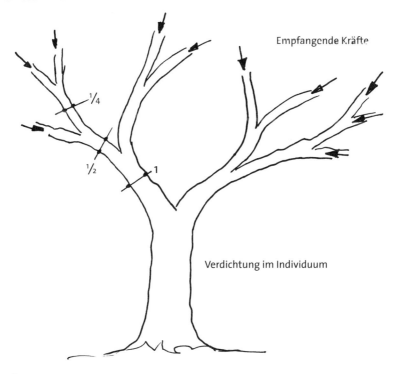

Stammbaum.

Die Bedeutung der Großeltern

*»Der Mensch kleidet sich in die Hüllen,
die ihm von seinen Vorfahren gegeben werden.«*
Rudolf Steiner

Nach dem Schamanen Somé gibt es in der afrikanischen Tradition ein »unausgesprochenes Einverständnis zwischen dem Kind, das gerade aus der ›anderen Welt‹ kommt, und dem Großvater, der dahin geht«. Die Vorstellung, dass der Großvater im Enkel weiterlebt, existierte auch im alten Griechenland und in China. Im Duden »Etymologie« heißt es wörtlich: »Der Enkel galt vielen Völkern als der wiedergeborene Großvater. Darum war es germanische Sitte, dem Enkel den Namen des Großvaters zu geben, um Kraft und Glück zu geben.« Rudolf Steiner sagt, dass Eigenschaften der Vorfahren gerade in den Temperamenten sich ausleben. Wieweit also trägt der Name der Vorfahren dazu bei, uns zu stärken oder einzuengen – trägt man doch Wesensweisen aus den eigenen Inkarnationen in diese Leben hinein.

In Norddeutschland gab es für den Enkel die lustige Namensnennung: Jan sin Jan sin Jan. Das weist hin auf einen energetischen Bezug zur Großen Mutter, der Großmutter und dem Großen Vater, dem Großvater. Genetisch ist dieser nahe Bezug zum Enkel vielen fühlbar. Enkel heißt ja: kleiner Ahne; in der Schweiz: Groß-Kind. Die Erinnerung an die Großeltern oder eine tiefere Begegnung mit ihnen kann Hinweise zum tragenden, eigenen Wesen geben. Wenn wir in unseren Seminaren nach den ersten so prägenden Lebensjahren fragen, dann wird oft auf die wohltuende Bedeutung der Großeltern hingewiesen. Offenbar ist die Nähe der Eltern zu groß und ihre Abgeklärtheit noch nicht voll entwickelt. Schauen wir auf die Horoskope einer Familie, dann zeigt sich zudem immer wieder, wie Kinder das ausleben und herausfordernd vorleben, was die Eltern auf ihrem Entwicklungsweg sich als Aufgabe gestellt haben. Und das ist ein Spannungsfeld. Jeder wird von den Eltern in frühester Jugend und damit in einprägsamer Zeit enttäuscht. Denn die Mutter muss irgendwann abstillen, um ihr eigenes Leben zu leben, und die Rolle des Vaters ist die frustrierende Grenzsetzung im wilden frühen Drang des Lebens. Die Großeltern sind von ihrem Eltern-Sein befreit und der Kontakt ist unmittelbarer zum Stamm, aus dem man stammt. Auch sind die Großeltern mehr von den existenzerhaltenen Tätigkeiten befreit und haben mehr Muße.

Zum Ehenamen

Durch Eheschließung entstehen jetzt oft Doppelnamen, wodurch sich die karmischen Herausforderungen verbinden. Das Fremde mit seinen Herausforderungen wird mit dem Namen übernommen. Mit dem Familiennamen taucht man ein in die Geschichte des Ehepartners. Man spricht davon, dass man das Karma des anderen ab nun auch mitträgt – man trägt ja seinen Namen. Das kann würdigend sein oder eine Last.

Jeder trägt den »Packen«, das Muster aus der Familientradition. Es wirkt ebenso in der Lebensgestaltung des Partners. Man nimmt Anteil, wenn er seinen Entwicklungsweg geht, und das ist Wandlung seines Familienmusters. In freiwilliger Annahme trägt man des anderen Last mit. Wird das als ein gemeinsamer Weg erkannt, dann werden Schwierigkeiten in der Ehe nicht mehr nur Erleiden sein, sondern ständiges Neu-Werden.

Den Namen des Partners erst dann hinzufügen, wenn man bereit ist, die Energiespuren der anderen Familie als Prozess der eigenen Entwicklung aufzunehmen. Als ein künftiges Begleiten des Partners, wenn er seinen Weg geht und gesonnen ist, sich von seinen Mustern zu befreien. Dann wird der eigene Weg zu einem gemeinsamen. Dieses Erarbeiten und Erwerben des anderen Namens ist ein Weg der Liebe zum Anderen. In der Ehe liegt nun die Chance, durch das Du des Partners das eigene Muster wahrzunehmen und dadurch zu verändern. Dies sind auch erste Hinweise zur Wirkung des Ehenamens, wenn sich eine Partnerschaft auflöst.

Die Verantwortung der Eltern

Wessen Name ausgesprochen wird, der lebt.

In Vorzeiten wurde dem Namen sehr große Bedeutung zugewiesen. Es gab viele Zaubereien und Handlungen, den Namen zu finden. Auch bei uns. Wenn nicht der Namenstag des Heiligen gewählt wurde, dann gab es eine magische Zeremonie. Es wurde jener Heilige als Namensgeber erkoren, dessen Kerze als »Lebenslicht« am längsten brannte. In China wurde bei der Geburt der persönliche Name nach den klanglichen Eigenschaften der Stimme des Neugeborenen gewählt. Ein Musiker nahm den Impuls mit einer bronzenen Pfeife auf. Granet folgert weiter, dass aus dem Klang man bisweilen den Ruf eines bestimmten Tieres heraushören konnte. Die Art und Bedeutung des Namens rührte in alten Zeiten auch daher, die Kinder und besonders die Söhne als vitales Kapital anzusehen. Deshalb sollten besondere Namen zur Kraft, Schönheit oder Glück aufrufen. In der Namensgebung des Kindes steckt oft der eigene geheime Wunsch nach »dem ewigen Leben«, indem man im Kind weiterlebe. Das war früher einer der Gründe, weswegen man den Namen des Stammes weitergab.

Was in früheren Kulturen dem Weisen eines Dorfes überlassen wurde, fordert nun die Weisheit der Eltern heraus. Was trage ich von mir dem Neugeborenen an? Welchen Namen wird er »tragen« und dann bis zum Lebensende tragen müssen? Darin steckte das weise Wissen, die spezifische Kraft des Kindes und die Energie des Namens zu einem zu machen. Von unseren Vorfahren und in vielen Naturkulturen wurde der Name eines guten und erfolgreichen Vorfahren gewählt, um dessen Kraft und Lebensglück zu bekommen. Unterschwellig geschieht das jetzt, wenn Eltern das Kind mit einem Namen versehen, der ihren eigenen Wünschen entspricht. Besonders, wenn diese sich bis jetzt nicht erfüllten. Weil das unbewusst geschieht, darf die Namensfindung neu gelernt werden.

Auf unserer heutigen Bewusstseinsebene wollen neue Wege betreten werden. Im Bauch rührt sich nicht nur der wachsende Leib des Kindes. Das werdende Kind erfährt auch die Räume und Gestimmtheiten der Mutter, die Klänge, ja sogar Geruchsempfindungen. So kommt es einerseits »vorbereitet« zur Welt, zum anderen ist es noch lange Zeit ganz offen für die kosmischen Kräfte. Es ist anzunehmen, dass im wachsenden Kind der kosmische Auftrag auch gegenwärtig ist. So ist das Horchen der Mutter nach innen ein Weg, das Kind als ganzes Wesen und in seinem Lebensauftrag zu erahnen. Das mögen Träume und Wachträume, Zufälligkeiten von Botschaften von außen sein, Worte, Klänge, Bilder und deren Wiederholungen, damit ein Name ebenfalls »wachsen« kann. Sich von einem Namen finden lassen, ist der Weg.

In Sagen wird es offenkundig, dass der Name glücksbringend ist, der von der Mutter geträumt wird. In der Schwangerschaft werden Träume auftauchen und auch Wünsche nach bestimmten Büchern oder Lebensthemen, Gestalten und Menschen, denen man begegnet war. Aus all dem entsteht, wenn man es geschehen lässt, eine Wesensgestalt – deren Name dann wie von selbst entsteht. Das Horchen nach innen und gleichzeitige Wahrnehmen im Außen öffnet für ein Geschehen – immer in der Gewissheit, dass Namensgebung ein heiliger Akt der Initiation ist.

Den Namen finden und geben ist ein kreativer Prozess. Eine Neuschöpfung, wenn die vorgegebenen Namen auf etwas Neues bezogen werden.

Es gibt das Wort, dass die Frau das Kind empfängt und gebiert, der Mann den Namen empfängt und vertraut. Die Findung des Namens ist ein gemeinsamer Weg. Dazu kann auch der Mut gehören, ein Kind erst einmal namenlos nach der Geburt zu lassen. Mut, weil uns im morphischen Felde des Christentums eingewurzelt ist, dass ein Mensch erst dann ein Mensch sei, wenn er getauft ist und einen Namen hat. Die Pause des Wartens ist wie ein Teil des Individuationsweges, auch für die Eltern. Diese Wartezeit kann man bewusst vertiefen als spirituellen Schritt der Eltern.

Kündigt sich ein Name an, ihn klingen lassen. Da ist in jedem Namen schon ein Urimpuls. Und ein Rhythmus. Eine einzelne Silbe, wie Max, hat mehr Befehlscharakter als der Doppelklang von Ma-ma oder Pa-pa, worin ein eher sehnendes Rufen ist. Der Dreierklang von Theodor weckt anderes als Emanuel oder die fünf Folgen in Eva-Maria. Man kann auch das Horoskop heranziehen, ob der gewählte Kindesname sich wiederfindet in den verfügbaren oder zu erwerbenden Fähigkeiten. Auch die Numerologie kann Hinweise geben. Doch diese Methoden sollten nur der Bestätigung dienen und nicht Ursache sein.

Die räumlichen Vorgaben

Von Wand und Mauer

Mein Raum in Griechenland ist sehr klein. Darin sind ein Bett, ein Tisch, ein Stuhl. Der Blick aber ist weit, geht über das ägäische Meer bis hin zum Horizont. Die nahen Wände halten mich.

Je kleiner ein Raum, umso dichter das innere, geistig-seelische Geschehen. Die Kraft der Gedankenwelt ist gesammelt, verdichtet durch den unendlichen Raum, der um das Haus steht. Die Eremitenzelle macht es uns bewusst. Ist der Blick durch Berge begrenzt, dann kann ein großer Raum im Seeleninneren die Weite erzeugen und die äußere Enge aufheben. In der Weite einer Tiefebene können kleinere Räume besseren, auch inneren Halt geben. Je größer der uns umhüllende Raum ist, umso mehr muss man sich weiten. Man kann sich im Raum verlieren. Je kleiner und damit dichter der Raum, umso weiter kann sich die Gedanken- und Empfindungswelt in der Unendlichkeit erweitern und zurück ins eigene Rauminnere wirken, sich verdichten.

Raum entsteht durch Wände. Was aber ist eine Wand – und was eine Mauer? Mauern sind es, die einen Raum schaffen und ihn aus der nicht fassbaren Unendlichkeit herausnehmen. Durch die Wände wird Raum erst spürbar. »Raum« schwingt von Wand zu Wand und vom Mensch zur Wand. Wand kommt vom »Winden« der einst geflochtenen Wände, und »winden« meint auch »wenden«. Der geschlossene Raum wendet die Unendlichkeit. Wir betonen das Machen der Wände und übersehen dabei oft die Schaffung des Raumes. Den größten Einfluss auf das Leben des Menschen hat das Haus von innen.

Jeder Raum wirkt auf den Menschen zurück. Er schwingt in Resonanz zur Größe der menschlichen Gestalt, dem menschlichen Maß. Wir fühlen den Raum, die Entfernung zu den Wänden, weil unser energetischer, nicht-sichtbarer Umraum die Wände berührt. Die Aura des Menschen und die Strahlkraft der Wände berühren sich. Wie eine umhüllende Haut wirken die Wände – und wir fühlen uns wohl. Ist der Raum zu groß, weil er wie ein Saal mehrere Menschen meint oder Macht ausdrücken soll, dann wird der Mensch kleiner. Er geht schneller, dehnt sich über sich hinaus und kann sich auch verlieren, weil der Raum über ihn hinausgeht.

Wir bauen für die Gestalt des Menschen und nach der Gestalt des Menschen. Darum können wir durch unsere Gestalt auch Räume wahrnehmen. Architektur wahrnehmen ist das Wahrnehmen der eigenen Gestalt. Eine Fassade, ein Haus, ein jedes Bauteil wirkt über unsere Gestalt auf unseren Empfindungs-, Fühl- und Seelenraum ein. Was uns am meisten bestimmt, ist die äußere und innere Aufrichtekraft, diese Willenskraft gegen die Schwerkraft des Irdischen, im Sehnen zum Himmlischen. Von Kopf bis Fuß und von der Fußhöhle bis zum Gewölbe unseres Schädels sind wir zwischen Himmel und Erde gestellt, zwischen Geist und Materie. Durch die Aufrichtung haben wir die Hände zum Tun befreit und sind gleichzeitig im Rundumblick in der Welt. Aufgerichtet sind wir in der Chance der Aufrichtigkeit, kommen in unsere Wahrheit und damit in die Kraft des Erkennens. Erkennen will einwirken, will umgesetzt sein in die Tat. Und das geschieht in der Weite, die uns seitlich und horizontal umgibt, in die wir senkrecht gestellt sind.

Durch Gesten, die nur dem Menschen zu eigen sind, kann die Gestaltwerdung deutlicher werden. Wir sind ins Kreuz gestellt. Verstärken wir die Vertikale und erheben die Hände, so werden wir zur Säule und erkennen ihre tragende Kraft. Breiten wir die Arme in die Horizontale und wenden die Hände nach vorne, werden wir zur empfangenden und auch trennenden Fläche. Und so richtet uns jeder Turm, eine jede Säule auf. Das kann man erfahren, wenn man einmal bewusst vor einem Bauwerk steht und im Sehen fühlt, wie der Körper durch Gesten das Geschaute ausdrücken will. Wände brauchen wir, um Raum zu schaffen, der uns schützt vor der Unbill der Natur. Die Wand kann aber hemmen, unmittelbar über uns hinaus in die horizontale Weite zu gehen.

Wir sind Säule durch Fuß, Wirbelsäule und Kopf. Das eindeutig Aufrechte wird als Körper erfassbar. Die Säule ist rund, wie der Stamm eines Baumes. Der Mensch fand in der Natur nichts Vollkommeneres als sich selbst. Dadurch ahmt er im Bauen den Geist der Natur nach – den Geist, nicht die Natur selbst. Eine Säule ist nicht nur eindeutig in der Spiegelung unserer aufgerichteten Gestalt, sie gibt durch ihre Schlankheit oder Gedrungenheit nachfühlbar den Kraftfluss wieder in klarer und eindeutiger Zentrierung. Sie vermittelt das Gefühl des Tragens wie die Wirbelsäule. Aufgerichtet strahlt sie aus. So steckt auch im Querschnitt einer Tempelsäule die Form der strahlenden Sonne. Säulen sind Ausdruck der Willenskraft: dem Willen, sich aufzurichten. Darin steckt das Wort »richten«.

In der Säule findet sich der Mensch wieder. Durch die Wand wird er herausgefordert. Eine Wand ist nicht richtend, sie ist horizontal ausgeweitet und in ihrer tragenden Wirkung nicht eindeutig. Sie entspricht eher einer liegenden Wirbelsäule, ist damit mehr irdisch verbunden und fordert zur geistigen Durchdringung heraus. Es gibt zwei Weisen im Raum zu sein, als Nomade oder als Bauer. Das ist uns schon früh vorgegeben. Abel ist der sich frei Bewegende, Kain der Sesshafte, von Mauern umgeben, im Raum lebend, den es auch zu verteidigen gilt. Wenn wir von der Mitte eines Hauses sprechen, dann spiegelt sich darin die uralte Vorstellung, dass jedes Haus wie ein Tempel das Zentrum der Welt sei. Darum wurde dem Menschen früher die Ausrichtung nach oben als Wahrnehmung der Erdachse so bedeutungsvoll. Die Wände waren mehr der Schutz im nur Irdischen.

Was dem Nomaden das Zelt war, wurde den Sesshaften durch die Baumstämme die Wand. Holz war reichlich und leicht verfügbar, und es waren die Säulen der Bäume, die trugen und die Wand bildeten. Denn wie die Säule aus dem Baumstamm erwuchs, so die Wand aus der Summe von Stämmen. Die Reihen von freistehenden Säulen war das Grundelement der Baukunst. Diese Stämme ließen das Tragen und Belasten noch erkennen. Sie sind Urbild der Wand.

Was uns zwischen Himmel und Erde umgibt, ist Weite in ihrer Vielfalt und Naturgegebenheit. Sie dehnt sich ins irdisch Ebene aus. Die Entfaltung des Lebens braucht die Weite, doch muss sie fassbar sein, gestaltbar. Die Erfahrung dieser Weite bedarf des hemmenden Widerstandes. Darin liegt die Bedeutung der Wand. Das Grenzenlose wird erlebbar nur durch die Wahrnehmung der Grenze und ihrer Übersteigerung. Unsere Wahrnehmung der Weite geschieht durch das Hinausschauen und Hineintreten aus dem Raum in die Weite. Das gibt dem Fenster und der Tür eine umfassende Bedeutung.

Was unterscheidet die Wand von der Säule? Eine Wand hat ebenfalls die Aufgabe zu tragen. Ihre geschlossene Form aber macht das Tragen nicht erlebbar, darin ist die Wand neutral. Wand und Mauer ergeben eine in die Breite ziehende Fläche, die von der Gestalt nicht erfassbar ist. Erfassbar ist ihr Widerhall und ihr Trennendes.

Es entsteht durch die Wände ein Raum der Leere. Die Fülle der Natur ist herausgestellt. Erst als das Haus als geschlossene Wohnung entstand, gab es ein Innen und ein Außen. Wand schafft nicht nur Raum, sondern engt auch ein. Durch die Wände entsteht eine Trennung von der Natur, von der Witterung, von den sinnlichen Reizen, von der freien Beweglichkeit in der Natur. Dadurch aber kann im In-

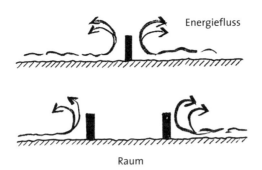

Wände schaffen Raum.

nenraum des Menschen die Fülle geistig und seelisch wachsen. Je größer die äußere Weite, umso kleiner kann der Raum, die Enge zwischen den Wänden sein. Je kleiner der Raum, umso mehr weitet sich der Seelenraum. Die Wände erst schaffen einen Raum der Erkenntnis, alles verlagert sich ins Innere. Erst durch die Wände konnte Kultur entstehen.

Die Durchbrechungen in der Wand lassen im selbst gewählten Maß die Erfahrung des Natürlichen rein. Wir verfügen darüber, denn die Öffnungen sind verschließbar. Hinter jeder Wand ist das Andere und oft das Unbekannte. So dünn auch eine Wand sein mag, sie weist auf etwas Bedeutendes dahinter hin. Wer weiß in einem Hochhaus schon, was hinter den eigenen Wänden lebt? So wirkt die dünne Wand wie unendlich dick, und der bewohnte Raum bekommt durch die Fremdheit im nachbarlichen Raum den Charakter einer Höhle. Wir leben zwischen Wänden. Sie formen uns.

Eine Wand ist auch eine Membran. In jedem Raum ist Widerhall. Wände schwingen, auch wenn dies nicht unmittelbar hörbar ist. Sie halten den Klang, spiegeln ihn und machen auch dadurch Raum erfahrbar. Den Klang eines leeren Raumes darf man erfahren, bevor man ihn bewohnt. Bei einer Klagemauer schallt zurück, was hinausgetragen wird und macht im guten Sinne demütig.

Eine Wand speichert Energie, und uns ist geläufig, dass eine Wand auch Wärme speichert. Weniger bewusst ist uns die Wand als Träger von Informationen. Sowohl Holz wie auch Quarz speichern Ätherkräfte – das können sowohl gute Gedanken sein wie auch negative Emotionen. Es genügt also nicht die übliche Raumreinigung, das heißt, auch »was in den Wänden steckt«, will befreit sein.

Wand oder Mauer? Auffällig ist unser Sprachgebrauch, denn wir sprechen sowohl von einer Wand wie von einer Mauer. Ich habe noch im Ohr, wie eine Frau sagte: »Ich mag das Wort Mauer nicht, lieber sage ich Wand, das gefällt mir besser.« Es scheint, dass die Wand vor der Mauer da war. Die Wand hat mit der Behausung zu tun, durch die Wände wird ein Raum erst eigenständig. Die Wand »wendet, wandelt«– das ist ein Bewegungsablauf. Es ist das Weibliche im Zeitablauf. Verdeckt durch Lehm, unsichtbar im Gefüge, wirkt sie von innen her.

Das Wort »Mauer« kommt aus dem römischen Steinbau, *murus*, und bedeutet auch »Wall«. Eine Mauer besteht aus der Summe von Einzelformen, im Ziegelbau sogar in der Wiederholung einer einzigen Grundform. Darin liegt eine ordnende Gesetzmäßigkeit, die sich im römischen Recht und Denken widerspiegelt. Es hat lange gebraucht, bis die Steintechnik in den germanischen Ländern heimisch wurde. Dann mag man aufhorchen, wenn aus dem römischen Mauerbau das Wort »Fenster« nüchtern für »Öffnung für Luft und Licht« steht und die schönen germanischen Worte »Augentor« und »Windauge« verdrängte.

Wird das mehr Trennende und Abweisende betont, spricht man meistens von Mauer. Brutal wirkt sie, wenn sie endlos ist – das betont die Größe der Trennung. Der Friedhofsmauer, die abscheidet, vereinsamt. Die Mauer, die Westen und Osten in Deutschland trennte, trennte nicht nur den angrenzenden Staat. Die Stadtmauer ist eindeutig in ihrer klaren Grenze und Abwehr wie auch die Chinesische Mauer. All das verweist auf die größere Betonung des Trennens und wird verstärkt durch das Ordnungsprinzip, das Starre einer Mauer, besonders wenn keine Öffnung vorhanden ist. Zudem sind die uns umgebenden Wände vorrangig Rechtecke und damit Wiederholungen des rechten Winkels, einer strengen Grundform. Und wächst eine Mauer ins Übergroße hinaus, dann wird sie übermächtig. Ist sie übermenschlich groß, dann bekommt sie numinosen Charakter wie die Klagemauer oder so manche Wand im neuzeitlichen Kirchenbau. Darin zeigt sich die Macht einer Mauer. Eine Wand dagegen ist übersichtlich und hat dadurch ein menschlich erfassbares Maß. Beiden gemeinsam ist die große, meist glatte Oberfläche. Die flache Wand breitet aus, verflacht. Die Wände aus Stämmen waren nicht verputzt und hatten eine große Lebendigkeit. Die Oberflächenformung durch die Hölzer belebte die Wandfläche. Der Wunsch nach der Schönheit einer Wand entstand: Die Römer verblendeten darum den betonierten Wandkern kunstvoll mit Quader-Mauerwerk und zogen dadurch der Mauer ein Kleid an. Eine »nackte« Wand ist nur schwer auszuhalten. So neutral wie eine Wand ist, ebenso herausfordernd ist sie auch. Eine glatte, leere Wand provoziert. Sie ruft nach Gestaltung und lockt, wie die Leinwand den Künstler. Was uns die Sprayer vormachen, ist der Protest gegen die

Monotonie der Wand und ihrer tötenden Trennung vom Lebendigen. Gefängnismauern sind »nackt und kalt« und einengend. So manche »leere« Wand ist den Jungen eine Gefängnismauer. Es drücken die Sprayer das aus, was eine nur funktionierende Umwelt nicht wagen kann. Wir dekorieren, schmücken und verzieren die Wände, damit sie ein persönliches Gesicht bekommen. Erst wenn eine Wand durchlöchert ist von Tür und Fenster, wird sie lebendig. Sie geben der Wand ein Gesicht, und dadurch wird eine Wand über das Neutrale hinaus »menschlich«. Sie erhält ihren ganz spezifischen Charakter, und man kann mit ihr kommunizieren. So sollte auch die pompejische Wandmalerei die Wand »aufheben«, durchlässig machen.

Von den Dingen

»Ekstatisch sein, heißt bei und in den Dingen sein.«
Merleau-Ponty

Einstimmung

Als ich beschlossen hatte, über Dinge zu schreiben, um sie in ihrem Sein zu erkennen und zu würdigen, geschah das Folgende. Zuerst fand ich meinen Hut nicht, auch nicht die Hacke, und verlor im Gestrüpp einen Schraubenzieher. Der Fotoapparat streikte trotz der neuen Batterien und ich demolierte beim Zurückfahren mein Auto, weil ich die Tür offen gelassen hatte und gegen einen Pfosten fuhr. Nun könnte man sagen, ich sei an diesem Tag nicht wach und achtsam genug gewesen. Aber es war, als wollten die Dinge gerade jetzt sich bemerkbar machen. Als ich alles wieder gefunden hatte und die Tür repariert war, lebte ich in der tiefen Gewissheit, dass sich etwas zum Guten gewendet hatte. Und fragte mich, ob es die Dinge sind, die sich wenden oder ob sich im Menschen etwas wendet. Eine tiefe Verbindung war zwischen den Dingen und mir entstanden und ich erkannte, dass die Dinge ein Eigenleben durch uns bekommen und wir uns durch sie erleben.

Kurz darauf erzählte mir ein Freund eine merkwürdige Geschichte. Auf einem Spaziergang in der Natur verlor er seinen Haustürschlüssel. Er entschied sich, den gleichen, langen Weg zurückzugehen, obwohl bei den Sandwegen kaum

Hoffnung bestand, den Schlüssel zu finden. Auch konnte er sich nicht mehr genau an die Wege erinnern. Beim Gehen wurde ihm gewahr, dass er diesen Weg vor zehn Jahren schon einmal gegangen war, und er entsann sich seiner damaligen Lebenssituation. Damals wollte er sich von einem Lebensmuster lösen, was ihm bis jetzt noch nicht ganz gelungen war. Er wandte sich beim Gehen innerlich seinem Thema noch einmal zu, achtete kaum noch, wo er ging und entschied sich, nun endlich den letzten Schritt seiner Wandlung zu gehen. Genau in diesem Augenblick lag vor ihm der Schlüssel im Gras versteckt.

Diese Hinweise möchten aufzeigen, wie wenig die Wirkungen der Dinge in unserem Bewusstsein sind. So geschieht es mitunter, dass wir uns ein Buch kaufen, um es am regnerischen Wochenende genussvoll zu lesen. Das war eine Entscheidung. Dann kommt Besuch, und am Sonntagabend verschwindet das Buch ungelesen im Regal. Wie viele nicht eingelöste Worte umgeben uns in all unseren Dingen, und wie gering ist unsere Verantwortung zu ihnen? Es geht darum, einen bewussteren und liebevolleren Kontakt zu den Dingen zu bekommen. Dann werden sie mit der Aura unserer Zuneigung versehen und strahlen in trüben Zeiten wohltuend auf uns zurück. Ein gutes Beispiel ist das Reinigen. Es heißt doch: »Die Wohnung strahlt.« Nicht nur, weil Staub die Aura, den Glanz der Dinge dämpft, sondern weil wir unterscheiden dürfen zwischen »säubern« und »reinigen«. Das eine ist, den Schmutz zu beseitigen. Reinigen aber heißt: Energien, die nicht zueinander gehören, zu trennen. Das ist eine geomantische, eine feinstoffliche Arbeit. Einen Schritt weiter meint es aber auch, sich von Dingen zu trennen, die nicht mehr in den eigenen Lebensbereich gehören. Man bedenke: Die Indianer und früher die Japaner hatten nur ein Zehntel an Dingen, wie wir sie jetzt haben.

Was ist ein Ding?

> *»Gegenstände und Sachen sind gefrorenes Grundhandeln.«*
> Heinrich Rombach

Wer mehr und amüsant zu den Widrigkeiten durch die Dinge lesen möchte, der findet vieles von den Tücken der Objekte im Buch »Auch Einer« des vergessenen Klassikers Friedrich Theodor Vischer wieder. Ich verweise gerne auf das sehr lesenswerte Buch von Hartmut Böhme, das mich begeistert durch seine durchdringende Schau und seine Wortfindungen, die so treffend sind, dass ich sie am liebsten nur zitiere. Er spricht darin von der Magie und vom Fetischismus der Dinge. Unser Thema ist das Wohnen – und von den Dingen sind unsere Räume geprägt. Jedes Ding »sieht aus«, sieht uns an, sieht aus sich heraus. Aussehen ist tiefes Sehen, ist Antwort des Menschen auf den Blick, den uns das Ding zuwirft. Dadurch ist unser Sehen der Dinge ein nachträgliches Sehen. Ist Eingehen auf den Blick der Dinge selbst. Ist Gegen-Blick. Wir antworten im Sehen auf sein Aussehen. Darum sind uns die Dinge auch nur Gegen-Stand, denn ein Gegenstand steht uns entgegen. Wir sind in Distanz zum Ding, erkennen ein Ding erst dann, wenn wir das Ding erfassen und wir das Ding beim Begreifen selbst sind. Was heißt, es »sich verdingen«? Jemanden zum Ding machen, heißt über ihn zu verfügen, Macht über ihn zu haben. Das Ding in seiner Verfügbarkeit gibt uns Macht.

Uns aber »umstellen« die Dinge, sie haben uns. Weil wir keine wirkliche Verantwortung zu ihnen übernehmen, bekommen sie Macht. Tief innerlich wissen wir um unser Verbundensein, denn wir sprechen mit ihnen und personifizieren die Dinge, indem wir ihnen Namen geben. Wir nennen das Auto mit Namen und taufen Schiffe. Konkreter: Wir kommunizieren mit den Dingen, sie sprechen jetzt schon zu uns. Wenn wir in ein Auto mit Elektronik steigen, treten wir in einen Dialog mit dem Gefährt – und das Gefährt wird zum Gefährten. Wir sind auch in den Dingen, mit denen und durch die wir handeln. Das Ich ist auf die Dinge ausgedehnt. Das ist Einverleibung.

Der Mythos der Dinge

> *»Wir sterben, die Dinge nicht.«*
> Hartmut Böhme

Hier eine Anekdote von Albert Einstein und Niels Bohr, der über seiner Haustür ein Hufeisen hat. Einstein fragt, warum es dort hängt. Bohr: »Weil es Schutz bringen soll.« Einstein: »Und du glaubst daran?« Bohr: »Nein, aber man sagt, dass es hilft, auch wenn man nicht daran glaubt.«

»Die Dinge überleben uns, sie sind ein einziges *memento mori*, die Dinge verlieren ihr Dingliches nie wie wir unser Leben. Vielleicht ist unsere Sehnsucht, unsere Gier, unser Verlangen nach den Dingen nichts anderes als der Versuch, den

Tod aufzuhalten. Sammelnd hält das Kind die Zeit an, indem die Dinge durch ›Konservierung‹ der gefräßigen Zeit entrissen werden«, schreibt Böhme. Dinge sollen die »Fülle des Lebens« repräsentieren, den Müßiggang, die Freiheit von Arbeit und damit Abhebung und soziale Aufwertung als »feine« Gesellschaft von der »arbeitenden Bevölkerung«. »Wer nur das Lebensnotwendige verbraucht, dem kommt keinerlei Verdienst zu. Ob reich oder arm, Fülle hat keinerlei ökonomischen Nutzen. Es ist der soziale, symbolische, festliche und sinnliche Sinn, der in ihr liegt. Gerade das Sinnlose daran ist der soziale Sinn, der demonstriert, vorzeigt und bewiesen wird. Das Übermaß wird zum Maß unserer Freiheit. Nur die Fülle ist das Unterpfand unserer Freiheit«, so Böhme. Da stecken uralte Motive des höfischen Lebens und des Adels dahinter: Arbeitsverbot, verordnete Muße und das höfische Spiel der sich überbietenden Selbstdarstellung in der Pracht. Darauf verwies vor langer Zeit schon Veblen und verstärkt noch, dass in der Ansammlung von Dingen auch religiöse Motive stecken. Dann kann die Verschwendung zur versteckten Gottesanmaßung werden. Ein anderer Weg: In den Jahren, in denen meine Mutter sich zum Sterben neigte, gab sie uns bei jedem Besuch von ihren Dingen. Das war ein Lösen, ein Leichterwerden von der Materie, ein Verlassen des Körpers durch die Hingabe von Dingen. Ein unbewusstes Exkarnieren.

Wie die Dinge auf uns wirken

> »Die Dinge meiner Umgebung sind meine Bedingung.«
> Hartmut Böhme

Gegenstände recht zu lieben, mit ihnen eins zu sein, macht nach Goethe den Künstler, den ganzen Menschen aus. Das heißt, wir kreieren den Gegenstand, obwohl er schon da ist. Wir können die Dinge aber auch positiv sehen. Je näher wir mit den Dingen verbunden sind, auch wenn ganz unbewusst, umso mehr können sie uns in schwierigen Zeiten stärken. Den Kindern wird durch die Verlässlichkeit und Wiederholbarkeit der Dinge, durch das Entdecken der Dinge ein tiefes Vertrauen in die Welt gegeben. Ohne die Dinge würde unser Selbst zerflattern, es wäre grenzenlos. Der Umgang mit den Dingen gibt auch uns Erwachsenen Vertrauen und ein Gefühl von Sicherheit, insbesondere wenn es um Gegenstände geht, die aus Seelennähe von uns erworben wurden. Sie sind versehen mit deren Gestimmtheit. Das hat zwei Seiten: So darf man sich fragen, ob sie nicht längst Überholtes aussenden oder sogar negativ zurückwirken. Auch gilt es zu überprüfen, ob all die guten Informationen sich in ihrer Wirkung durch die Vielfalt der Dinge nicht aufheben. All die uns begleitenden Dinge haben uns und unser Seelenleben miterlebt und bergen Erinnerungen, und so werden Dinge zu Archiven des Gedächtnisses.

Vom Umgang mit den Dingen

»Die Dinge haben uns und nicht wir die Dinge.«
Merleau-Ponty

Jedes Ding hat seinen eigenen Zugriff. Eine Porzellantasse fasst sich anders an als eine Tomate oder ein Hammer. Wir »be-greifen« durch das Handeln, Behandeln, Handanlegen an den Dinge. Der Schmutz, als Produkt der Zeit, bekommt eine andere Bedeutung, wenn er als Chance für die nötige Reinigung einbezogen wird. Wir sprechen dann vom Hegen und Pflegen. Die Dinge erzeugen in uns beim Säubern eine Reaktion. Sie werden dadurch lebendig. Säubern ist eine der Belebungen der Dinge. Durch seine Zerbrechlichkeit und die uns abgezwungene Behutsamkeit ist jedes Ding in seiner Eigenart bei uns ganz gegenwärtig. Ein jedes Ding ist anders: hart oder weich, rau oder glatt, geformt oder formlos, schwer oder leicht. Wenn wir nach ihnen greifen – und sei es nur mit den Augen – begreifen und berühren wir. Werden seelisch angerührt und innerlich umgerührt. Das meint be-rührt-sein. Dann kann sich das Wesen eines Dinges entfalten. Im schönsten Sinne, dass wir das Ding »sind«, wenn wir es erschauen, für »wahr« nehmen. Dann verinnern wir Dinge und sie werden dadurch das, was sie sind, weil sie in uns sind.

Auch hat ein jedes Ding seinen eigenen Platz und seinen Abstand zu den anderen Dingen. So rückt man etwa Dinge zurecht, was ein Außenstehender vielleicht gar nicht verstehen kann. Manchmal sind es nur ein paar Zentimeter – und dann stimmt es. Denn ein jedes Ding braucht durch seine Ausstrahlung seinen ureigenen Umraum. Dieses Wahrnehmen ist ein Überbleibsel der uns früher verfügbaren feinsten Raumerfassung.

Zum Einkaufen sagt man auch »etwas besorgen«. Das meint den sorgenden Bezug zu den Dingen, in der Überbetonung des Materiellen. Wir begegnen den Dingen auf weit auseinanderliegenden Ebenen. Am vertrautesten ist uns der Gegenstand, der uns entgegen steht, zu dem wir in Abstand sind und dennoch auf ihn bezogen. Wie bedeutsam uns aber Dinge sind, erleben wir, wenn ein Ding uns fehlt oder zerbrochen ist und ersetzt sein will. Wenn es schmutzig oder unordentlich ist – dann begegnen wir auf der rein materiellen Ebene und greifen ein und fassen an. Wir haben dafür das Wort »Hygiene«, das in vielen Haushalten ein bannendes Wort ist. Solch Dinge binden Aufmerksamkeit und faszinieren materiell. Dabei geht es aber auch bei den Dingen um die mögliche Bereicherung des Lebens. Sonst machen die Dinge uns zu ihren Dienern, zum Sklaven der Putzsucht.

Die Beziehung zwischen Ding und Mensch bedeutet Sinnzusammenhang von Ding zu Ding. Wer meditativ plant – indem die Aufmerksamkeit frei schwebt –, wird erkennen, wie sich plötzlich dies und jenes Ding oder Geschehen einfügt. Es geschieht ein Zauber untereinander von Ding zu Ding zu Mensch. Es entsteht ein Wechselspiel, denn man wird durch die Entwicklung eines meditativen Bewusstseins auch für die Dinge attraktiver: Sie antworten. Das ist die Magie der Dinge zueinander und zu uns.

Beispiel einer Beratung

Ein Ehepaar bat mich, sie beim Anbau ihres Hauses zu beraten. Obwohl das Haus viele Räume hatte und abzusehen war, dass die erwachsenen Kinder bald ausziehen würden, fehlte der Hausherrin ein eigener Raum. Und sie wollte und brauchte ihn. Die Gespräche ergaben, dass die mit zu vielen Dingen und Möbeln vollgestellten Räume die Menschen verdrängt hatten. Ein Anbau war darum gar nicht erforderlich. Die Frau entschied sich daraufhin für den ihr liebsten Raum, der bis jetzt von allen Mitgliedern der Familie benutzt wurde. Alle wurden nun aufgefordert, den Raum zu leeren und zu entscheiden, was alt war oder was weiterhin im Haus bleiben durfte. Schon dieser Akt wirkte auf die ganze Familie herausfordernd und wohltuend.

Der leere Raum sollte eine Zeit lang ruhen. Die Frau sollte zuerst die Leere erspüren, dort meditieren und auch schon einmal schlafen und hören, was der Raum ihr sagt. Sie war aufgefordert, den Raum als Wesen anzusprechen und als neuen Seelenraum anzunehmen. Nach der Reinigung, bis hin zum Wechsel der Tapeten, wurde er durch Düfte und Klänge erfüllt. Dann wurde nur ein einziges Ding in den Raum gestellt, das die Herzenskraft anspricht, und erspürt, was sich verändert. In kleinen Schritten und ganz bewusst fügte sie ein Ding, ein Möbel hinzu.

Was die Möbel uns sind

> *»Möbel lassen sich nicht fortdenken oder wegfühlen.«*
> Hajo Eickhoff

Die uns am nächsten stehenden Dinge und Gegenstände sind die Möbel. Nicht nur weil sie den Raum verändern, indem sie selbst Raum einnehmen, sondern weil wir sie anfassen und dadurch erfassen. So »besitzen« wir den Stuhl, manchmal so lange, bis er zum Stammplatz wird. Wir machen das Bett, öffnen und schließen Schrank, Truhe und Kommode. Wir nehmen körperlichen Kontakt auf, auch durch das Säubern. Möbel sind Teil unserer körperlichen Bedürfnisse und Notwendigkeiten, sie sind uns näher, als uns bewusst wird, insbesondere wenn sie schön und aus gutem Material liebevoll gemacht sind. So kann man ein Haus verlassen, nimmt aber das Liebste der Möbel mit. Möbel sind Verlängerung und Vergrößerung des leiblichen und seelischen Körpers. In Österreich spricht man nicht vom Nachlass eines Verstorbenen, sondern nennt es Verlassenschaft. Wir verlassen die Dinge – sie selbst bleiben und überleben uns.

Wohnung, Auto, Kleidung und Schmuck sind Erweiterungen des Ich. Das kann man indes auch umkehren. Man merkt das, wenn man eine fremde Wohnung betritt: Das Ich ist da, ohne anwesend zu sein, die Dinge erzählen von ihrem Besitzer. Dinge sind mithin erweiterte Gesten des Ich, sie gehören zu seiner physischen Ausstattung. Weil wir in unserer westlichen Zivilisation von Dingen und Möbeln umstellt sind, wurde in weiteren Kapiteln vertieft, was ein Stuhl, ein Tisch, ein Bett ursprünglich waren und was an neuer Bedeutung sich für uns daraus ergeben kann. Es soll das Gewohnte und die reine Nützlichkeit hinterfragt werden, damit das Wesen eines Möbelstücks erfasst wird. Daraus kann eine neue Beziehung entstehen und ein anderes Gestalten.

»Wenn es dem Architekten nicht gelingt, allein mit der Stimmung eines Raumes den Mann zu zwingen, den Hut abzunehmen, und die Frau, ihre Stimme zu zügeln, ist er für diese Aufgabe nicht geschaffen«, schreibt Theodor Fischer. Vergleichen wir unsere Wohnungen mit den traditionellen japanischen Räumen oder wie unsere Vorfahren »eingerichtet« waren, dann kann uns die Menge der Dinge, die uns umgeben, nur erstaunen. Einerseits verlangen sie unsere Aufmerksamkeit, zum anderen grenzen sie unsere Beweglichkeit ein, durch den Raum, den sie einnehmen und ihre Unverrückbarkeit. Ein Japaner konnte entsprechend der Jahreszeit das Bild an der Wand wechseln, zur Verstärkung der Zeit oder als Sehnen nach einer anderen Qualität. Unsere Mengenansammlungen lassen eher erstarren. Die überfüllten Wohnräume der Gründerzeit am Ende des neunzehnten Jahrhunderts waren kitschig. Sie spiegeln ein Leben, das maßlos von der Materie und der industriellen Fülle bestimmt wurde. Die Gegenbewegung kam durch »Bauhaus« und »Nouveau Art« und fiel in ein anderes Extrem. Das eine ist die erstickende Überfüllung der Räume mit Dingen, das andere der fast leere Raum.

Das Einseitige des »Bauhauses« bereitete unsere Wohnmaschinen vor. Den Puristen aber sei gesagt, dass zu leere Räume auch eine Sogkraft haben und zu innerer Bildkraft herausfordern und dadurch nicht frei lassen. Die Leere kann verursachen, auf mentaler Ebene etwas Altes auszubreiten. Weil es immer einen Bezug zu den Dingen geben sollte, braucht es auch Mut, den eigenen Seelenraum durch die Dinge auszudrücken. Ebenso sollte man dem Gefühl Raum geben, sonst sind wir in kalter Innenarchitektur als Menschen nur Dekoration für die Möbel. Die auf die Person bezogenen, ihr wesensgemäß nahestehenden Dinge wehren ungewünschte energetische Einwirkungen ab. Ein Hauch von Fülle regt an.

Nun geht es nicht um die in unseren Architektur-Zeitschriften dargestellten minimierten Möbelinstallationen. Es geht um das rechte und selbst gewählte Maß der Dinge, um die lebendige Verbundenheit zu ihnen. So konnte ich in einer Beratung gut verstehen, dass es hieß, man könne sich nicht wiederfinden, wenn all das Vorhandene nicht da bliebe – denn es war im richtigen Maß und in Übereinstimmung miteinander. Ich hörte einmal von einem Feng-Shui-Berater über eine sehr wohnliche Wohnung: »In diesen Räumen ist keine Feng-Shui-Regel berücksichtigt, ja sogar dagegen verstoßen worden. Aber es stimmt alles, weil alles seinen ureigenen Platz hat.« Denn jedes Ding hat immer seinen zu ihm stimmigen Ort. Man könnte von einer Geomantie der Dinge und Möbel sprechen. Die Dinge sind unter sich miteinander verwoben. Wahrnehmbar wird das in der wunderbaren Ordnung des Hauses, das dieses Gefühl der Verwobenheit ausdrückt, das nicht rational erzeugt werden kann, sondern der Seelenschönheit eines umfassenden Umweltgefühls des Wohnenden entspringt.

Die Wirkung der Möbel muss betont werden, weil sie den Raum gestalten und verändern. Möbel greifen aktiv in den Raum ein, bestimmen auch die Raumproportion. Ein Raum an sich ist etwas anderes als ein Raum mit Möbeln. Möbel sollten die Grundgestimmtheit eines Raumes aufnehmen, danach gewählt und gestellt werden. Sie sind mobil, so sagt das Wort »Möbel«, doch stehen sie meistens unverrückbar im Raum und wir werden uns erst dann ihres Ortes bewusst, wenn sie verrückt werden. Einen Stuhl kann man noch verschieben, aber einen Sessel oder eine Sitzgarnitur? Weil Möbel uns ständig umstellen, verlieren wir den tieferen Bezug zu ihnen, sind aber dennoch von ihnen bestimmt, denn jedes Benutzen, Ausweichen und Hinwenden erzeugt Gesten und Bewegungen, die nach innen gehen und dadurch tiefer auf uns wirken, als es uns bewusst wird. Möbel und ihr Benutzen und Pflegen geben uns räumliche Verhaltensweisen vor. Wenn ein Ding seinen stimmigen Platz gefunden hat, wird er nicht mehr verrückt. Darin liegt die Standfestigkeit der Möbel.

Wenn also der Raum durch die Möbel geprägt wird, dann könnten gerade sie einen sinnlichen Bezug zur Wohnung erzeugen. Nicht nur durch achtsame Wahl, sondern ebenso durch eigenes Erstellen. Darin liegt mitunter der Reiz der Ikea-Möbel – auch oder gerade darum, weil der Zusammenbau so anstrengend sein kann. Hand selbst anlegen, kreativ frei zu sein von Regeln, erzeugt Möbelstücke, mit denen man heimisch wird. Auch wenn es nur ein kleines Kunstwerk ist, es ist ein Bauen am eigenen Haus, am eigenen Raum – und sei es nur in der Gestaltung eines Türgriffs.

Früher bestimmte die Feuerstelle den Raum und zentrierte ihn. Auf der Erde sitzend, war das Hocken angesagt. Der zum Altar erhobene Herd bedingte den Tisch, der wiederum den Stuhl in seiner Sitzhöhe festlegte. Die Hälfte der Erdbevölkerung hockt oder kauert auf dem Boden, statt auf Stühlen zu sitzen. Das Hocken weitet den Raum und seine Höhe und gibt ihm dadurch seine ganze Würde als Widerspiegelung des Kosmos im Kleinen. Jeder Gegenstand, der hinzukommt, erwartet seine Würdigkeit als das Wertvolle, Schöne und Stimmige zum Raum. Nicht die Dinge und Möbel, sondern der Raum bleibt das Wesentliche. Auch entsteht eine größere Bewegungsfreiheit im Raum. Wenn Feng-Shui-Regeln angewandt werden, so darf bedacht werden, dass sie in einer Hock-Kultur entstanden sind. Die Kunst ist es nun, dass ein mobil Gemeintes seinen Platz bekommt – und bleibt. Wenn alles seinen Platz hat, dann stimmt der Raum – jenseits aller Regeln.

Wir sind so sehr daran gewöhnt, mit Möbeln zu leben, dass uns ein leerer Raum erschrecken kann. Vielleicht braucht es den seelischen Halt in einer Kultur, um mit dem leeren Raum leben zu können. Möbel sind Ausdruck einer Zeit und prägen durch den Zeitgeist das Individuum. Bei uns gab es Epochen, in denen weitaus weniger Möbel in den Räumen waren.

Es gibt Kulturen – wie die frühe japanische –, wo reine Nutzungsgegenstände ihren eigenen Raum haben oder in Schränken gelagert sind. Die wenigen und genutzten Dinge aber waren besonders schön. In unseren Wohnmaschinen gibt es auch Einbauschränke – aber ohne ornamentale Gestaltung, die andeuten, was verborgen ist. Oftmals sind sie ohne Bezug zum Bewohner und zum Inhalt. Man muss als Fremder erst lernen, was eine Tür verbirgt. Dabei wirkt jeder Schrank ursprünglich mit seinen zwei Türen wie ein heiliger Schrein: Er ist Widerspiegelung der Kiefer eines Maules in der Kraft des Polaren. Heutzutage sind Möbel nur sachlich und werden dekoriert. Von einem Designer hörte ich:»Und dann legen sie eine angelesene Zeitung auf die Couch, das gibt ein Gefühl des Wohnlichen.«

Für die seelische Entwicklung von Kindern sind gute Möbel wichtig, denn durch sie kann ein Liebesverhältnis entstehen, auch wenn es unbewusst geschieht. Man möge nicht nur auf die Nützlichkeit achten und die praktischen Seiten überbetonen, sondern hochwertiges Material wie Holz wählen, das Leben ausstrahlt. Es sollte in wohltuender, schöner Formung sein, denn was wir sehen und anfassen,

Venezianisches Wohnzimmer um 1450.

wirkt auf uns seelisch gestaltend zurück. Untersuchungen von Alfred Nitschke weisen auf, dass Kleinkinder durch den Entfall von Möbeln bei einem Umzug ihre Orientierung verlieren und krank werden können.

Früher waren wir in der Natur unmittelbarer mit den Pflanzen, der Erde, den Tieren und Elementen verbunden. Wir kommen aus der Natur, wir sind Teil der Natur. Durch unseren verzerrten Umgang mit den Möbeln ist ein Schleier zwischen uns und der Natur gezogen. Was meint es denn, wenn wir von der Einrichtung unserer Wohnung sprechen? Wer richtet aus und was richten wir aus?

Das Haus ist eine Immobilie, das heißt unbeweglich. Ein Möbelstück – als Teil des Hauses – ist ursprünglich mobil und kann in andere Lebensbereiche mitgenommen werden. So hieß »Mobiliar« früher »fahrende Habe«. Das ist für das Leben in einem Altersheim bedeutsam. Zwar sind Raum und Umfeld neu, aber Dinge können mitgenommen werden. Dann findet keine Trennung statt, die bis in Krankheit sich verstärken kann, weil man sich nackt fühlt und abgetrennt von dem bis dahin Gelebten; häufig hat man nicht mehr genug Kraft und Zeit, sich neu einen Raum zu gestalten. Vertraute, seelen-gesättigte Möbel sollten mitgenommen werden.

Weil er immer wieder in Regelwerken erscheint, sei kurz zum Spiegel etwas gesagt. Es ist bekannt, dass Spiegel Ätherkräfte reflektieren. Weniger geläufig ist, dass Spiegel energetisch auch wie Öffnungen in der Wand wirken können. Es kann geschehen, dass man einer Wasserader ausweicht, durch den Spiegel aber die Strahlungen in den Bettenbereich reflektiert. In Schlafräumen sollte man darum auf Spiegel verzichten. Der eher nüchterne Ernst Jünger schreibt: »Von den alten Spiegeln geht oft eine unheimliche Wirkung aus (…) Jeder Lichtstrahl bewirkt im Spiegel auch eine materielle Veränderung.« Dies ist auch eine Anspielung auf die seelischen und geistigen Vorgänge während des Schlafs. Möbel können energetisch den Raum bestimmen. Da sucht man nach Wasseradern oder Gittern, aber schon ein einzelnes Möbelstück kann die Atmosphäre und die Energie im Raum verändern. Das lässt sich auch radiästhetisch messen.

Die Symbolik fügt den Dingen einen neuen Wert hinzu, öffnet die Wirklichkeit. Es wäre eine schöne Aufgabe, über die Ursprünge der Möbel mehr nachzusinnen und ihren spirituellen Wurzeln nachzugehen, um ihnen eine neue Würde zu geben: etwa Herd, Tisch, Liege, Bett, Leuchte, Schrank, Spiegel, um das uns nur Gewohnte zu durchlichten. Für den Stuhl, den Tisch, das Bett und die Treppe habe ich dazu erste Versuche gemacht.

Energetische Zusammenhänge

Das Wunder der Kraft

Einstimmung

Wir sprechen von Orten, Räumen und Zeiten der Kraft, doch konnte ich in der Literatur über Geomantie bisher keine Erklärung finden, was denn Kraft wirklich ist. Alle physikalischen Erklärungen kommen nicht auf den Grund und beschreiben nur die Wirkungen der Kraft. Was die Gravitationskraft oder die Bindekräfte der Moleküle sind, ist nicht erklärbar, wohl aber ihre Wirkungen. Denkt man konsequent weiter, dann überschreiten wir die Grenze der Wissenschaftlichkeit und kommen am Ende zu einer spirituellen Antwort, dass Kraft einen göttlichen Ursprung hat.

Bei all seiner wissenschaftlichen Strenge ist Leonardo poetisch, wenn er sich dem Geheimnis der Kraft nähert:

»Kraft ist im Ganzen ihrerseits und gänzlich in jedem Teil.
Zurückhaltung vergrößert sie, Voreiliges verringert sie. Sie wirkt auf alles verwandelnd durch Wechsel in Stellung und Form.
Sie will sich verausgaben ...
Selbst genötigt, nötigt sie alles ...
Sie entstammt lebendigen, dynamischen Körpern ...«

Die wirklich großen Physiker schwiegen, wenn sie an Grenzen kamen. So schreibt ein Evolutions-Wissenschaftler zum Ursprung der Kraft: »Bis dahin ist es Wissenschaft, danach ist es Glaube.« Kraft ist. Sie ist an sich da und in jedem Menschen. Die Ich-Kraft ist nur scheinbar dem Ich zugehörend, sie hat als unpersönliche Kraft nur die Form des Ich. Wir können gar nicht der Lebenskraft widerstehen. Sie wirkt, ob wir wollen oder nicht. Es geht darum, wie wir mit den Kräften in uns wirken. Was also von den äußeren Kraftspielen beschrieben wird, gilt auch für unser eigenes inneres Geschehen.

Kraft ist ein geistiges, transzendentes Phänomen, das auf physischem und psychischem Weg sichtbare physische und psychische Wirkungen hat. Zu Ende ge-

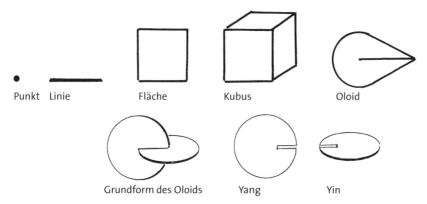

Das Wachsen der Formen.

dacht, ist es eine kosmische, göttliche Wirkung, die wir als Kraft bezeichnen. Bildlich dargestellt: Aus dem Nichts, der göttlichen, unerklärbaren Kraft erscheint der Punkt, in dem der Impuls zu wachsen ist. Diesen Impuls möchte ich Kraft nennen, diese Urkraft, diese Triebkraft des Wachsens.

Aus dem gleichen göttlichen Funken entstand die Zahl eins, die nach Pythagoras nicht als Zahl, sondern als Zählwert gilt.

Wirk-Bilder zur Kraft

Kraft will wirken, bewegt.
Kraft hat eine Richtung und eine Größe.
Kraft wirkt auf und in Körper, Seele, Geist.
Kraft wirkt in den polaren Gegensätzen.

Weil die physische und psychische Kraft einer Wurzel entstammen, genügt es nicht, Räume lediglich physisch-energetisch zu aktivieren. Es ist immer ein Wechselspiel zwischen Materie und Mensch, wenn es um Raumgestaltung geht. Weil der Mensch als geistiges Wesen von feiner und leicht anregbarer Energie ist, geht es vorrangig um seine persönliche Kraft, die durch den Raum sich verwirklichen will. Das ist zuerst ein Bewusstmachen und erst dann eine Veränderung der Räume. Durch das vertikale Weltbild und in der analogen Wahrnehmung verbinden wir die physisch-materielle Kraft mit der psychisch-seelischen. Beispiel: So ist die Farbe

Rot dem Tierkreiszeichen Widder und zackigen Formen nah, ist das Element Feuer und entspricht damit dem menschlichen Temperament des Cholerikers.

Was ist Energie?

Kraft zieht Kraft an.

Energie entsteht aus den Kräften magnetischer, elektromagnetischer, mechanischer und chemischer Art. Der Begriff »Energie« wird allgemein benutzt, um die realisierte Kraft als Tat oder Lebenskraft zu beschreiben. Den Begriff der Energie finden wir im dtv-Lexikon als »realisierbare Kraft; geistige und körperliche Tatkraft«. Die heutige physikalische Ausdeutung von Energie ist vorrangig lediglich die Beschreibung der bewirkenden Kraftspiele.

Spannung erzeugt Kraft. Lebendig ist Kraft, wenn sie zwischen Extremen schwingt. Energie entsteht durch Spannung – schwingend um die Achse der göttlichen Ausrichtung.

Energie ist gebunden, wenn sie sich verdichtet, sie ist nicht existent, wenn sie sich zu sehr auflöst und verflüchtigt. Das sind die Vernichtungen der Kraft. Frei gewordene Kraft ist wirkende Kraft. Ist die Spannung von zwei Kräften im Gleich-

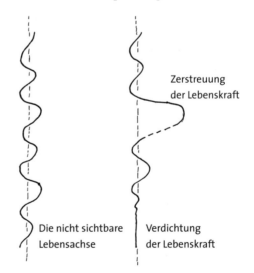

Das Schwanken zwischen dem Polaren.

gewicht, dann heben sich die beiden Kräfte auf und sind wirkungslos. Ist die Spannung zu groß, ist Kraft ebenfalls ohne Wirkung. Mir gefällt die poetische Auslegung, dass Energie die nur kleine Abweichung eines Kräftespiels ist. Anschaulich wird dies durch die Kraft, die sich ständig im Kreis bewegt und nichts als sich selbst, als einen Kreis bewirkt. Erst durch eine kleine Abweichung wird sie zur Spirale.

Energie entsteht durch Kraft-Differenz. Im Ästhetischen ist es die Dissonanz, wie auch im Musikalischen.

Für unser Thema möchte ich einzelne Kräfte und Kraftspiele besonders hervorheben, weil sie dem Wohn- und Baugeschehen wie auch der Beratung dienlich sind.

Das Kreisen in sich   Explosion   Implosion

Die Spirale.

Die Willenskraft

Wille ist die sichtbare Energie der göttlichen Kraft.

Eine wesentliche Kraft ist die Willenskraft, die ein Erkanntes auch umsetzt. In unserer Wohlstandszivilisation und der großen Schmerzvermeidung ist uns die Willenskraft immer ferner gerückt. Widerstand braucht Kraft. Diese Widerstände gab es früher in der unmittelbaren Existenzbedrohung des Menschen – und erzeugte Willen und Kraft. Gehe ich den Berg hinauf, brauche ich Kraft und erzeuge sie. Auch die Schlange braucht den Widerstand, um sich zu häuten und wachsen zu können. Weil unser Leben gesicherter ist, braucht es neue Willensübungen, um entscheiden zu können. Nicht aus der drängenden äußeren Not heraus, sondern durch die innere Erkenntnis. Dann gibt es viele gute Pläne, aber wenig Verwirklichung. Noch delegieren wir an die »weißen« und »schwarzen« Magier, die Ärzte und Manager. Bewusst zu entscheiden braucht in unserer Zeit häufig einer Begleitung. Hier wird die Bedeutung des spirituellen Baubegleiters wiederum sichtbar.

Der freie Wille – als göttliche Gabe – und die Willenskraft sind das Besondere des Menschseins. Darum sind Willensentscheidungen energetisch so bedeutsam. Zu bedenken ist, dass unsere Seele aus ihrer Gottesnähe heraus nur positive Entscheidungen hört. Eine Willensäußerung wie »Ich will nicht wie mein Vater ein Alkoholiker werden« hört die Seele ohne das »nicht« – und die Folgen sind bekannt. So auch der gut gemeinte Protest: »Atomkraft ... Nein, danke!«

Die Erinnerungskraft

Eine andere Kraft ist in unserer Zivilisation nur wenig geläufig: die Erinnerungskraft. Einerseits müssen wir vergessen, andererseits weist die Wissenschaft nach, dass wir alles behalten. Weil unsere Zauberworte »neu« und »jung« sind, wenden wir uns zu wenig dem Alten zu. Dabei wissen wir aus der Gehirnforschung, dass nichts von uns Gelerntes oder Erlebtes fort ist. Es ruht im Unterbewussten, kann aber durch Hinwendungen ans Licht geholt und wieder lebendig werden. Die Erinnerungskraft ist ein Weg für das Kommende und greift auf brachliegende Energien und Wissensvorräte zurück.

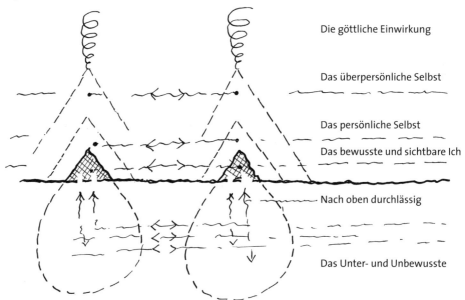

Das Eisberg-Modell.

Das Stimmige ans Licht zu bringen, dazu gibt es verschiedene Methoden. Bei der Baubegleitung wird das Logbuch empfohlen, denn beim Schreiben kommen aus dem Unterbewussten auch Dinge in Resonanz, die mit auftauchen beim unmittelbaren Erinnern. Siehe hierzu das Bild vom Eisberg, das die verschiedenen Bewusstseinsebenen darstellt.

Das Erinnern kann unterstützt werden durch Meditation, Malen, Musik, kraftvolle Orte und Bäume, Träumen, langes Gehen. Sprünge in ein anderes und ungewohntes Tun und Verhalten können Erinnerung anregen, weil es Gewohntes aufhebt. Ebenso spontanes, meditatives Schreiben holt tiefer Liegendes an die Oberfläche des Bewusstseins.

Hemmnisse dagegen sind Selbstvorwürfe über verursachte Fehler, ungute Taten und Gedanken. Selbstrechtfertigungen schaffen Blockaden.

Die Kraft der Zerstörung

Neben der Kultur gibt es zugleich auch die Barbarei.

Für den Vorgang, den ich nun beschreiben möchte, finde ich kein besseres Wort als »Zerstörung«. Damit Leben geschieht, braucht es der Aufhebung, der Zerstörung einer erstarrten Einheit.

Die Anerkennung der zerstörenden, aufhebenden Kraft ist im Osten in der Göttin Kali lebendig. Auch wir hatten in unserer christlichen Kultur ursprünglich die Akzeptanz dieser Kraft. Das ist die »erste« Eva, die Lilith, die als freie Frau erschien, jedoch dann unterdrückt wurde. So leben wir in unserem Bewusstsein einseitig, man kann auch sagen: erstarrt. Die unvermeidbare Zerstörungskraft bahnt sich dann einen unkontrollierten Weg. So gehört die Anerkennung der aufhebenden Kraft auch zur energetischen Raumgestaltung. Bautechnisch war das im Asiatischen verankert, wenn man dem Widersacher neben dem großen Tempel des Gottes einen kleinen baute. Wir finden das im Gedicht aus »Des Knaben Wunderhorn« wieder, wenn nach allen Widrigkeiten, die das »buckliche Männlein« verursachte, er bittet: »Liebes Kindlein, ach, ich bitt, bet fürs bucklicht Männlein mit!« Es gibt viele Beispiele, in Raum und Ort, wo meist unbewusst und unerkannt solch Neben-Tempelchen zum Gleichgewicht und zur Anregung der Kräfte sich zeigen: etwa die Wirkung der Schwelle; das »dunkle Loch« vor dem Altar, das Energie abzieht, damit der Segen Raum findet; die Schwarze Madonna in den christlichen Kirchen; die Energie abbauenden Stationen des Kreuzweges, um am Ziel der Wallfahrt die Fülle zu erfahren; der letzte Schritt im Labyrinth von Chartres, der ebenfalls vor dem Hochpunkt der Mitte Energie entleert.

Die zerstörende Kraft ist in jedem Menschen angelegt durch die ersten Enttäuschungen. Die Entfernung von der Mutterbrust, das ist die Auflösung. Der Vater verkörpert Pflicht, Strukturen und Ordnungen und damit die Begrenzungen. Das Mütterliche äußert sich auch in der verschlingenden Weise, das Väterliche in der Leben tötenden Erstarrung – beide haben die Tendenz des Extremen. Andererseits ist die Zerstörung lebensnotwendig, denn alles neigt dazu, die einmal eingeschlagene Richtung weiter zu vollziehen. Kraft geht zudem wie im Raum und in der Natur lieber den leichten Weg, sie kann durch Gewohnheit erstarren.

In unserer Zivilisation wird das Zerstörende dem machenden Mann angelastet, denn »Machen macht Macht«. Ein Gleichgewicht wird entstehen, wenn auch die Frau ihre aufhebende Kraft anerkennt. Jene zerstörende Kraft, die Festes und Erstarrtes auflöst, damit Neues, Lebendiges entstehen kann. Hierzu verweise ich auf die Literatur über Innana und Lilith, insbesondere von Maaz. Eine Töpferin sprach von ihrer Arbeit, von der Kraft der Grenzen. Ohne Maß ufere die Form aus. Die Frau brauche die Formgebung des Mannes, um Grenzen zu erhalten, um sich wahrzunehmen. Der Mann brauche die Ausweitung der Gefühle, das Chaos, die Grenzenlosigkeit, um nicht in und durch die Form zu erstarren. Das sind die Urbewegungen.

Das Dunkle im Menschen ist sein Ansporn zum Leben. Es will durchlichtet sein, das meint der oft anders gedeutete Begriff der Erleuchtung. Dazu ein Satz von Franz Xaver Jans: »Das größte Hindernis auf dem geistigen Weg ist die Sehnsucht nach Erleuchtung. Halte Dich nicht an der Straßenlaterne fest.«

Die Kraft führen

»Es gibt nichts Blinderes als Kraft allein.«
Gitta Mallasz

Nach dreißig Jahren Haft spricht Nelson Mandela von der Angst: »Unsere tiefste Angst rührt nicht daher, dass wir nicht genügen, sondern unsere tiefste Furcht besteht darin, dass wir über alle Maßen kraftvoll und kreativ sind, doch diese Fülle nicht ertragen können, weil sie Verantwortung einfordert. Es ist unser Licht, das uns am meisten Angst macht, nicht unser Dunkel.« Je größer die eigene Kraft ist, umso größer die Angst, umso größer die erforderliche Kraft, sie zu bändigen. Doch seine Kraft zurückzuhalten, verbraucht und bindet Kraft. Wir halten unsere Kraft zurück, weil wir Angst vor ihrer Größe haben. Kraft, die sich nicht äußert, wirkt nach innen und kann, da nicht gelenkt, im unbewussten Raum zerstörerisch wirken. Oder sie explodiert unkontrolliert und verpufft dadurch. Oder sie richtet sich gegen uns selbst und zerstört den Seelen-, Geist- und Körperraum.

Wir halten unsere Kraft auch, um nicht zu verletzen. Doch dann verletzen wir uns selbst; und wir als Teil des Ganzen verletzen dennoch den anderen. Schlussendlich können wir gar nicht leben, ohne zu verletzen. Ein jeder Schritt knickt einen Grashalm. Wer nicht in seiner Kraft ist, schafft einen leeren Raum der Kraft. Diese Leere saugt, zieht die Macht des anderen an. So wird erkennbar, dass der Übermachtete den Mächtigen mit erzeugt.

Viel Kraft wird dadurch verschwendet, dass man achtlos ist und nicht entscheidet, was bedeutend und was unbedeutend ist. Zu oft gehen wir mit gleicher Kraft an das Unbedeutende. Wir zerstreuen Kraft, wenn wir uns immerzu im Kreise drehen und Kraft ansetzen für das nicht Veränderbare. Und das besonders jetzt, in der neuen Zeit der Individualisierung. Jetzt, da der Einzelne nicht mehr in die kollektiven Gesetzmäßigkeiten eingebunden ist, sondern freigestellt ist in die Eigenentscheidung.

Das heißt, wir können unsere Kraft nur dann führen, wenn wir sie kennen. Können sie aber nur kennen, wenn wir wagen, sie zu leben – wenigstens in ersten Schritten. Im Mut zur Aggressivität. In dem Wort steckt lateinisch *gradus*, »Schritt«. Jeder Schritt in die Zukunft hebt die Gegenwart auf, ist Trennung im Abschied. Im Kapitel »Das Schwert führen« (Seite 132) können Sie Erfahrungen mit der eigenen Kraft machen.

Der Mensch ist der Schauplatz der wirkenden Urkraft, im Spannungsfeld der extremen Gegensätze. Zwischen Lösen und Verdichten, Tier und Engel, Erde und Himmel, Schatten und Licht.

Die reine Kraft des Spielens

*»Kinder, Tiere, Pflanzen.
Da ist die Welt noch im Ganzen.«*
Christian Morgenstern

Kraft ist nicht »rein«, weil Kraft wirkende Energie ist, eine Zielrichtung hat oder zur Wirkung und Wahrnehmung eine Gegenkraft braucht. Kraft wird dadurch zu gebundener Energie. Die Befreiung der Kraft in ihrer schöpferischen Wirkung gelingt nur durch das Spielen. Wenn wir alle Gesetzmäßigkeiten, Zielrichtungen, Wünsche aufheben und spielen, dann sind wir in ungestalteter Kraft. Darum ist nach Schiller der Mensch erst dann ganz Mensch, wenn er spielt und dadurch in seine »reine« Kraft kommt. Diese Reinheit findet sich im Kind wieder, das spielt. In aller Ernsthaftigkeit des Spieles. Darum empfehle ich für jede spirituelle Begleitung die Leichtigkeit des Spiels.

Nach M. van Doorn ist der Mensch das »vollkommenste Unvollkommene«, und aus diesem Spannungsfeld erwächst sein Sehnen nach Ganzheit. Wird Kraft frei und lebendig, dann drückt sie sich schöpferisch aus. Das ist der große Bogen vom Ursprung der Kraft bis zu seiner Verwirklichung in der mitschöpferischen Kraft des Menschen. Wer schöpferisch lebt, braucht kein Leben aus zweiter Hand. Dann wird die Herzensebene erreicht. Architektur ist Herzensaufrichtung und Herzensausrichtung. Wir gehen im Gestaltungsgeschehen immer zu frühzeitig vom Vorhandenen aus und lassen uns von Moral, Ethik, Ästhetik und Normen lenken. Damit sind wir in unserer Fantasie und unserer schöpferischen Kraft gebunden.

Das Schwert führen

» Wer das Schwert heiligt – heilt.«

Ein Weg, seine Kraft zu erkennen, gibt die Führung des Schwertes. Folgende Hinweise sind zunächst auch mit einem einfachen Stab vollziehbar. Es werden die äußeren und inneren Bewegungen beschrieben, die auch beim Finden des eigenen Zeichens oder Logos (siehe Seite 231) wertvolle Impulse geben.

Es ist das Schwert, das die Kraft in der Spitze bündelt und führt. Dabei wird ein bedeutsamer Zusammenhang zwischen der weiblichen und männlichen Kraft erlebbar, denn das Schwert wird in der rechten Hand, der männlichen, der Tathand gehalten. Dahinter legt sich die linke, die weibliche Hand. Die erste Schwertbewegung geschieht dadurch, dass die Rechte alle Kraft aufbringen muss, um das Schwert zu halten. Das braucht Kraft und gibt Kraft. Die Linke gibt den Impuls, drückt sanft nach unten, und die Schwertspitze hebt sich. Es ist wie beim Schmied der große Vorschlaghammer, wo auch die Linke führt. Selbst beim Geigen bestimmt die Linke den Ton, der Bogen erzeugt mit der Rechten. Es ist das Weibliche, das den Impuls gibt, das Männliche, das vollzieht.

Übungen

Die Haltung ist immer aufrecht mit gerader Wirbelsäule. Leicht nach hinten geneigt, was Mut zur Öffnung verlangt – im Vertrauen zur eigenen Kraft. Es ist wie ein Ent-Rüsten, einen Panzer ablegen. Die Ausrichtung nach vorne geschieht aus der inneren Wahrnehmung vom Rücken her. Wir geben in den Knien nach, die Handgelenke sind vorher locker geschüttelt. Die Hände werden etwa in Höhe des Bauches, des Hara gehalten. Das Schwert ist geneigt und nimmt den Strahl der Erdkraft auf. Die Schwertspitze voll in die Aufmerksamkeit nehmen. Im großem Kreisbogen führt die Spitze des Schwertes die Kraft gen Himmel, dann weiter zurück in die im Rücken liegende Vergangenheit. In einem Bogen wird die Kraft nach vorne in den Raum der Zukunft hinein geführt. Nicht geschlagen! Das Schlagen wird verhindert, weil das Schwert in der Ursprungslage gestoppt wird.

Die nächste Übung ist der Schritt nach vorne und ergänzt den Schnitt, den die Spitze vollführt. Der rechte Fuß hebt sich nicht ab, sondern schleift über den Boden und nur soweit, dass der linke Fuß mit ganzer Sohle stehen bleibt. Es ist ein sanftes Fallen in den Schritt. Dabei bleibt die Wirbelsäule senkrecht, ohne nach hinten oder vorne sich zu neigen.

Die zweite Schwertführung vollführt den horizontalen Schnitt. Dabei hält die linke Hand das Schwert an der linken Seite, als ob es in einer Scheide steckt. Nun, wie im Western-Film, geht die Rechte im Bogen in den Raum und ergreift das Schwert. Der obere Körper dreht sich nicht zur Seite. Er wendet sich soweit wie möglich mit offenem Herzen nach vorne der Zukunft zu. Auch der Blick geht nur nach vorne. Als sei das Schwert wirklich in einer Scheide steckend, führt nun wiederum die Linke, in diesem Fall die Scheide, das Schwert. Erst dann, wenn es voll herausgezogen ist, wird die Schwertspitze in einem horizontalen Bogen in den Raum geführt, ohne dass der Oberkörper sich nach vorne beugt.

Die gesamte Schwertführung verbindet jetzt das Eingeübte. Sie beginnt im Stand. Die Linke hält das Schwert. Die Führung des Schwertes beginnt mit der Entscheidung. Innehalten. Erst dann dem Impuls gehorchen und die rechte Hand im horizontalen Bogen zur linken führen und das Schwert fassen. Innehalten! Mit dem zweiten Willensimpuls wird das Schwert aus der Scheide gezogen, jedoch verharrt die Bewegung, wenn die Schwertspitze fast aus der Scheide gezogen ist. Durch die nach vorne gerichtete Haltung wird eine große Körperspannung und damit Kraft erzeugt. Diese aushalten und nun die an der Schwertspitze gebündelte Kraft horizontal durch den Raum führen. Dann erhebt sich die Spitze, die linke Hand greift nach und führt mit einem Schritt nach vorne den Schnitt in den Raum. Es wird verstärkt, wenn der vertikale Schnitt mit einem lauten Ja! geführt wird und der horizontale mit Nein! Da wird das Nein zu einer Kraft, zu einem Ja durch das Nein.

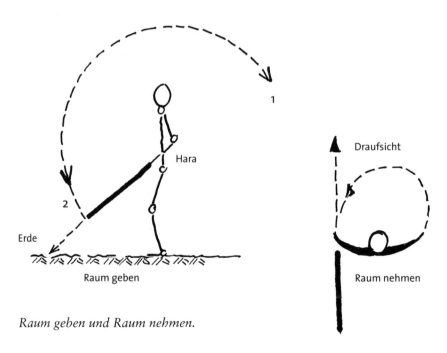

Raum geben und Raum nehmen.

Die geistig-seelischen Aspekte: Es ist erstaunlich, was es in uns anrührt, wenn wir ein Schwert in die Hand nehmen. Als kämen Erinnerungen hoch, weil jeder und jede von uns schon einmal Krieger oder Kriegerin war. So kann man im Ergreifen des Schwertes durch etwas Neues ergriffen werden. Diese uralten Bewegungen rühren innere Bewegtheiten an. Es empfiehlt sich, einzelne Bewegungen über eine längere Zeit einzuüben, um ihre Kraft zu entdecken.

Das Schwert zu führen heißt, die Willenskraft zu stärken und den Mut zu Entscheidungen. Durch den Griff zum Schwert entsteht die Einheit von Yin und Yang. Die Entscheidung hebt die Einheit auf. Eigentümlich ist, dass es keine eindeutige Wortwurzel für »Schwert« gibt. Es gibt das zusammengesetzte Wort »Schwertscheide«, worin auch die Vagina mitklingt. Die zwei Bewegungen sind Spiegel der unterschiedlichen Kräfte. Im vertikalen Schnitt ist es die Raum gebende, männliche Geste – den Raum zu schaffen, zu bauen. Die horizontale Bewegung spiegelt die Raum nehmende und weibliche Kraft – den Raum zu erfüllen als Raum des inneren Geschehens. Dies ist auch Grenzsetzung zur Einfriedung.

Wichtig ist, dass zu Beginn fester Kontakt zum Boden besteht. Nur dann, wenn innerer und äußerer Standpunkt bezogen ist, wird man sich nicht in den Bewegungen verlieren. Man darf entdecken, welche Führung des Schwertes einem am nächsten liegt und daraus eine Entscheidung fällen, wie man künftig mit seiner Kraft umgehen will. Man kann diese Übung auch mit einem einfachen Stock machen. Schwerter sind unter dem Begriff »Bokken« – dem japanischen Langschwert – sehr preiswert per Internet erwerben. Es ist aus Roteiche und etwa hundert Zentimeter lang. In unseren Seminaren trägt jedes Schwert einen Namen.

Die Würde der Hausfrau

> *»Die Frau ist das Haus*
> *und das Haus blüht wie ein Garten, wenn sie da ist.«*
> Griechisches Sprichwort

Lange habe ich gezögert, den Begriff der »Hausfrau« beizubehalten. Noch immer habe ich den Beigeschmack von längst Vergangenem, von Staubigem. Dennoch bleibe ich dabei, weil er an- und aufregt (siehe hierzu auch »Die Zeit ist weiblich«, Seite 215).

Im Folgenden unterscheide ich nicht zwischen Frau und Mann, sondern meine jeweils das Weibliche oder Männliche, wobei die weibliche Seite und das Mütterliche auch im Mann lebendig ist, mal stärker, mal weniger stark. Das Archetypische des Weiblichen, die Anima, ist das Erdhafte und die Materie und findet seinen Ausdruck in Obhut, Pflege und Ordnung im alltäglichen Tun. Auch das Wässrige des Fühlens findet sich wieder durch die liebevolle Atmosphäre und Fürsorge im Haus. Früher diente die Frau immer als Hüterin und Bewahrerin von Werten in der Gesellschaft. Diese Qualitäten der Yin-Kraft wurden – wie auch das männlich Archetypische – unbewusst ausgelebt.

Durch unsere Ur-Einwohnung im Mutterbauch ist das Mütterliche uns leiblich eingeprägt – besonders der Frau. Wohnen wird zur Wiederholung der Mütterlichkeit. Die Erwartungen des Mannes sind tief eingeprägt durch die von Anfang an erfahrene Fürsorglichkeit der Mutter. Im Äußeren geschah es, dass der Mann – als der Drängende – durch die in ihm angesprochene Anima von der Frau die weiblichen Taten erwartete. Die Frau fühlte sich durch diese Erwartungen eingeengt. Sie spürte gleichzeitig einen Drang, ihre männlichen Qualitäten auszuleben, was sie zusätzlich eingrenzte. Dieses Spiel auf unbewusster Ebene erleben wir noch immer – und prägt das weibliche Tun und die Arbeit im Haus in negativer Weise.

Die zwei Gegebenheiten des Menschen sind Raum und Zeit. Unsere männlich betonte Umwelt bedenkt vorrangig die Gestaltung des Raumes. Doch der Raum wird gestaltet für das, was im Raum geschehen soll. Das Geschehen, die Wirkung in und mit der Zeit, ist eher weiblich. Ich möchte dem Einerlei der Hausfrauenarbeit, dem ständigen Sichwiederholen ihren Rang geben. All ihr Wirken manifestiert sich nicht in einem Bau oder einem Kunstwerk, sondern wird immer wieder ausgelöscht. Bleibt im Unsichtbaren. Mit der Industrialisierung wurde das Fassbare, das Machbare als Maßstab genommen für den Wert einer Arbeit und dadurch das Nichtfassbare entwürdigt. (Über die weibliche Kraft in Gestaltung und Architektur siehe im Buch »Räume der Kraft schaffen«, Seite 167.)

Ich binde an Früheres hier an, um dann das Neue, das Künftige zu betrachten. Als das Dienen noch im Werte stand, erwuchs mit jedem Handanlegen eine geistige Qualität. Geomantisch gesehen floss dadurch das Feinstoffliche ins Handeln ein. In der Natur spricht man von Naturgeistern, die mitwirken wollen am großen Dienst. Doch auch im Hause wirkte dieser Geist, und diese Geister nannte man Heinzelmänner. Ihnen gab man abends etwas Milch in ein Schälchen. Sie waren keine eigenständigen Wesen, sondern helfende Kräfte, die aus dem Dienen entstanden. Durch die Entwürdigung und Versachlichung der Hausfrauenarbeit wurde ihnen der Glanz genommen und damit die strahlende Mitwirkung dieser unsichtbaren Helfer.

Luther wollte einen Baum setzen, auch wenn er ihn nie würde wachsen sehen. Das Tun als heiliges, heilendes Tun an sich, ziellos aber ganz gegenwärtig, kann wieder heilend werden. Dieses ständige und scheinbar banale Tun, das nicht sichtbar überdauert: Essen anrichten, Vorräte schaffen und hüten, Abwaschen und Reinigen, Räume säubern. Das Leiden beginnt da, wo sie am sichtbaren Tun des Mannes sich misst. Einseitig männlich ist unsere Zivilisation und sucht nach dem Gleichgewicht. Die Kulturtat der Hausfrau ist, das Tun als Seinserfahrung vorbildhaft zu leben. Es ist keineswegs als Scherz gemeint, wenn ich die Hausfrau als die große praktizierende Geomantin bezeichne: Sie reinigt, ordnet Chaos, nährt, gibt Freude, Sicherheit, Vertrauen und erhöht die Materie durch das Essen. Gibt Gestalt auch der Zeit, wenn sie die Tage und Sonntage und Festtage gestaltet. »Mahlzeit« als Wunsch meint ja, Vermählung der Materie mit einem höheren Impuls im Augenblick der Auflösung, hier dem Kauen. Und das ist reine Geomantie.

Die ständige Wiederholung der scheinbar so banalen Dinge bringt die Kraft der Wiederholung in die Räume. Es bedarf des Humors, des liebenden Abstandes zum Geschehen – und der wirkt, weil die scheinbare Nutzlosigkeit der banalen Taten ins rechte Licht gerückt wird. Wo gelächelt wird, haben die widerstrebenden Kräfte des Diabolos keinen Existenzboden.

Rituale sind das Zauberwort einer spirituellen Hausarbeit. Das geht über das rein nützliche Handeln hinaus in ein rituelles Tun: die Schönheit und Reinheit der Räume als Tempeldienst. Die Hausfrau ist die Priesterin im Haus. Jede Handlung kann zum Ritual durch sie werden, vom Reinigen, gemeinsamen Essen bis zur Würdigung der Zeiten. Dabei geht es nicht um sterile Ordnung und Sauberkeit, sondern um Reinheit, die vom Geist geführt wird. Die Aura der Wohnung, des Hauses wird rein, wenn die Hausfrau ihr Tun in einem anderen Licht sieht und lebt. Dann wird die Hausfrau frei vom Bild der traditionellen Rolle. Sie wird auch als Individuum frei, denn die ständigen Herausforderungen durch die Dinge und Tätigkeiten zwingt sie zur Eigenverwirklichung, zur Selbstwerdung, ohne Lehrer. Die Begegnung mit der Welt lehrt sie. Der moderne Schulungsweg ist künftig fern vom Lehrer, er ist Selbsterziehung. Ein Weg, der mühevoller, aber würdiger ist als gezogen, erzogen werden.

Ihre Arbeit ist unmittelbar Gemeinschaft fördernd und ist Vorbedingung des Neuen, sich in eine geistige Familie einzuwohnen. Das Mondische will im mütterlichen Sein mehr in unser Bewusstsein und Leben gebracht werden. Mond, das ist das Du-Prinzip, ist Weg zur Gemeinschaft, die unser modernes Leben braucht. Ist die Nähe zur Natur, meint Muße, Zeit, Traum, Seele und Vegetation. Ist ein dynamisches Prinzip des Wechsels in den Phasen und spiegelt die Arbeit der Hausfrau im ständigen Wechsel von Fülle und Leere. Die Arbeit der Hausfrau, im Hintergrund zu wirken, ist wahrer Widerstand im zügellosen männlichen Handeln. Mit all dem ist auch die Mütterlichkeit im Mann angesprochen, wenn er den Dienst der »Hausfrau« übernimmt.

Tradition und Individualität

Die Globalisierung erzeugt die Verdichtung im Individuum.

Im Ansehen der Hausfrauen und ihrem Tun sind wir noch immer geprägt von den Rollen, die wir aus der Vergangenheit übernommen haben. Das Bewusstsein der Individualität ist auch jetzt noch nicht wirkend, sondern es gelten noch die Werte, die sich aus dem Gruppenwesen ergaben. So war die Rolle der Frau wie die des Mannes festgelegt und von der Tradition bestimmt. Man identifizierte sich mit seiner Geschlechterrolle wie mit der Nation und Rasse, in die man hineingeboren war. Darunter leiden viele Frauen und drängen hinaus.

Wissen wurde im Haushalt durch das engere Wohnen in Generationen von der Großmutter weitergegeben der Mutter, dann den Töchtern: instinktiv aus den Kräften der Vergangenheit heraus, statt bewusst weitervermittelt. Tief innerlich lag darin aber auch die spirituelle Kraft der Nahrungsbereitung und der Pflege des Anwesens. Diese eher mystische Wirkweise wurde im Zeitalter des Materialismus verdrängt und das Tun rationalisiert.

Nach Steiner braucht die neue menschliche Zivilisation genügend Individualitäten. So wie es immer zwei Bewegungsrichtungen gibt, so entspricht die Globalisierung einer jetzt erst möglichen und intensiven Individuation. Die Hausfrau schafft den Raum dazu und fördert ihre eigene Würde, wenn sie den schützenden und nährenden Innenraum gibt. Wenn wir die bisherigen Kultur schaffenden Kräfte ansehen, so wurden sie von wenigen Privilegierten geleistet. Wohnung und

Familie sei ab jetzt der Hort und Ort der kulturellen Entwicklung. Nicht mehr durch die Herrschenden – die Päpste, Könige, Bischöfe –, sondern durch die Vielfalt der Individuen. Individuum meint den Menschen als Einzelwesen und ist die Zusammensetzung aus lateinisch in, »nicht«, und dividiere, »trennen« zum Wort »das Unteilbare«. Die Wohnung wird zum Rückzug und Schutz in den unvermeidbaren Wandlungsgeschehen. Welt- und Klimaveränderung kann nur an einer Stelle geschehen: im Individuum.

Individuation ist eine kulturelle Notwendigkeit. Jetzt sind viele Menschen »auf dem Weg« und es braucht Orte, um eine neue Kultur zu schaffen. Der neue Ort liegt in der Familie. Und da liegt die hervorragende Tätigkeit der Hausfrau – wenn sie ihr Tun als Mysterium erkennt und ausübt. Es gilt, die Spiritualität der Frau zu verstärken, damit der Mann geführt werde. Die christliche Vernachlässigung und Geringschätzung der Frau, beginnend bei der Unterdrückung des Lilith-Problems, will aufgehoben sein. Nach Maaz ist die fehlende Mütterlichkeit eine kulturelle, soziale Krankheit. Die neue Würde der Frau, Hausfrau und Mutter und ebenso die Mütterlichkeit des Mannes dürfen lebendig werden.

Das energetische und feinstoffliche Wirken im Haus

Alle Taten der Hausfrau greifen in die Materie ein und sind ein Wandlungsgeschehen.

Für Feng-Shui-Berater heißt das, statt allgemeine energetische Regeln anzusetzen, sich auf die Entwicklung des einzelnen Menschen einzustellen. Viele Regeln der Geomantie und des Feng Shui berücksichtigen aus altem Wissen heraus lediglich die Energie eines Raumes an sich. Jetzt aber geht es nicht mehr um den Raum allein, sondern um die energetische Beziehung zwischen Raum und Individuum. Selbst die ehrwürdige Kunst der Radiästhesie erkennt diesen Zusammenhang. So spricht Hartmut Lüdeling von »psychodynamischer Radiästhesie«.

Die Hausfrau wirkt nicht nur mit den Produkten der Natur, sie nähert sich im Pflegen auch den Stoffen und Materialien. Sie ist Mittlerin zwischen den Elementen und den Menschen – der Wärme, dem Licht, der Natur. Die Materialien existieren nicht an sich, erst durch die Hinwendung, wenn die Herzenskraft in die Hände fließt. Man spricht zu Recht von einer Kochkunst, denn Kochen ist mehr als nur ein Essen zubereiten. Es ist feinstofflich gesehen eine energetisch erhöhende Verwandlung der Materie. Kochen ist wie die Kunst der Bekleidung eine der großen Kulturtaten des Menschen. Nicht die Esslust oder das Genießen sind der Grund, weshalb es so viele Hobbyköche und Bücher übers Kochen gibt. Es ist Ausdruck einer archaischen Freude am Feuer, diesem einzigen Element, das der Mensch erzeugen kann.

Das so verwünschte immer wiederholte Aufräumen im Haus darf man als ein Ordnungsgeschehen betrachten. Eine gelungene Ordnung stützt und orientiert die Familie. Die Hausfrau ordnet auch das Zeitgeschehen. Sie schafft Verinnerung, weil das Tempo der Technik das innere Wachstum des Menschen überholt hat und jetzt Chaos erzeugt. Damit der Haushalt funktioniert, muss sie die Zeit strukturieren. Auch das gibt Verlässlichkeit und wirkt wohltuend und unterbricht die nervöse Hektik draußen. Man möge an dieser Stelle einbeziehen, was im Kapitel »Von den Dingen«, Seite 117, behandelt wurde. Der dort beschriebene Umgang mit den Dingen, das in die Hand Nehmen, macht die Dinge zu Wesen. Ein so gepflegtes Haus gibt Raum und Impuls für künstlerisches Tun. Kunst erhöht die Kraft eines Raumes und Ortes, weil sie höhere Energieebenen in die Materie bringt.

Das Wirken der Geistwesen

Es ist zum Schmunzeln, wenn man in wissenschaftlichen Berichten von Forschungen liest, die im esoterischen und alten Wissen längst geläufig sind, etwa von Heinzelmännchen. Auch Wissenschaftler horchen jetzt Worten, Sinnsprüchen und Märchen nach und sehen gültige energetische Zusammenhänge mit alten Spruchweisheiten. Wenn wir in der Geomantie von Geistwesen in der Natur sprechen, dann dürfen wir auch diese Wesenheiten im Haus mit einbeziehen, sie einladen. Diese fühlen sich angezogen von der Reinheit, Schönheit, Ordnung und Zuverlässigkeit der sich wiederholenden Taten und durch gelebte Freude. Sie sind da, wenn sie anerkannt und respektiert werden. Dann herrscht im Haus »ein guter Geist«. Sauberkeit erlöst die Elementarwesen. Und die Arbeit wird leichter von Händen gehen, denn der gute Hausgeist wirkt mit – im Begeistern und Inspirieren. Das war den Römern das Seelenwesen des Hauses. Wird der Haushalt in diesem Sinne geistig geführt, entsteht eine Geistesebene, die nonverbal auf alle Bewohner und Besuchende stärkend wirkt.

Das Märchen von den guten Geistern, die im Hause mitwirken, wie die Heinzelmännchen, spiegelt das Eingebundensein in eine umfassendere Wirklichkeit. Die Elementarwesen erwarten von uns Bewusstsein. Nur der Mensch lebt die Gedankenwelt. Gedanken sind unsichtbare Wirklichkeit. Durch die Gedankengebilde bekommen die Elementarwesen menschliche Substanz. Das Wissen um sie und das Denken an sie und eine liebevolle Hinwendung nähren sie.

Die geistige Familie

»Ein Stamm besteht aus lauter Individuen und ist so gut wie jeder Einzelne.«
Duwamish-Indianer

Einstimmung

Wir müssen uns beim spirituellen Bauen und Wohnen immer tiefer bewusst werden, dass wir erst seit Mitte des zwanzigsten Jahrhunderts uns als Individuum wirklich erkennen und ausleben können. Es begann im neunzehnten Jahrhundert mit der industriellen Revolution. Bis dahin bestimmte die Norm und Moral, der Staat und die Kirche, die Familie und Konvention den Weg des Einzelnen. Berufsstand, Ehe-Vorgabe, Hof-Übernahme sind Teil davon. Was gut und böse sei, war klar geregelt.

Bei allen Vorgaben, die wir über Bord geworfen haben, verloren wir auch unseren Gottesbezug. Wir stehen nackt und vereinzelt da. Der Einzelne ist auf sich selbst zurückgeworfen und muss seine individuelle Ethik finden, er ist eigenverantwortlich geworden. Die uns so neue Betonung des Individuums schafft auch Ängste. Das Gerüst der Familie, der Kontinuität, des Hofes ist entfallen, daher die hohe Bedeutung der eigen gestalteten Räume. Der energetische Schutz des Individuums durch Wohnung und Familie wird maßgebender, weil die äußeren Umstände sich verändert haben. Neu und anders sind: Technik und ihre Perfektionierung, Globalisierung, Siedlungen statt Hof, Hochhäuser, Kälte der Architektur durch Repräsentation und Glätte, Lärm, Büro-, Fließband- und Routinearbeit, digitaler Geldverkehr, Verkehrsdichte, Dominanz der Straßen, Trennung von

Arbeit und Wohnen, Fernbeziehungen, vorrangig städtisches Leben, Naturferne, Leben aus zweiter Hand durch Fernsehen, Fernsprecher, Video und Internet.

Wir sind noch nicht erwachsen in unserer neuen Rolle des eigenverantwortlichen Individuums. Daraus entstehen Entartungen: einerseits die Rückkehr in das Kollektive, die Höhle der Masse; andererseits die Selbstinszenierung: Jeder möchte sich zeigen. Das drückt sich aus in den Siedlungen, wo ein individuell gestaltetes Haus gegen die Darstellung des anderen kämpft. Im Raum zeigt es sich durch die neue Architekten-Mode, die Fensterbrüstungen wegzulassen und dadurch den Intimbereich des Menschen bloßzustellen.

Gemeinschaften als geistige Familie

Die Individuation ist immer ein Einzelweg und ist von Natur aus ein einsamer Weg. Die im vorigen Kapitel beschriebene Bedeutung der Familie ist Teil des Weges in den ersten drei Lebensjahrsiebten. Danach treten wir in die Welt, wirken ein durch unser Tun und sehen uns nach Gemeinsamkeit. Der Mensch ist immer Einzelwesen und zugleich Teil einer Gemeinschaft. Einzeln zu sein, bedarf der Wärme der Gemeinschaft und der geistigen gemeinsamen Ausrichtung. Die Zukunft ist, dass sich Gemeinschaften bilden, die nicht der Bluts-, sondern der Geistesverwandtschaft entstammen. Wahlverwandtschaften verbinden sich im gemeinsamem Willensentscheid zu einer übergeordneten Idee. Von dieser Warte aus zu siedeln ist der neue Weg. Dann entstehen andere Projekte als die jetzigen Vorstadtsiedlungen, in denen ein noch so schönes Haus das andere mindert, weil sie zusammen nicht »stimmen«. Die Ausrichtung einer Siedlung in erschreckender Form sah

Der sichtbare Herrscher   Das unsichtbare Übergeordnete

Gemeinschaften – früher und künftig.

ich auf einem großen Campingplatz. Er war eng von Wohnwagen besiedelt und alle trugen eine Sattelitenschüssel, die in dieselbe Richtung wies.

Zur Individuation wird zwar das Wissen um die Reinkarnation bedeutsamer; andererseits jedoch tritt das Karmische und Genetische immer mehr zurück, weil ein Lebensweg nicht mehr die frühere Kontinuität hat. Man starb und schritt im folgenden Leben weiter. Jetzt geschehen Quantensprünge, die uns sagen lassen, man lebe mehrere Leben in einem. Der Weg zur geistigen Familie ist ein alter Wunsch. Neu ist, dass sie sich bilden kann, weil es jetzt die mögliche Individuation gibt. So paradox es klingt: Erst durch das freie Individuum kann eine neue Weise der Gemeinschaft entstehen. Die Horde, Gruppe und die Familie waren sozial gebunden durch Tradition und existentielle Notwendigkeiten.

Man darf sich vor Augen halten, dass auf der einen Seite immer mehr Menschen als Individuum sich entwickeln und auf der anderen Seite eine Verdichtung von immer größeren Menschenmassen entsteht. Das fordert zu neuen Siedlungsformen heraus. Noch dominiert allerdings das Wohnen im Rückzug von der Außenwelt. Dabei haben neuere Untersuchungen ergeben, dass Menschen, die in Freundschaften oder liebevollen Nachbarschaften leben, länger leben und gesunder sind. Gemeinschaft fordert vom Einzelnen den Mut, sich zu etwas Übergeordnetem zu bekennen und rührt die Scheu vor Religiosität an. In einer Welt der Anmaßung, wie Gott wirken zu können – sei es in der möglichen totalen Vernichtung durch Atombomben oder die Schaffung von Leben durch die Gentechnik –, entsteht das Spannungsfeld, selbst ganz zu werden und sich dennoch einzuordnen. Die Individuation steht scheinbar im Widerspruch zu der Sehnsucht, sich von der Masse abzuheben.

Bei der spirituellen Baubegleitung geht es darum, das gemeinsame Ziel einer Gruppe zu finden. Das gemeinsame »Wort« und »Symbol« will Teil der energetischen Ausrichtung einer Gruppe sein. Daraus ergibt sich dann die Siedlungsform und Gestalt der Häuser bis hin zur Wahl der Materialien und Farbgebung. Für ein Siedlungsprojekt wurde von mir vorgeschlagen, die Eingänge der Häuser zwar individuell zu gestalten, aber ein gemeinsames Grundmodul zur harmonikalen Planung zu wählen. Es war die Frequenz des Goldenen Schnitts, dessen Bedeutung ist: Das Kleinere verhält sich zum Größeren, wie das Größere zum Ganzen. – Es ist wie das Motto gelungener Demokratie.

Durch die Industrialisierung und die beginnende Individualisierung entfiel die Lebensnotwendigkeit, eine Gruppe zu bilden. Der Gruppengeist und das Vertrauen in eine Gruppe verflachte. Jetzt gibt es weder einen äußeren Zwang noch die Macht eines Herrschenden. Wir sind frei. Sind frei, zu tun oder zu lassen. Der Impuls muss von innen und aus geistiger Kraft kommen. Die sich jetzt bildenden Gemeinschaften müssen in einem frei gewählten Geisteswort sich finden, jenseits existentieller oder sozialer Nötigungen. Daraus können neue Siedlungsformen entstehen und ein neues soziales Leben. Weil wir Individuen und immer gleichzeitig Teil unserer sozialen Umgebung sind, erweitert sich das Sehnen nach der Geborgenheit des Mutterleibes auch in Gemeinschaften, besonders wenn sie von Dauer sind, etwa in Siedlungen. Wenn also die neue Individualisierung sich ausleben will, dann heißt es, frühere Ordnungssysteme zu erkennen und neue zu gestalten.

Heutzutage geht es um das Du, das neue Miteinander. Auch darin liegt etwas Paradoxes, dass durch die Gründung einer geistigen Familie die eigene Individuation gefördert wird – durch Herausforderung und Spiegelung. Wir dürfen lernen, uns als Individuen frei zu gestalten.

»*Ästhetik ist die Ethik von morgen.*«
Maxim Gorki

Gemeinschaft entsteht nicht mehr nur aus moralischen oder ökologischen und ökonomischen, rationalen oder wirtschaftlichen, technischen oder energetischen Gründen, sondern aus geistiger Kraft. Das ist Kunst. Eine solche Siedlung hat die Kraft und Unerschütterlichkeit eines Kunstwerks. Die neuen Aufgaben des Künstlers werden angesprochen, die räumlichen, örtlichen, natürlichen und sozialen Gegebenheiten zu erkennen und zum Heranwachsen ins Künftige zu erahnen und zu gestalten. Wegweisend. Verbunden mit neuen Wohn- und Lebensformen.

Die neuen »Tempel«

Früher war der Tempel der sichtbare »Leib« einer Gemeinschaft, eines Stammes, Volkes oder einer Stadt. Unsere »Tempel« und Stätten der Gottesbegegnung sind die Museen. Das schweigende, stundenlange Warten in der Schlange gleicht einer gemeinsamen Meditation. Die Reisen zu den Museen wird ein Pilgern, jeder Schritt beim Warten ein verdichteter Pilgerschritt. Das Betrachten eines Bildes aus der dritten Reihe heraus wird zur Andacht, das Bild selbst zur Monstranz. Tempel waren überpersönliche Bauten. In unserer Spaßgesellschaft sind es die Stadien, Konzertsäle, Luxusliner und Wellness-Center. Da toben sich Geldgeber und Architekten aus und müssen in ihrer extravaganten Lust keine Rücksicht auf das Maß des Menschen nehmen. Leider greift es aber in die Gestaltung des Lebensraumes ein. Die Würde des Menschen wird dadurch verletzt.

Der neue Tempel ist die Einheit von Wohnung und Siedlung in gemeinsamer Ausrichtung auf etwas Höheres. Dann sind Tempel und Haus nicht mehr getrennt. Dann verbindet sich in neuer Weise, was die Stilgeschichte uns zeigt: die Verbindung von Seelen- und Außenraum. Eine solche Siedlung wird zum Abbild unseres Zeitgeschehens, der Individualisierung und Globalisierung. Innenraum in stimmiger Größe dient zum Bei-sich-Sein und Atmen nach draußen – in das Gemeinsame. Dann wird die Wand zur atmenden Haut.

Feng Shui und westliche Raumgestaltung

»Östliche Philosophie füllt bei uns eine seelische Lücke aus.«
C. G. Jung

Einstimmung

Die ursprüngliche Einheit der Menschen hat sich in den Rassen vervielfältigt. Das war bedingt durch den Weg aus Afrika in andere Lebensbereiche und den Wechsel von Klima, Nahrung, Bodengestalt, Erdschichten-Aufbau, Farbe der Landschaft, Windrichtung, Lichtverhältnissen, Sonneneinstrahlung; geprägt von Ritualen, Sprach- und Bewegungsgewohnheiten, Raumwahrnehmung, Betonung des männlichen oder weiblichen Seins, emotionalen Vorgaben, Staatsformen, geschichtlichen Entwicklungen und religiöser Lebensgestaltung. Die Musik ist anders, der Sprachklang auch. Ebenso die Kleidung und die Erziehung. Sogar die Farben werden unterschiedlich gesehen, wie mir eine Mode-Entwerferin aus ihrer Erfahrung mit Stoffbestellung erzählte. Das Sitzen in Bodennähe erzeugt ein anderes Raumgefühl und unmittelbaren Energieaustausch zum Raum. Goethe schreibt zu den Wurzeln einer Kultur: »Daher kommt es denn auch, dass man der Pflanzenwelt eines Landes einen Einfluss auf die Gemütsart seiner Bewohner zugestanden hat (...) soviel ist gewiss (...) dass sowohl Boden als Klima und Beschäftigung einwirkt, um den Charakter eines Volkes zu vollenden.« Die entstehende Vielfalt war belebend für die menschliche Entwicklung, brachte aber auch einseitige Lebensformen heraus.

Nach Steiner sind sogar seelische Muster in den verschiedenen Erdteilen ganz unterschiedlich und auch die Methoden damit umzugehen. Selbst therapeutische Methoden aus Nordamerika könnten nicht so ohne weiteres in Europa übernommen werden. Für Feng-Shui-Regeln gilt das ebenso, ja noch verstärkt, weil aus ganz anderen Quellen schöpfend. Es braucht große Achtsamkeit. Darum möchte ich mich ihren Ursprüngen nähern, um dienliche Gestaltungsformen und Lebensqualitäten für uns zu finden, die uns anregen und bereichern. Unsere Hinwendung zum Feng Shui sollte uns tiefer schauen lassen nach den Hintergründen der asiatischen Lebensformen, um das Grundsätzliche zu verstehen, das dann Basis für ein neues Denken und Umsetzen für uns ist, statt nur Regeln anzusetzen.

Eine sehr lesenswerte Einführung ist das Buch von Jean Gebser: »Asienfibel«, auch unter dem Titel »Asien lächelt anders« erschienen. Will man Feng Shui verstehen, dann darf man die asiatische Weise des Zeiterlebens einbeziehen.

Die Kraft des Polaren

Das Wort »Feng Shui« bedeutet »Wind und Wasser«. Als ich Derek Walters traf, fragte ich ihn, was denn die zwei Worte für Feuer und Wasser im Chinesischen sind. Er antwortete mir in seiner humorigen Art, dass es dafür nur ein einziges Wort gäbe: »Katastrophe«. Dann sagte ich ihm, wie es mich erstaunt, weil Rudolf Steiner das Wesen des westlichen Menschen als »durchfeuertes Wasser« bezeichnet habe. Während Wind und Wasser miteinander anschmiegend ist, sind Feuer und Wasser wahrlich zwei sehr gegensätzliche Elemente. Doch je größer der Gegensatz, umso größer die Spannung und die Kraft, die sich im Westen als Yang-Kraft, im Asiatischen als Yin-Kraft äußert.

Die polaren Kräfte von Yin und Yang entsprechen dem weiblichen und dem männlichen Prinzip und haben auch die Erscheinungsformen der vier Elemente. Das Polare ist eine grundlegende Qualität des Menschen. So entspricht das Yin dem Mutterbauch: warm, sicher, getragen, Wasser, geschützt, genährt, liegend, Hingabe, Loslassen. Yang dagegen ist die Durchbruchkraft aus dem Mutterbauch, aus der Entscheidung, mit dem Kopf zuerst, mit der Kraft des Frühlings. Werden sie extrem ausgelebt, dann engen sie ein und mindern das Leben. Die wahre Kraft ist die gelebte Mitte. (siehe auch Seite 126).

Global

Durch unsere Einseitigkeit des Denkens und Handelns vernachlässigen wir Lebensformen, die wir aus dem Osten einbeziehen dürfen – ohne das uns Eigene zu verwerfen. Die Sehnsucht unserer überaktiven Welt fand in den Seinsweisen Asiens so wohltuende und ausgleichende Methoden wie Yoga, Mudras, Zen-Meditation. Die christliche Ausdeutung des Lebens brachte uns eine zu starke Ablehnung des Körpers und seiner Sinnlichkeit. Im Östlichen fanden wir neue Wege der Ernährung, des Judo und Taichi, der Akupunktur und Medizin, des Tantra. Die Würdigung des Leiblichen war im Buddhismus so bedeutsam, weil es galt, innerhalb dieses Lebens zur Vollendung zu kommen. Wir im Westen finden dagegen unser Heil erst im Jenseitigen. Vereinfachend dargestellt heißt es, dass wir die fehlenden Yin-Kräfte uns unmittelbar aus dem Osten zuführten.

Konkret heißt das für uns im Westen: Die Kunst des Feng Shui möge unser eigenes früheres Wissen anregen. Auch wir in Nordeuropa kommen durch unsere germanische Vergangenheit ursprünglich aus Yin-betonten Zeiten. Die Globalisierung und die wirtschaftliche Entwicklung zeigen uns, dass sich auch in Asien ein Gleichgewicht einstellen will. Die Yang-Kraft drückt sich in Technik aus. Die Globalisierung bringt uns auf der materiellen Ebene zusammen. Diese will aber erhöht werden, indem unsere Lebensformen in gegenseitiger Anregung geistig und spirituell durchdrungen werden. Jedoch, wie im Geheimnis der Partnerschaft: unzertrennt und unvermischt.

Die Unterschiede

An dieser Stelle möchte ich kurz auf die grundsätzlichen Ost-West-Unterschiede eingehen, um daraus umfassendere und damit meine ich inspirierende und spirituelle Gestaltungswege aufzuzeigen. Nach C. G. Jung ist der westliche Mensch vom Unbewussten sehr abgeschnitten, der Mensch des Ostens aber neigt zur Identität mit dem Unbewussten. Für den Chinesen sind Raum und Zeit keine abstrakt voneinander getrennten und in sich umgrenzte Begriffe. Es ging immer um die gegenseitige Durchdringung von Zeit und Raum, um zu einem günstigen Einfluss zu führen. Sie sind zwar getrennt, aber durch gemeinsame Eigenheiten miteinander verbunden. Auch das Yin Yang-Zeichen ist als Verbindung des Raumes und der Zeit gemeint. Der Punkt im Tao-Symbol gibt die wandelnde Impulskraft der Gegenkraft wieder.

Die östlichen Mysterien sind die des Mondes. Sie sind Weisheitsmysterien, die den Wechsel, das Wachsen und Vergehen in kreisender Kraft spiegeln. Im Nordeuropäischen geht es mehr um die Willenskraft und um den Mut. Das ist auf ein Ziel gerichtete Kraft. In Asien lebt im guten Sinne das alte Wissen als Weisheit und in der Kraft der Tradition weiter. Der Westen ist dagegen »jung«, auch in seiner Kulturgeschichte. Wissenschaft und das Motto »neu« repräsentieren den Weg. Bei uns sind Raum und Zeit getrennt. Es wird der Raumgestaltung mehr Bedeutung gegeben als dem Geschehen im Raum. Was aber geschieht, ist im Raum der Zeit geborgen. Darum geht es mir um die Einbeziehung der Zeit und des Geschehens und damit des Weiblichen in unsere Architektur.

Die asiatische Verbindung von Raum und Zeit zeigt sich in folgendem Ritual. Der König musste alle fünf Jahre das gesamte Reich bereisen. Zur Tagnachtgleiche des Frühlings war er im Osten, im Sommer im Süden, im Herbst im Westen und im Winter im Norden. Sein Hofstaat war dann in jeweils einer anderen Farbe gekleidet, erst in Grün, dann rot, weiß und schwarz. Dadurch sollte der Raum in seinen Vierteln rhythmisch erneuert werden. Auch die Ernährung zeigt einen Unterschied. Brot aus Weizen oder Roggen, Brei aus Gersten oder Hafer unterstützen die Verstandestätigkeit. Die Ernährung der Asiaten durch Reis betont das Seelenhafte im Menschen. Reis ist dem Temperament des Phlegmatikers zuzuordnen und eine Yin-Qualität. Weil der Erwachsene den Milchzucker nicht verdauen kann, sind dem Asiaten die Milchprodukte unverträglich. Das verweist auf die unterschiedliche Agrarwirtschaft und deren Prägungen.

Die unterschiedliche Betonung der Körperregionen kann man sinnbildlich darstellen:

Östliche Gestalt: Wenn die Ecken des Quadrats miteinander verbunden werden, dann entsteht ein gleichseitiges Kreuz. Ein solches Kreuz ist polar ausgeglichen, betont die Mitte und damit den Ort der Lebenskraft, das Hara. Westliche Gestalt: Unser Kreuz in der üblichen Form betont die Vertikale, den Weg gen Him-

Ruhe – Yin   Der bewegte Mensch – Yang, nach Wosien

Östliche und westliche Gestalt.

mel. Das Kreuz ist erst dann im energetischen Gleichgewicht, wenn weitere Querbalken wie beim orthodoxen Kreuz eingefügt werden. Im Asiatischen heißt es: »Ich liebe dich wie meine Leber« – und Leber steht für Leben. Und: »Es geht mir nicht an die Eingeweide«, also nicht ans vegetative Zentrum. Während wir im Westen »etwas zu Herzen« nehmen und jemanden von ganzem Herzen lieben. Weitere Unterschiede sind der hagere Christus und der runde Buddha. Hier wage ich einen geometrischen Vergleich aus der Suche nach der »Quadratur des Kreises«, der Verbindung zweier Grundformen. Das Kreuz ist die rechtwinklige Ausdehnung des Menschen in die Vertikale und die Weite: Das ist Raum ergreifend, ist Raumqualität. Die Kreisform der menschlichen Gesten ist weniger eindeutig. Sie entsteht in der Drehbewegung um die Achse, im Heben der Arme und im Pendeln um den Standpunkt. Die Bewegung, der Weg der Gesten zeigt die Zeitqualität an.

Der Asiat kennt fünf Himmelsrichtungen, denn er bezieht die Vertikale zwischen Himmel und Erde mit ein. Es wird immer wieder darauf verwiesen, dass wir nur vier Elemente kennen, die Asiaten jedoch fünf. Darum die folgende Darstellung, die auch die unterschiedlichen Sichtweisen aufzeigt.

Das Ursymbol des Christentums ist die Durchdringung der zwei polaren Dreiecke. Vereinfacht führen sie dann zum Pax-Zeichen. Die fünf Elemente im Feng Shui sind harmonisch im Kreis aufeinander bezogen, sind gleichwertig. Bei uns ist das fünfte Element der Äther, »der göttliche Wesensbereich im Menschen«. In mittelalterlichen Bildern ist Christus das fünfte Element und entspricht dem platonischen Körper des Äthers als Quintessenz der vier Elemente.

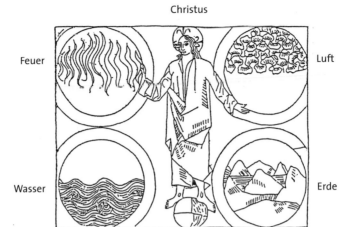

Mittelalterliche Darstellung

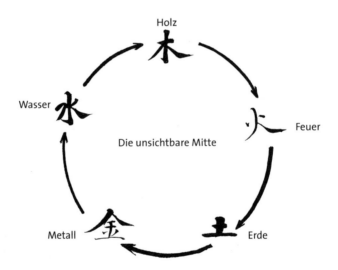

Die fünf Elemente in den verschiedenen Kulturen.

Im Kreis der Elemente spiegelt sich eine Form der Kommunikation wider, die so manchen westlichen Manager zum Verzweifeln brachte. Während er in seinen Vorschlägen zielgerichtet ist, umkreist der Asiat so lange eine unsichtbare Mitte, bis sie von allen erkannt ist. Das braucht viel Zeit und waches Wahrnehmen.

Die im christlichen Kreuz sichtbare Vertikale spiegelt Ziel und Sehnsucht wider: die vertikale Aufstrebung zum Göttlichen, zum Paradies nach dem Tode. Dadurch entsteht die Überbetonung des Geistigen und der Rationalität und die geringe Achtung dem Körperlich-Sinnlichen gegenüber. Statt sich in eine umfassendere Ordnung einzufügen, geht man seinen individuellen Weg – meist verzerrt in einer zu großen Ich-Betonung. Daraus folgt ein wesentlicher Unterschied in der Raum-Auslebung. Unsere Kultur ist die Kultur der Aufrichtung. Das zeigt sich im Stuhl, während Buddha liegt oder erdnah sitzt. In der Aufgerichtetheit entsteht die Kraft der Ausrichtung und Hinwendung zum Gegenüber, ebenso zur Aktivität, somit zur Yang-Kraft. Aufgerichtet nimmt sich der Mensch viel stärker als Individuum wahr.

Im Christentum ist die geistige Ausrichtung: »Wir leben nur einmal auf der Erde.« Der Körper ist die Hülle des Sündigen, des Genusses, des Leidens. Die Entwicklung innerhalb eines Lebens wird zu einer Form von Stress. Erlösung findet erst im Himmel statt. Im Osten ist Sünde eine Lernmöglichkeit, der Körper eine Hilfe. Von Leben zu Leben gibt es eine Entwicklung. Zur Entwicklung dienen Stille, Leere, Muße, Sitzen. Christus dagegen sagt: »Geh!« Aus dem Stehen heraus wird das Gehen leichter.

Synthese

Nach C. G. Jung ist es unmöglich, von unserem heutigen Kulturzustand direkt weiterzugehen, wenn wir nicht aus unseren Wurzeln Kraftzuschüsse erhalten und dem unterdrückten Primitiven in uns eine Gelegenheit geben, sich zu entwickeln. Es sei ein Irrtum, wenn wir auf unseren bereits verkrüppelten Zustand ein fremdes Gewächs aufpflanzen. Diese Sucht nach dem Fremden und Fernabliegenden sei krankhaft. Die östlichen Einweihungswege sind das Einsinken in die Weisheit der kosmischen Geheimnisse. Der Nordische braucht den mühevolleren Weg des Willens und des Mutes, das Ich aufzugeben, zu siegen. Im Osten lebt der Mutterkult, bei uns der Vater-Bezug.

Was wir lernen können, ist das Einkreisen und das Intuitive. Die anderen Denk- und Verhaltensweisen sollen uns aufhorchen lassen, um erweiternde Raum- und Lebensgestaltungen zu ermöglichen. Das so ganz Andere stellt dabei das Gewohnte in Frage und fordert zur Wandlung heraus. Es geht in unserer Zeit nicht mehr um noch mehr Lebenskraft im Raum, es geht auch nicht mehr ums Wohlfühlen, sondern um Sprünge in unserem Bewusstsein, um Menschwerdung.

Die japanische Lebens- und Raumgestaltung

Ich beziehe mich auf die traditionellen Bau- und Lebensweisen in Japan, als sie noch unberührt waren von der westlichen Zivilisation und ihrer jetzigen Industrialisierung. Diese sehr geraffte Zusammenstellung soll und kann lediglich die Impression einer so ganz anderen Lebensgestaltung geben und auffordern, unsere Methoden zu überprüfen.

Ich habe in der Überschrift die »Lebensgestaltung« nach vorne gerückt, um die hier so sichtbar werdende Auswirkung auf die Raumgestaltung zu betonen. Gerne verweise ich auf das Buch »Ästhetik und Gestaltung in der japanischen Architektur« von Bosslet, woraus ich in meinen Worten »zitiere«.

Intuition

Intuitives statt analysierendes Bewusstsein ist vorwiegend. Das erleichtert die Kommunikation untereinander durch Hören und innerlich aktives Dasein. Darum genügen die Andeutungen und Umkreisungen des Unausgesprochenen. Die Gehirnorganisation ist bei den Japanern anders: Die rechte Gehirnhälfte ist stärker ausgeprägt. Sein Denken ist komplexer, daher gibt es statt dem Entweder-oder immer das Sowohl-als-auch. Es kann dann auch Gegensätzliches nebeneinander bestehen, was für uns paradox ist.

Einfachheit

Die Leere im Zen spiegelt die »Armut« wider. Armut hat ihre eigene Würde, weil sie die Schwester der Einfachheit des Seins ist. Die Einfachheit und die Schönheit sind eins. Die Leere in den Räumen und die wenigen Gegenstände zeigen es auf. In einem fast leeren Raum verändert sich die Atmosphäre schon durch einen einzigen Gegenstand. Dann wird der Ausspruch des chinesischen Künstlers nachvollziehbar, dass China nicht den Machtanspruch habe wie Amerika. Ai Weiwei: »Wir Chinesen haben nicht den Willen, die Welt zu beherrschen. Das liegt an unserem pragmatischen Charakter. Was sollten wir praktisch davon profitieren?«

Naturverbundenheit

Wir nehmen Schönheit durch Maß, Proportion, Spannung und Inhalt wahr. Der Japaner erfährt sie intuitiv. Das rührt aus der großen Verbundenheit zur Natur und dem Shintoismus. Intuitive Bewusstheit folgt aus der Verbundenheit zur Natur. Man fügt sich fraglos den Naturgegebenheiten an, so gibt es etwa zwanzig Wörter für Regen – je nach Jahreszeit und Wind. Der Japaner ist sehr sensibel für feinste Veränderungen. Das verstärkt Gefühl, Emotion und den intuitiven Umgang mit Situationen. Durch die erlebte Natur wird Vergänglichkeit und fortwährender Wechsel anerkannt und gelebt. Der Blick in die Veränderlichkeit der Natur gibt dem Garten und den Veranden so große Bedeutung und dem Übergang zum Garten.
    Der Baustoff war das Holz, das viel vorhanden war. Es ist vergänglich, hat keine lange Lebensdauer. Holz ist nie toter Stoff. Die alte japanische Baukunst ist die hohe Kunst der Verbindung der Teile zueinander. Das Zusammenfügen brauchte liebevolles Handanlegen. Das Holz glänzt durch die gekonnte und liebevolle Art der Behandlung und braucht keinen Anstrich. Die Oberfläche kann atmen wie eine zarte Haut. Es brauchte Zeit und die Konzentration des Zen. Es waren die Äbte, die den Prinzipien der Konstruktion nachsannen: in Versenkung, in religiöser Fragestellung. Oft waren sie die Baumeister der Tempel.

Schönheit

Kunst wird spontan und impulsiv aufgenommen und ist Teil des alltäglichen Lebens. Kunst und Ästhetik ist nicht nur den Privilegierten vorbehalten. Jeder auch noch so gewöhnliche Gegenstand sei ästhetisch und genauso wichtig wie die Funktion. Die leichten Wände sind durch ihre Konstruktion voller Rechtecke und haben dadurch Ruhe, Einfachheit und Schönheit. Unsere glatten Wände fordern, wie auf Seite 112 beschrieben, zur Dekoration heraus. Die Sensibilität für Stoff und

Gefüge, für Funktion und Gestalt zeigt sich im Detail. Sie ist Teil der meditativen Erfassung eines Raumes.

Unvollkommenheit

Aus der Nähe zur Natur wird Symmetrie vermieden. Sie ist tödlich. Groß ist die Verehrung des Unvollkommenen, denn sie lässt zu, im Spiel der Fantasie ein Bild und ein Geschehen selbst zu vollenden. So wird das Anschauen eine Bildes ein aktives Mitschöpfen. Dadurch wird auch das Veränderbare betont. Der Vorgang ist das Wesentliche statt das Vollendete, Erstarrte. Nur was unvollendet ist, ist vergänglich. Die Kreativität des Schauens wird durch die bewusste Unvollkommenheit ermöglicht und fordert, nach eigenen Vorstellungen zu vervollständigen – im intuitiven Erfassen der Schönheit. Darin liegt der Ursprung für die Unvollkommenheit und Asymmetrie im Gestalten – wie in der Natur. Das Unvollkommene ist die anregende Kraft des Lebendigen. Ein Raum muss nicht eindeutig sein. Er wird durch das intuitive Denken zu einem Ganzen gefügt. Es ist oft nur Weniges das belebt, etwa die leichte Krümmung des Daches, wenn sie die Härte der Ordnung und der Konstruktion aufweicht.

Gleichheit der Menschen und die Gemeinschaft

Es überwiegt das Denken in Tradition, Staat, Sippe, Familie. Die Holzkonstruktionen spiegelten das Gefügte im Gemeinschaftsleben wider. Es gibt nichts zu verdecken, nichts ist nebensächlich, nichts drängt sich vor. Die genialen Holzverbindungen sind zugleich auch schön und offenkundig. Das Vollendete ist durch seine Zurückhaltung und Unauffälligkeit ästhetisch. In jedem dieser Details ist sichtbare Wahrheit und Einfühlung, geistige Zucht und harmonisches Zusammenwirken aller Elemente des Hauses. Jedes Detail ist im sinnvollen Zusammenhang des Ganzen. Harmonie entsteht auch dadurch, dass Hierarchien zur anerkannten Lebensform gehörten.

Eine weitere Entsprechung sind die Tatami-Matten, die das Grundmaß für einen Raum bestimmten. Alle benutzten die gleiche Größe, die gleiche Proportion. Die Tatami-Matten vereinheitlichten das Bauen und betonen das Gemeinsame, das

Verbindende. Der Japaner denkt additiv, indem er unabhängige Einzelheiten zusammenfügt – wie die Tatami-Matten. Durch die Matten ist das Haus von innen her gestaltet. Die Matte hat menschliches Maß. Sie ist so groß wie der Schlafplatz eines Erwachsenen. Die Matten erlauben durch das Verhältnis 1:2 eine Vielfalt von Möglichkeiten ohne Erstarrung. Dadurch wird Maß eingehalten, ohne zu versklaven. Gleichzeitig ist das Verhältnis musikalisch die Oktave.

Räume, aus edler Gesinnung geformt, fordern vom Menschen die gleiche edle Gesinnung im Wohnen.

Die Ich-Schwäche

Der Asiat kennt das Ich nicht wie wir. Er empfindet, dass alles zusammengehört und verwandt ist. Jean Gebser nennt das Ich-Schwäche. Das Wort »ich« gibt es noch nicht lange in der japanischen Sprache, was ein Hinweis auf das große Gemeinschaftsdenken ist. Er denkt immer als Glied einer größeren Gemeinschaft, das Individuum ist nachrangig. Durch den Anbau von Reis wurde gemeinsames Arbeiten erforderlich und prägte. Durch die Ich-Schwäche ist die seelische Gesundheit größer als beim Europäer. Andererseits sagt Gebser, dass die Fähigkeit der natürlichen menschlichen Zuneigung zum Mitmenschen fehlt, weil es ohne das Ich kein Du gibt.

Raum und Zeit

Die Zeit wird gänzlich anders erlebt, weil alles wie in der Natur als vergänglich angesehen wird. Leben ist ihnen zeitungebunden. Weil der Zeitbegriff fehlt, ist das Leben zeitlos und der Tod keine Unterbrechung. Die Sprache zeigt es auch hier auf, wenn es für Gestern, Heute und Morgen kaum entsprechende Worte gibt. Auch der Tod hat nicht den Stachel wie bei uns. Wo man nicht am Haben hängt, da fällt das Abschiednehmen, das Sterben nicht schwer, und man hadert nicht mit seinem Schicksal. Gebser drückt das so aus: »Wenn ein Asiat stirbt, stirbt zumeist kein Ich. Man stirbt als anonymes Mitglied der Sippe. Ein Blatt fällt vom Baum; der Baum, auf den es ankommt, bleibt; zudem fällt das Blatt hinab in das Wurzelwerk des Baumes: Es bleibt im ewigen Kreislauf.«

Kein Ein-Gott

Volkszählungen haben ergeben, dass ein Japaner mehreren Religionsrichtungen sich zugehörig fühlt. Das Bild vom Einen Gott ist eine Zuspitzung unserer Kultur. Dabei dürfen wir bedenken, dass im Germanischen, also unserer eigenen Kultur, »Es«, das *guda*, hieß für Gott. Der sächliche Artikel beinhaltet das Weibliche wie auch Männliche. Die Marien-Verehrung der christlichen Kirchen wurde später eingeführt, um das Sehnen nach dem weiblichen Aspekt Gottes zu berücksichtigen.

Betonung nach innen

Die Betonung und Gestaltung des Innenraumes meint den Raum und den Seelenraum. Auch dies zeigt sich in der materiellen Gestaltung. Der Kimono der Frau ist auf der Innenseite sorgfältiger verarbeitet als auf der äußeren Oberfläche. Der Bezug nach innen birgt wie jede Bewegung eine gegenläufige: die Hinwendung und Offenheit nach außen. Fassade in unserem Sinne gibt es nicht. Wenn ein Japaner »Haus« sagt, meint er das Innere. Es ist unsere Yang-Betonung, wenn wir die Fenster zum Hinaus-Schauen haben, als Aus-Schnitt der Natur. In Japan geben die Wände durch die Bespannung ein mildes Licht. Statt Glasfenster gibt es lichtdurchlässiges Papier. Das zerstreut und dämpft das Licht und bildet keine schwarzen Spiegel in der Nacht. Durch die Papierfenster entsteht ein eher graues Raumlicht, das Ruhe ausstrahlt. Wird die Wand verschoben, öffnet sich der Innenraum zum Garten. Der Garten dient ebenfalls der Verinnerung. Es entsteht ein Wechselspiel zwischen innerem und äußerem Innenraum. Mit jeder unterschiedlichen Öffnung entsteht ein anderes Rechteck. Jedes Rechteck hat seinen eigenen Gefühlsausdruck und durch seine Proportion eine harmonikale, musikalische und geistige Qualität. Das wiederum erzeugt ein unterschiedliches Wahrnehmen des Außenraumes.

Flexibilität

Flexibilität ist eine der wesentlichen Eigenschaften japanischen Schaffens. Durch die Konstruktion ist leicht ein Anbau möglich. Die wenigen Möbel im Raum können schnell »umgenutzt« werden. Schränke nehmen die Möbel und Tatami-Matten auf – da sind Möbel wirklich mobil. Die Türen der Schrankwände sind nicht betont und wirken deshalb neutral, als Teil der Wand und der Architektur. Durch diese Beweglichkeit wird das Wohnen ein aktiver Akt. Raum wird geschaffen durch Wandschirme und Stellwände, dadurch entsteht eher ein psychologischer Raum. Solche Räume fordern zu einer feinfühligen Architektur heraus, damit ein leerer Raum mehr ist als seine Leere, mehr als ein möblierter Raum. Durch die ästhetische Ordnung wirken die Räume nicht leer, vielmehr haben sie eine geistige, eine fühlbare Ordnung. Unsere leeren Räume hingegen erzeugen das Gefühl von Leere.

Anregungen zur erweiterten Raumgestaltung

Zusammenfassung
- ★ Veränderungen im Raum ermöglichen. Wechsel von Bildern und Motiven an der Wand – je nach Stimmung, innerer Entwicklung, Jahreszeit und Hoch-Zeiten. Farbliche durchscheinende Vorhänge, leicht Bewegtes einbeziehen. Die Dämmerung erlebbar machen.
- ★ Möglichkeiten schaffen, auf dem Boden zu sitzen: erzeugt ein anderes Raumgefühl.
- ★ Geometrische Strukturen und Organisches verbinden. Wandecken ausrunden, ebenso Wand zur Decke bzw. dort einen Fries anbringen. Scharfe Ecken mildern oder »informieren«.
- ★ Raum mit Pflanzen und Wasser beleben.
- ★ Übergänge von innen nach außen schaffen.
- ★ Wechselndes Licht, weiche Schatten, Helles und Dunkles schaffen.
- ★ Dem Numinosen und Geheimnisvollen einen Ort geben.
- ★ Einen unbetretenen Raum – insbesondere im Garten – schaffen.
- ★ Das Sinnliche betonen: Wechsel im Bodenbelag, unterschiedliche Temperaturen je Raum.
- ★ Dissonantes als Anregung betrachten. Unaufgeräumtes – nicht nur im Keller und Dachboden – zulassen.
- ★ Höhle und Nest – Raumecke und Fensterplatz.
- ★ Gemeinsame und private Räume.
- ★ Harte und weiche Stoffe.

★ Planungsgeschehen als Ritual und Prozess: Dauer, Chaos, Pause, Neuorientierung. Mut zur Veränderung. Bauen als Wachstum.
★ Verbinden: ahnende Wahrnehmung und Analyse, Intuition und Ratio, Gemeinschaft und der Einzelne.

Annäherung an die Unterschiede

Jeweils ohne Wertung. Bezogen auf die ursprüngliche Lebensform in Asien.

Im Osten Yin-betont	*Im Westen Yang-betont*
Geschehen lassen	Tun. Eingriff. Mitschöpferisch sein
Intuition	Rationalität
Sippe, Familie	Person
Polytheismus	Ein-Gott-Bezug
Umkreisendes Denken	Zielgerichtet
Tradition	Zukunft
Mutterkult	Vater-Bezug
Ich-Schwäche	Ich-Stärke
Geschichte	»Neu«
Der Weg ist das Ziel	Das Ziel führt den Weg
Intuitiv-mental gefunden	Radiästhetisch gesucht, geprüft, gemessen
Körper-Zuwendung	Körper-Ablehnung
Hier und Jetzt	Transzendenz
Polar im Tao des Yin und Yang	Dual in Gegensätzen
Materie, die 4, der Würfel	Trinität, die 3
Quadratur	Triangulatur

Gestaltungskriterien

Im Westen
Symmetrie
Einheitlichkeit der Wiederholung
Ähnlichkeit

Statisch und Festgeschrieben
Formal ausgerichtet
Abstraktheit
Systematik
Speziell
Konstruktiv
Primat der Hierarchie
Widerspiegelung eines Hauptthemas
Grenze setzen zwischen Innen und Außen
Zum Nachbarn und den Räumen untereinander
Jeder Raum hat seine eigene Funktion
Spannung aus Gegenüber von Masse und Raum
Betonung und Ausdruck des Individuums
Scheu vor Ritualen

Im Osten – am Beispiel Japan
Unvollständigkeit ist beabsichtigt, dadurch ist das System offen
für neue Entwicklungen und andere Harmonisierungen
Vermeidung von Wiederholungen
Harmonisierung und Wechselbeziehung zwischen ungleichen Elementen
Grenzauflösungen
Langsam wachsend
Dynamisch
Veränderbar und organisch
Familie und Tradition dominiert

Vom Sinn des Schmutzes

Einstimmung

> *Zwei Gefahren bedrohen die Welt.*
> *Die Ordnung und die Unordnung.*
> Paul Valéry

In unserer Zivilisation wuchert die Hygiene, als ob uns die Zeit der Seuchen und Infektionen noch verfolgt. Unsere Wohnräume werden immer mehr zu Wohnmaschinen. Sie sind blitzblank wie Maschinen und funktionieren wie sie. Ihre Sauberkeit grenzt an die Leblosigkeit von Laborräumen. Es sind jetzt andere Ursachen als die Furcht vor Ansteckung, vielmehr sind die Scheu vor dem eigenen inneren Schmutz. Je lebloser ein Mensch lebt, umso steriler ist seine Wohnung. Leblos heißt, den Lebenstrieb zu unterdrücken. Zum Trieb des Lebens gehört aber auch das Dunkle, das Unsaubere in uns, die sogenannten niederen Regionen des Bauches, Beckens, Afters und Geschlechts. Dort mögen wir nicht hinsehen und anerkennen. Wir verdrängen Leben durch übertriebene Sauberkeit und Hygiene. Die aber hat im kecken Wortspiel nichts mit Genius zu tun.

Im Säubern stecken tiefe Ängste. Wir verdrängen unseren individuellen Reinigungsprozess – unser Wandlungsgeschehen. Das Ungute der Welt sehen wir oftmals im anderen. Und tragen den persönlichen Schmutz ins Allgemeine, ins Soziale, in die Umwelt. Durch die nötigen und vielen Wasch- und Lösungsmittel für diese Sauberkeit, vergiften wir unser Grundwasser, die Fische in den Flüssen, das Trinkwasser. Unsere Ordnungs- und Sauberkeitsprinzipien entsprechen unserer Moral und der Leibverdrängung. Der Sauberkeitswahn ist geistlos, wenn die Aufmerksamkeit zum Staub, zum Schmutz und nicht zum Gegenstand hin sich wendet. Es fehlt die Liebe zum Ding und moralisiert den Dreck. Unsere Überbetonung frisst zudem Energie.

Es gibt einen tieferen Grund, der Hygiene zu frönen. Durch die Freiheit, sich als Individuum zu entwickeln, sind wir dem Mutterbauch des Kollektiven entwachsen. Das Individuum war bis jetzt im sicheren Schutz des Konventionellen. Wir haben Angst vor der Individuation, denn das heißt auch, sich dem eigenen Schatten zuzuwenden. Leichter ist es, den Dreck stellvertretend im Außen wegzuwischen. Das Unbewusste, das uns mehr bestimmt als wir wissen, ist dunkel. Es gibt »einen Stau an Schmutz im Unbewussten (...) in direkter kompensatorischer Proportion zur ›Sauberkeit‹ des bewussten Ichs«, wie es Liz Greene ausdrückt.

Schmutz ist da. Ist unvermeidbarer Teil unseres Tuns. Schmutz ist Teil unseres Lebens und entspricht den nicht durchlichteten Seiten unserer Seele, den dunklen Seiten in uns. Wir leben die äußere und innere schmutzige Ecke mit schlechtem Gewissen. Doch könnte es nicht – in ironischer Anlehnung zum Adyton, dem unbetretenen Raum – eine Stelle geben, die schmutzig bleiben darf? Zu der man steht und die man im Bewusstsein hat. In dieser Klarheit darf auch ein Keller, das Unbewusste symbolisierend, oder der Dachboden, das »Oberstübchen«, ein unaufgeräumter Raum bleiben.

Dreck ist auch eine Frage der Anschauung. Ein Fleck auf dem frisch gewaschenen Hemd – ist das Dreck oder gar erhöhende Aufmerksamkeit auf das Frische? Mit dem ersten Fleck ist ein soeben erworbenes Kleidungsstück manchem erst zu eigen geworden, eine Art Signatur. Gäbe es schon das von der Industrie gesuchte Mittel, dass nichts mehr an der Kleidung und den Dingen mehr schmutzig würde, dann entfiele die Chance der Berührung, die Ding-Nähe.

Und die Freude am Neuen, Frischen. So kann die Begegnung mit dem Schmutz auch seinen Charme haben. Welch Unterschied, ob ein griechisches Haus jeweils vor Ostern neu mit Kalk geweißelt wird oder die Kunststofffarbe alterslos bleibt. Schmutz darf reifen, bis der Glanz kommen will. Spinnweben »fangen« die Seele des Raumes ein. Die Gebrauchsspuren, die Schatten des Rauches eines Feuers, sie sind Spiegel der Geschichte eines Raumes. In Japan steht das Hässliche und das Schöne oft nebeneinander, schließt sich nicht aus, kann das Schöne herausheben. Nicht Klinisch säubern, denn sonst wäscht man die Seele des Hauses raus. Mit der Herzkraft reinigen!

Der Schmutz birgt auch noch andere Vorzüge. So haben Krankheiten der Atemwege verschiedene und meistens miteinander verbundene Ursachen. Die Forschung schließt nicht aus, dass dazu auch die übertriebene Hygiene zählt, weil dadurch das Immunsystem nicht angeregt wird.

Gaston Bachelard spricht von der Freude am Reiben, Putzen und Polieren, die keine hinreichende Erklärung in der peinlichen Sorgfalt gewisser Hausfrauen findet. Dann gibt er das Bild vom Lächeln und Frieden eines Arbeiters, wenn die »hitzige Beschleunigung sich beruhigt hat und die verschiedenen Rhythmen zusammenschwingen«.

Versteckt ist die Lust an der Unordnung wohl doch vorhanden. Warum bleiben immer Reste und Häufchen nach dem Säubern über? Vielleicht ein Thema der Dissonanz? Oder ein Offenlassen, damit Neues möglich wird? Kaum ein Bau ist wirklich fertig, kaum ein Neubezug einer Wohnung völlig beendet. Da geschieht unterschwellig die Faszination, noch etwas tun zu können. Viel innere Anspannung würde abgebaut, akzeptierte man, dass man immer einen Rest vor sich herschiebt, wie ein Schiff die Bugwelle. Andererseits sind da die liegengelassenen Taten – manchmal Jahre vor sich hergeschoben, dann in Minuten fast getan, aber Ewigkeiten bedacht. Es ist offenbar eine Kunst, mit Unaufgeräumtem umzugehen.

Von unserer Verantwortung

Hygiene ist der Ersatz für den Genius der Ding-Begegnung.

Wir delegieren das Reinigen unserer Räume oft an uns fremde Menschen und nehmen uns dadurch die Chance der Begegnung mit den uns nahestehenden Dingen und die sinnliche Berührung. Auch geben wir dadurch unsere Verantwortung für das Ungeordnete und Schmutzige an einen anderen Menschen ab. Bei einer Familie, in der alle die Räume benutzen und somit alle in der Verantwortung stehen, könnte das gemeinsame Reinigen wie zu einem Ritual werden. Besonders, wenn es im gemeinsamen Beginn und Ende und zu wiederholtem gleichen Tag geschieht. Dann bekommt ein solcher Wochentag seinen eigenen Duft und es wirkt die Kraft der Wiederholung.

Was heißt »reinigen«?

Es sind die Worte »säubern« und »reinigen« deutlich zu trennen. Säubern meinte ursprünglich auch ein sittliches, aber auch nüchternes Reinigen und ist veräußerlicht im Sinne von Dreck entfernen. Das Wort »reinigen« meint ursprünglich »scheiden, sichten, sieben« und bedeutet jetzt »unvermischt« – Trennung von Dingen und Energien, die nicht zusammengehören. Dadurch wird Reinigen zu einem geomantischen, feinstofflichen und energetischen Geschehen. Dreck kann man nicht reinigen, nur entfernen. Reinigen sollte eine wahre Hand-Habung durch Be-

Greifen sein – dann erkennen und würdigen, den Gegenstand wesenhaft werden lassen. Reinigen wird dann ein jeweils Wiedergewinnen, ein erneutes Erwerben des Dinges.

Aber was trennt man? Es sind die feinstofflichen Qualitäten, die sich anlagern. Es ist nicht der Staub allein, der entfernt wird. Mit ihm werden die an ihm anhaftenden Informationen entfernt. Wie so vieles in unserem jetzigen Leben, geht es um Information, man spricht ja auch von unserem »Zeitalter der Information«.

Anhaftende Informationen

Früher hieß es, dass ein Rosenkranz seine Wirkung verliert, wenn er zu Boden gefallen war. Ikonen dürfen nicht mit Blitzlicht fotografiert werden, damit die in mindestens vierzig Gottesdiensten angesammelte »heilige Schicht« nicht abfällt. In der Radiästhesie spricht man von »Informationstragenden Mikroenergien«, abgekürzt IME. Damit sind anhaftende Informationen gemeint wie Emotionen, Angst, Hass, Wut, Streit, negative Gedanken, Neid, Eifersucht, Sorgen. Sie können durch kurze Frequenzen abgeschüttelt werden. Dazu dient Teppichklopfen, Betten schütteln, Böllerschüsse zu Sylvester, laute Feste, Dosen hinter dem Hochzeitsauto, Klatschen der Hände in den Raumecken, Polterabend, Scherbenwerfen vor dem Hochzeitstag. Viele Rituale bedienen sich dieser Kraft, um Altes zu lösen. Beispiel Staubwischen: Staub besteht zu achtzig Prozent aus winzigen Hausstaubmilben und ihren Exkrementen. Sie sind so klein, dass man sie nur unter dem Mikroskop erkennen kann. Staub nimmt leicht Informationen auf. Man sagt nach dem Säubern: »Das Haus strahlt.« Nicht nur, weil Staub die Aura eines Dinges dämpft, sondern weil die anhaftenden Informationen entfernt wurden. Schaut man auf weitere Arbeiten der Hausfrau, dann kann man sie getrost als besonders aktive Geomantin bezeichnen. Wenn Staub bewusst eine Zeit lang liegen gelassen wird, ist er gesättigt. Wird er dann entfernt, so kann man aktuell seelisch Wirkendes mental mit hinaustragen. Dann verbindet sich Raumpflege mit Pflege des eigenen Inneren. Und das Säubern bekommt eine höhere Bedeutung.

Die Freude am Fensterputzen erklärt sich, weil an den Öffnungen die Energie gebündelt fließt. Vom Schmutz werden die Fenster informiert. Eine weitere einfache Regel ist die sogenannte Besentheorie: Dort, wohin man nicht mit dem Besen kommt, da sammeln sich die Informationen.

»Gebundene« Informationen

Es gibt drei Materialien, die Informationen binden können.

Vom *Wasser* ist es uns in der Homöopathie vertraut. Auch die Forschungsergebnisse von Masuro Emoto bestätigen die Wirkung. Karen Kingstone empfiehlt, am Bett Wasser offen stehen zu haben, um die Ausdünstungen der Nacht aufzunehmen (jedoch nicht davon zu trinken, sondern nur aus einer geschlossenen Flasche). Die Römer bauten Katarakte in den großen Wasserleitungen ein, um durch den Fall des Wassers das molekulare Gefüge zu verändern und enthaltene Informationen herauszuschleudern.

Holz speichert ebenfalls. Durch Instrumente, deren Klänge reich an Obertönen sind, können Informationen gelöst, aber auch erhöhend eingespeichert werden. Besondere Aufmerksamkeit brauchen Holzhäuser. Mögen sie auch noch so baubiologisch sein, sie wirken nicht nur durch das Material, sondern auch als Klangkörper. Sie können deshalb negative Schwingungen wie Elektrosmog verstärken.

Quarz-Gestein bindet besonders stark. Die Kratzspuren an manchen Kirchen rühren aus Zeiten großer Epidemien. Der Quarz hatte die Kraft der Gottesdienste aufgenommen und wurde in Spuren dem Essen zugemischt. In Räumen sind die Informationen nur schwer zu lösen. Sie können aber auch Spiegelungen und damit Herausforderungen der neuen Bewohner sein, wenn das Haus belastet ist. Für uns bemerkenswert ist, dass im Bundesstaat Washington beim Kauf eines Hauses bekannt sein musste, ob jemand dort durch Gewalt gestorben war.

Wege der Reinigung

Aktive Geomantie ist ein energetisches Wirken, ist Eingriff in ein Gefüge, sei es Raum, Haus oder Ort und hebt eine Einheit auf. Es entsteht ein Umbruch, in den ein erhöhender, geistiger Impuls gegeben wird, damit eine neue, reichere Einheit entstehen kann. Auch Reinigen ist ein Eingriff in ein Gefüge. Damit entsteht Verantwortung. Gerade das Reinigen ist für mich die Verbindung von Raum- und Lebensqualität, wenn die äußere Reinigung sich mit der inneren verbindet. Wenn man vor dem Reinigen innehält und entscheidet, wovon man sich innerlich lösen will.

Dienlich ist es, sich einzuschwingen in besondere Zeiten:
★ Frühjahrsputz zur Zeit des Aufbruchs der Natur.
★ Der November als Wandlungszeit des Skorpions im Selbst-Absterben.
★ Unterstützung durch andere Wesen zu Allerheiligen.
★ Gründonnerstag, vor der Neuordnung.
★ Zeiten des Übergangs: Verlassen eines Hauses, Neubezug, Umbau.
★ Putz bei abnehmendem, lösendem Mond.

Beispiele

In einem Altenheim konnten Zuziehende sich ihren Raum wählen. Es wurde festgestellt, dass man den Raum wählte je nach Qualität des Vorgängers, der dem eigenen Wesen entsprach. Sei es, dass man pedantisch war oder unter Platzangst litt. Ein friedfertiges Ehepaar bezog ein Hotelzimmer und begann gegen alle Gewohnheiten zu streiten, sobald sie gemeinsam im Bad waren. Später erklärte die Inhaberin des Hotels – die geomantisch geschult war –, dass sie versäumt hatte, das Bad mental zu reinigen. Darin hatte vorher ein Paar stundenlang gestritten.

 Jemand sammelte afrikanische Masken, die er nun im Keller versteckte, weil sie ihm so wenig gut taten, dass er kränkelte. Es wurde nachgehorcht, warum er damals die Masken erworben hatte und was ihn dadurch von seinem vorgesehenen Lebensweg abgebracht hatte. Ein Teil der Masken fand seinen Ort in einem Museum, wo sie in guter Gesellschaft waren. Den Rest wollte er vergraben und das Grab pflegen und sich dabei erinnern, was er nun in sein Leben bringen wollte.

 Die engen Türen, die es früher seitlich in den Kirchen gab, nahmen die Informationen aus dem energetischen Umraum des Menschen ab. Prof. Eike Hensch konnte die Geschehnisse bei einem barocken Jagdschloss an der Schwelle radiästhetisch mit der Rute abfragen.

 In einem mecklenburgischen Pfarrgarten stand ein Baum, dessen Stamm sich so verzweigte, dass ein Loch entstand. Der Pfarrer erzählte mir, dass kränkelnde Menschen dort früher hindurchgezogen wurden, um die energetisch beanspruchenden Informationen aus dem Umraum des Menschen aufzunehmen.

 Bei der Renovierung eines Raumes ergab die Untersuchung mittels Rute, dass die unter der entfernten Tapete noch klebenden Zeitungen zu entfernen sind, weil sie – da aus Holz – informiert waren.

Konkretes Reinigen

★ Die Räume als Wesen erkennen und würdigen, mit ihnen sprechen. Davon erzählte mir eine ältere Frau, die nun in einem großen Haus alleine lebt. Sie sagt dem Raum: »Dich putze ich nur jede zweite Woche. Du darfst ruhen.«
★ Erst grobstofflich reinigen. Danach feinstofflich durch Räuchern, Singen, Obertöne, Salz in den Ecken. Zum Schluss: ruhen lassen.
★ Nach einem Streit mit Tuja räuchern.
★ Gegenstände mit Wasser oder reinem Alkohol und mit einem Leinentuch oder Schafwollfell abreiben. In Wind und Sonne stellen. Die Sonne mit ihren UV-Strahlen vernichtet auch die Milben.
★ Statt Staubsaugen: Nasswischen, sonst werden die Mikroben »geöffnet«. Staubsauger mit Filter gegen Milben. Teppiche möglichst vermeiden. Sie nass saugen.
★ Bettzeug, Matratzen, Polstermöbel besonders pflegen. Statt fegen besser feucht wischen.
★ Viel lüften. Lüften reinigt auch von Radon und ionisiert und entlässt das vom Menschen ausgestoßene CO_2.
★ Rosenwasser, ätherische Öle, unbehandelte Naturschwämme, Pflanzenseifen benutzen.

Das Säubern mit Liebe und Freude tun, nicht gequält, weil es sein muss. Wer es eingeübt hat, kann mittels Biometer nach Bovis den Raum vor und nach dem Reinigen auch messen, um die energetische Veränderung vor Augen zu führen.

Die Klagemauer

Wie gehen wir mit unseren eigenen Emotionen und Ängsten um? Ihre Wirkung im Raum kann gemeistert werden – durch die Jammerecke. Die Klagemauer ist auch Architektur, ist Raum-Kunst. In einer Jammerecke zentriert man die emotionalen Nöte, statt sie im Raum und unter Menschen zu verteilen. Eine solche Raumecke ist zudem auch leicht zu reinigen. Klagen gegen die Wand macht demütig, denn es gilt das Gesetz, dass der Einfallswinkel einer Schwingung gleich dem Ausfallswinkel ist. Dadurch prallt das Geklagte auf den Klagenden zurück und macht ihn in gutem Sinne klein – baut energetisch ab.

Eine Empfehlung, wenn es Zeit zum Jammern ist und besonders sinnvoll vor einer Meditation, um gute Gebete nicht mit Altem zu vermischen: Stellen Sie einen Wecker und jammern Sie zehn Minuten, »was das Zeug hält«. Nicht länger, aber auch nicht kürzer. Sie werden staunen, was geschieht. Dabei Stirn und Hinterkopf mit den flachen Händen halten. Danach den Körper ausschütteln und bewusst aus der Ecke heraustreten.

Baustile – Zeichen der Wandelkraft

In wenigen Worten möchte ich hier einen energetischen Hintergrund der Baustile aufdecken. Bewusst wähle ich kurze Sätze oder schreibe eher assoziativ, um anzudeuten und um in den Zwischenräumen eigenes Wahrnehmen zu ermöglichen. Aus der Geschichte der Architektur wird ein spiritueller Weg herausgehoben, ohne meinen Anspruch an wissenschaftlicher Stichhaltigkeit. Es sei eher erfühlt im poetischen Erleben, wie der Wandel des kollektiven Bewusstseins im Bauen und in der Formensprache erkennbar ist. Anregend und ermutigend zu einer so gerafften Darstellung waren die Bücher von Amman, Gessner und Richter.

In den Baustilen wird die Kraft des Wachsens auch in der Menschheitsgeschichte sichtbar. Dabei kann es sich hier nur um die Beschreibung von Meilensteinen handeln: Die Folge der Baustile zeigt exemplarisch, wie der Mensch in jeweils höhere Bewusstseinsstufen stieg. Das kann zur eigenen Individuation ermutigen und im Ausdruck seines eigenen Bauens und Wohnens sich verwirklichen.

Schaut man auf eine Weltkarte, dann ist Europa winzig. Im Vergleich zu anderen Kulturen jedoch fällt auf, wie vielfältig unsere Baustile sind, wie rasch sie aufeinander folgen und wie intensiv die Wechsel sind. Es ist, als entstehe im Raum- und Zeitgeschehen ein Spannungsfeld, das zur Individuation drängt. Die europäische Kultur begann ja mit der Geburt der Persönlichkeit und dem Willen nach Erkenntnis. Das Wachsen der Stile liegt im Spannungsfeld der europäischen Seele. Die explosiven Spannungen waren und sind zwischen Süden und Norden, Westen und Osten, Papst und Kaiser, Luther und Rom, Revolution und Diktatur. Betrachten wir neben der Geschichte der Baukunst die politischen Geschehnisse, wird uns das Spannungsfeld der dunkel wirkenden und zerstörerischen Kräfte stark bewusst – aber auch das sich jeweils Erhöhende.

Dieses Thema lege ich hier dar zur Ermutigung, alle Spannungen als formbildende Kraft zu akzeptieren und auszuleben. So frage ich mich – weil unsere Lebensart jetzt die Welt ergreift –, in welcher Verantwortung wir durch unsere Geschichte stehen. Auch zeigt sich, wie intensiv und damit vorwärtstreibend evolutionär im Vergleich zu anderen Kulturen unsere Geschichte ist. Dann darf neben der Verantwortung auch Stolz da sein. Die globale Umbruchzeit wird deutlicher.

Baustile entstehen durch Bau-Kunst. Solange Gebautes nur der reinen Existenzsicherung dient, entsteht keine Kunst. Somit geben Stile die geistige und spirituelle Lebensart und Lebensstufe einer Epoche wieder und sind architektonischer Ausdruck einer Zeitepoche – in ihrer Einheitlichkeit. Wie das Haus und die Säule den aufgerichteten Menschen im Raum spiegeln, so spiegeln die Gestaltungen des Menschen – in der Erscheinungsform der Stile – seinen Bewusstseinsweg, im Raum der Zeit. Baustile verwirklichen das gemeinsame Lebensgefühl einer Zeit, das entstanden ist durch Sprünge des Wissens und Weitung des Seelenraumes. Die Baustile spiegeln den Weg zur Individuation. Früher war es der zentrierte Bauwille einer Zeit und wirkte durch einzelne Menschen, die mächtig waren und Freude an der Selbstdarstellung hatten – Päpste, Fürsten, Könige, Bischöfe und später die bürgerlichen Kapitalsträger einer Stadt. Sie waren energetisch die Spitze der Gesellschaft in gebündelter Kraft und der Möglichkeit des freien Ausdrucks. Tempel, Schlösser, Rathäuser, Kirchen und Städte sind nach einer Idee gebaut.

Bei der Beschreibung der Baustile kann spürbar werden, dass sie in ihrer Abfolge im Zeitverlauf schwingen. Wie ein Ein- und Ausatmen, in Bewegung und Gegenbewegung. Es ist ein sich Ausdehnen in die Welt hinein, dann ein Zentrieren nach innen, hin zum Individuum – im Verinnern seelisch und geistig orientiert, oder aber dem irdisch Äußeren, dem Sinnlichen der Welt zugewandt.

Beispiele: Raumzentrierung der Kuppel oder Weggestaltung in der Basilika. Vertikal zum Himmel strebend, dann wieder horizontal in die Materie sich weitend. Sich dem Göttlichen zuwendend und dann mehr dem Menschen an sich. Der Natur sich einschmiegend und dann mehr sie zur Gestaltung zwingend. In diesem Schwingen wachsen sie zu einer nächsten Vollendung.

Dieses Kapitel zeigt auch die Verwirklichung der Formen auf. Die Entwicklung der Stile ist auch eine Geschichte der Grundformen: Quadrat, Dreieck, Kreis, Oval, ebenso das Thema: innen und außen. Der Weg zu den Formen ist der Weg der Geometrie, ist Formschaffung aus dem Geist heraus. Auch die Formen spiegeln das Steigern und den Wandel des Bewusstseins. Da es sich um Räume und

Flächen handelt, sind die Grundformen von Dreieck, Kubus und Kreis zuerst dominierend, sie entsprechen den platonischen Körpern. Das Fünfeck kommt in der Architektur kaum vor, außer in Details und Dekor.

Die einzelnen Baustile

Ägypten 2600 bis 2500 v. Chr.

Unsere abendländische Baugeschichte beginnt mit den Pyramiden, denn auch die griechische Baukunst rührt aus Ägypten. Die Pyramide bedeutete den Ägyptern das Auftauchen des Urhügels aus dem Urwasser und meint die Entstehung der Welt. In der Wüste, fern der dunkel, kalt und heiß wuchernde Natur, liegen die Pyramiden – in der Härte von Tag und Nacht. Die Form ist wie ein einziger Kristall und grenzt ans Kosmische in seiner reinen Geometrie. Unwirklich sind sie für uns, weil jenseits des menschlichen Maßes und seiner Gestalt gebaut: unmenschlich, gar übermenschlich.

Grundriss   Aufriss   Räumlich

Die Pyramide ist ins Gegensätzliche gestellt – in Ruhe und Steigerung. Sie entspricht den platonischen Körpern »Feuer« und »Erde«. Ihre feurige sehnende Form spitzt sich zu auf Gott, der im Pharao sich verwirklicht. Das Feuer als Symbol des Lichts ist der Spitze zugeordnet. Die Masse ruht auf dem Quadrat der Erde. Die eindeutige Ausrichtung ist vertikal gen Himmel zugespitzt und horizontal genau ins Kreuz der Himmelsrichtungen gestellt. Aufgebaut von der Masse unzähliger Menschen, deren Leben sich der Verwirklichung zum Göttlichen an einen Einzigen, den Pharao, verausgabt. Der einzelne Mensch gilt nicht, er geht auf im gemeinsamen Ziel. Gleichzeitig fühlt er sich eingebettet ins göttliche Sein, in fragloser Gewissheit.

Das massive Bauwerk ist unzugänglich, bewegt nur in der Bewegung ins Innere hinein für den gestorbenen Gott, den Pharao. Die Schwere bedrängt den Erdboden. Gegen diese Last bildet sich ein unsichtbarer Gegenraum im Erdreich und erzeugt das Sehnen nach einem eigenen Raum ... Ein erstes Erahnen der Krypta.

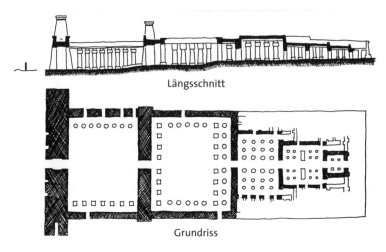

Der Tempel von Medinet Habu.

Auch die Tempel sind nur nach innen gewandt. Die tiefen Kammern dienen der Wandlung durch den Tod bzw. sind dem Tod geweiht. Der heilige Raum des Tempels ist nur dem Priester zugänglich, das Licht der Sonne ins Dunkel zu tragen. Der Priester trägt es nach der Wandlung zur Gemeinde hinaus. Die Größe des Tempels wird erahnt durch die Gestalt eines Menschen, die links im oberen Bild angedeutet ist.

Kubus und Mensch.

Das Herauswachsen aus der Erde findet sich auch in den Skulpturen wieder, in denen der Mensch Teil des Kubus ist, aus dem er herauswächst. Er hockt wie im Mutterleib – dem Würfel, der Mater, der Materie – in der Hoffnung der Auferstehung.

Griechenland 700 bis 200 v. Chr.

Die Tempel wurden für alle sichtbar auf Höhen gebaut, als erhöhende Krönung des Hügels. Es findet sich die Unbetretbarkeit des Tempels wieder in der *cella* des griechischen Tempels. Nun aber ist es ein Rechteck, eine Weitung und Weiterung des Kubus. Auch hier ist der heilige Bereich nur dem Priester oder der Priesterin zugänglich – in der Begegnung mit der Götterstatue. Jedoch ist nun alles nach außen gewandt und ruht dabei in sich. Hier kann der Mensch zum Tempel kommen, ihn von allen Seiten erreichen. Er kann ihn von seinem eigenen Standpunkt aus, seiner eigenen Freiheit heraus erblicken. Der Innenraum ist nun umhüllt von Säulen. Der Zwischenraum der Säulen, die Luft, atmet im Vibrieren des Lichts. Licht ist der Übergang zur Natur. Diese Hülle ist wie ein Gewand, das in seinem Faltenwurf das Auge bewegt. Die Hülle zeigt, was es beinhaltet. Die Säulenreihe ist so, wie jetzt die Bürger ein Gemeinsames bilden. Es ist eine nach außen gerichtete Architektur, im Anerkennen der Summe der Menschen und Akzeptanz des Individuums in der Elite. Hier ist das Maß, der Mensch einbezogen.

Den Ägyptern war die Säule gleich einem steinernen Baum ein Himmelsträger. Jetzt wird die Säule zur Spiegelung des Menschen, gestellt zwischen Himmel und Erde: trennt beide, erkennt ihr Einssein und belebt den Zwischenraum durch eigenes Bewusstsein. Der Mensch ist einzeln wie jede Säule, aber Teil der Gemeinschaft, in der Aufrichtekraft seiner Gestalt. Der Schatten der Säulen gibt Tiefe. So das Eine und das Viele – die Geburt der Demokratie. Irdisches und Göttliches wird als eins gesehen und gelebt. Die Bäume sind den Menschen gleichgestellt, die Menschen umringen das Heiligtum. Es wurden die Maße des Menschen zum Maßstab der Proportionen. Hier spielt auch das Licht um den starren Körper ... So vieles ist Spiel, ist Heiterkeit und Ernst. Das starre Stehen der ägyptischen Statuen war eingebettet in ein unpersönliches Ganzes. Die Entfaltung des Spielbeins sehen wir in der griechischen Skulptur. Es ist das Knie des anderen Beins, das nachgibt. Es ist das Erahnen eines ersten, eigenen Schrittes – hin zum Individuum.

Der Grieche ist als Individuum vereinzelt, herausgetreten aus dem einhüllenden Ganzen, dem göttlichen Einssein. Herausgetreten aus der Einheit, muss er nun eigenständig das Leben begreifen. Es ist die Philosophie, die nun trägt, nicht mehr das fraglos Göttliche. Das bedarf einer Ordnung in der göttlichen Harmonie. Einheit und Vielfalt. Die Einheit des ganzen Stoffs, den er nicht zum Kleid zerschneidet, und die Vielfalt des Faltenwurfs – der war streng vorgegeben, wie auch das Maß, mit dem man baute. Jeder Tempel war nach einer Gesetzmäßigkeit, einer Zahlenfolge gebaut. Das belebte die Bauteile zueinander, denn es war darin wie in der Musik immer eine kleine Abweichung, eine anregende Dissonanz eingebaut, wie auf Seite 242 beschrieben. Darum klingen die Tempel.

Der Faltenwurf ist der Schimmer, den die Säulenreihe im Licht erzeugt.

Chiton – Form und Faltenwurf, nach A. Pekridou.

Die Weltwahrnehmung des Griechen zeigt sich in der Würdigung des Gewebten. Der Stoff war ihnen die Einheit aus den zwei polaren Kräften: den ruhenden Kettfäden und dem bewegenden Schussfaden. Gewebe stellte das Universum als Einheit dar. Das webende Faltenspiel ähnelt dem Schattenspiel auf den Wänden. So atmet jetzt Inneres mit Äußerem; Geist, Natur und Mensch, im Lichtspiel des sich Bewusstwerdens.

Die Tempel waren nach Osten ausgerichtet, vom Sonnenaufgang bestimmt, also nicht starr nach den Himmelsrichtungen. Die Achse des Tempels wurde aus dem Schattenwurf der aufgehenden Sonne festgelegt: dem Tag, der dem zu ehrenden Gott geweiht war. Durch den Jahresverlauf der Sonne entstehen dadurch verschiedene östliche Richtungen.

Rom 200 bis 400 n. Chr.

Die Ordnungsprinzipien der griechischen Kunst werden übernommen, jedoch ist die Basis nicht mehr das Einheitsgefühl, sondern ihre Umsetzung in Recht und Ordnung, Macht und Ausdehnung. Die Römer eroberten Länder, wurden zu Herren über den Raum. Im Willen zur Macht und Pracht. Größe und Kühnheit der Gebäude gelten der Verherrlichung des Herrschers. Im Herrscher wird ein einzelner Mensch erhöht. Zu seinem Ruhm dient der Triumphbogen. Nicht die Hinwendung zum Göttlichen ist jetzt der tragende Grund des Lebens, sondern die Handhabung der Welt, durch vom Menschen gegebene Gesetze und Ordnungen. Welt ergreifend durch Strassen- und Brückenbau.

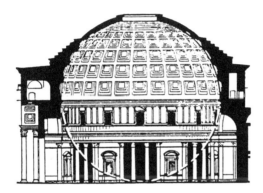

Pantheon, nach W. Koch.

Die daraus entstehende römische Welteinheit spiegelt sich in der Kugel, im Pantheon von Rom. Die Kugel als vollkommene Form, Harmonik des Bauens. Die Kuppel als Überwölbung über den Kreis (ist auch die Ausdehnung des Punktes zum Kreis zur Kuppel): kühn, aber auch anmaßend. Sie ist auf einen Mittelpunkt, einen Brennpunkt zentriert – den Kaiser. Die Kuppel ist der Himmel, das Quadrat die Erde. Die Kunst, über das Quadrat die Kuppel zu bauen, ist Verbindung von Himmel und Erde und dennoch ruhend, der Waagerechten zugeordnet. Die Materie und damit die Quadratur ist im Mittelmeer-Raum stärker verwurzelt. Das nordische Sehnen drückt sich eher in der Triangulatur aus. Sie wurde im langwierigen Streit der europäischen Baumeister beim Bau des Mailänder Doms durchgesetzt (siehe Seite 179).

*Kleidung der Römer,
nach M. Lappalainen.*

In der Kleidung geschieht ebenfalls der Eingriff in das Gefügte. Sie wird zerschnitten, die Einheit aufgehoben und nach eigenem Gesetz in eine neue Form gebracht. Der Faltenwurf ist vorgegeben und wiederholt die Ordnungsprinzipien. Ärmel werden gesetzt, die Beine befreit, dadurch wird dem Handeln Raum gegeben.

Der große Umbruch 3. bis 4. Jahrhundert

Es ist eine Zeit des Wartens, ist Pause, ähnlich einer Schwangerschaft. Der Einbruch des Christentums verbindet ab jetzt zwei Pole: die Freiheit und Schönheit der Griechen mit der Ordnungskraft der Römer, verbunden durch die Kraft der Liebe des Christentums. Diese große Wendezeit entspricht dem Wandlungsgeschehen des Individuums, wenn es sich selbst gebärt. Es ist die Zeit der erwachenden Ich-Kraft. Es ist der große Umbruch in die Neuzeit hinein – ist Atempause, Wartezeit, Wandelzeit. Jetzt wird wieder der Innenraum lebendig, jedoch im Vollzug aller Beteiligten. Es gibt nun einen Weg zum Altar, auf Gott zu, der jedem Gläubigen offen steht. Baulich manifestiert sich dies in der horizontal ausgerichteten Basilika. Und durch den Zentralraum, der sich gen Himmel in der Vertikalen vollzieht, wo von oben das Göttliche sich niedersenkt.

Frühchristlich 2. bis 6. Jahrhundert

Der Übergang ist ein Sprung. Er ist nicht so fließend, wie das Römische aus dem Griechischen wuchs. Sich eins fühlen wollen mit dem Kosmos, ein Sehnen zurück in die geistige, die himmlische Heimat – aus der Verinnerung des Menschen in der Gottsuche in sich selbst, ist die Krypta aus den Katakomben entstanden. Darum ist der Innenraum einer Basilika ein Zentralbau ohne Wegführung. Man wendet sich wieder dem Inneren zu, äußerlich bedingt durch Verfolgungen, Katakomben und unterirdische Begräbnisse. Politisch nötig, zwingt es ins Innere, den Toten nahe zu sein. Es ist wie Samensetzung im Urgrund und neue Triebkraft.

Vorromanik

Nun beginnt eine bis in die Hochgotik sich steigernde Wegfolge. Auch der Altar wandert nach innen, dorthin wo früher die Gottesbilder standen. Christlicher Gottesdienst steigert sich im Abendmahl, als Tat der Wandlung. Was im ägyptischen Tempel der Weg des Priesters in die Tiefe des Heiligtums war, ist nun der Weg in der Basilika. Es ist der Weg zum Altar und dem Chor; ist konkret der Weg der Wandlung im Versuch, Himmel und Erde zu vereinen.

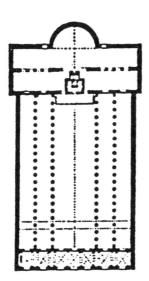

Basilika, nach Ammann.

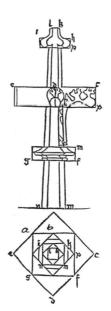

Das Quadrat und die Bewegung, aus: M. Rorizcer »Das Büchlein von der Fialen Gerechtigkeit«.

Und immer wieder entsteht die Erhöhung des Quadrats ins Doppelquadrat. Das ist die Oktave als Erhöhung, die sich auch im Alten Testament findet, wie im »Ersten Buch der Könige«, Abschnitt 6, »Der Tempelbau«. Es ist ein erster Schritt aus der Strenge heraus – die Oktave als Steigerung, nicht als leblose Wiederholung. Die weitere Wandlungsform ist das Achteck, das sich in Aachen so wundersam gestaltete. Das Oktogon entsteht durch die Drehung des Quadrats bis hin zum Achteck; dies ist aus den Bauhüttenbüchern als Konstruktionsprinzip ablesbar.

Zudem entsteht ein erster Schritt auf den Kreis zu.

Romanik 9. bis 13. Jahrhundert

Das Leben und Bauen wurde bislang von den Klöstern, der Geistigkeit bestimmt. Jetzt kultivieren die Orden das Land. Statt Weltflucht besteht jetzt wieder eine größere Nähe zur Erde. Irdisches und Geistiges verbindet sich im Bauen. In der Baukunst zeigt sich das in Speyer, wo der Ostturm die geistige Kraft darstellt und so groß wie der Westturm ist, der die weltliche Macht repräsentiert: ein Gleichgewicht des Geistigen mit der Materie. Gestalterisch ist es die harmonische Verbindung der horizontalen mit der vertikalen Kraft. Horizontal ist der grobe schwere

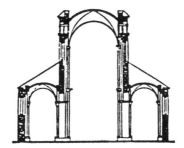

Querschnitt, nach Ammann.

Stein, vertikal sind die Türme. Es ist auch Verbindung des Germanischen mit dem Römischen. Dominant wird das Quadrat der »Erde« in der Vierung, die Formimpulskraft gibt. Alles geht von ihr aus und ist dennoch einzeln erlebbar, in der jeweiligen Ruhe und Ausgewogenheit. Der Rundbogen erhöht den Raum und strahlt die sich erhebende Kraft zurück.

Dadurch entsteht Ordnendes als irdische Qualität, so das gleichseitige Kreuz. Der Kubus entsteht im Raum über dem Grundriss der Vierung. Das Kreuz ist der

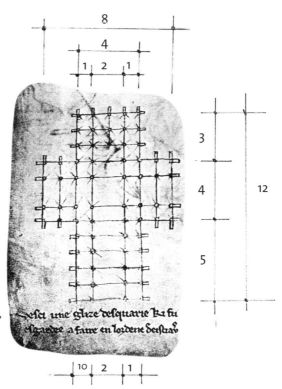

Die Form des Kreuzes, Grundriss aus einem Bauhüttenbuch nach Hahnloser.

Weg zum Altar – »kreuzend« im Schmerz durch das Quer-Schiff hindurch. Es entsteht die Vierung, das Herzstück des Doms – und ist gleichzeitig Ursprung des Kreuzes selbst. Maß gebend dem Ganzen; erhöht durch die Kuppel, im vertikalen Sehnen und gleichzeitigen Empfangen. So ist es ein Doppelkreuz, horizontal und vertikal. Die Maße sind von mir gesetzt und weisen harmonikale Proportionen auf. Die Breite verhält sich zur Länge wie 8:12 und damit wie 2:3 der Quinte. Es findet sich die Oktave 1:2 wieder, die Quarte im 3:4 und die Prim in der Kreuzung mit 1:1.

Die Kirchen sind eingebettet in die wachsenden Städte. Der heilige Raum wird von der Stadt abgetrennt, durch die Größe, aber auch als Ortsmittelpunkt. Der Weg führt nach innen, es entsteht der Seele ein Innenraum. Im Grundriss spiegelt sich der liegende Mensch mit ausgestreckten Armen. Die Vierung, die Kreuzung ist das Herz. Hierüber in der Höhe ist die Kuppel. Es ist auch die Kunst, Kreis und Quadrat zu verbinden.

Jetzt werden die Säulen hereingenommen ins Kircheninnere. Der Raum ist nach außen abgeschlossen, dadurch auch von der Natur getrennt, wie die entstehenden Städte. Eine weitere Vergeistigung in der Materie findet statt. Das ganze Geschehen ist wie eine erste Umstülpung (siehe Seite 184).

Gotik 12. bis 15. Jahrhundert

Geistiges Streben überwiegt. Askese, Weltüberwindung, Erkenntnisweg zu Gott, Verachtung des Irdischen – alles treibt himmelwärts. Das Bauen wird jetzt von den Bürgern der erstarkten Städte getragen. Nicht mehr die Mönche sind die Architekten, sondern die sich befreienden Bürger. Die materielle Basis ist der Handel. Die gewaltigen Bauwerke brauchen alle Stadtbewohner: verdichtet das Bürgerliche, vereint es im Geistigen und durch gemeinsames Handanlegen. Es ist konkrete Überwindung der Schwere und harte Arbeit. Auch hier: Streben in die Höhe. Die Stände setzen Ideale und den Geist über die Realität.

Die reine Gotik ist nördlich der Alpen zu Hause. Das Streben nach oben ist in den nordischen Ländern von der langen Dunkelheit eingeprägt, ist das Sehnen nach Transzendenz.

Die Kreuzzüge und die Ferne entsprechen dem Streben nach oben. Das Strebewerk – strebt über sich hinaus ...

 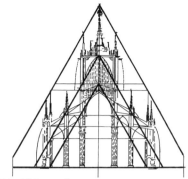

Strebewerk. Mailänder Dom.   *Die Triangulatur.*

Die Weltflucht ist Überwindung der Schwere. Vollendung wird im Jenseits gesucht. Mauern werden aufgelöst. Licht kann einströmen. Die Vergeistigung spiegelt sich im Hochstreben gen Himmel. Ein Sehnen, das in der Vertikalbewegung den Menschen vereinzelt und weil ihm das Göttliche nicht mehr unmittelbar erfassbar ist. Darin liegt die Kraft des Sehnens gen Himmel und drängt gleichzeitig alles in den eigenen Innenraum. Alles Bauen wird Bauen des Innenraums.

Das Lastspiel. Die Kunst der Statik. Das erste zaghafte Berechnen. Aber auch das Spiel und Wagnis, bis an die Grenzen des Machbaren zu gehen. Im Vertrauen, da noch nicht alles berechnet werden konnte ...

Das Licht ist das Wesentliche. Die Rippen, die nur noch tragen wollen als Ausdruck des Bewusstseins, des Denkens und Erkennens. Die Wand nach außen löst sich auf. Realität wird durchsichtig. Materie, die Schwere will überwunden werden. Licht, durch Glaskunst verklärt, gewollt und diffus erhöht, die trennende Wand ersetzend.

Besessen ist man vom Willen zu systematischer Gliederung. Die Pfeiler sind Ausdruck des himmlischen Sehnens – fernab der griechischen Säule in ihrer Maßstäblichkeit zum Menschen. Alle Pfeiler bilden wie ein Wald ein Dach, aufstrebend die Herzkraft ins Bewusstsein, in den Kopf und meint höhere Leibentwicklung. Nach Charpentier gibt es seit dem Auftauchen des Spitzbogens Gleiche unter Gleichen, gibt es Bürger.

Was vorher der römische Triumphbogen war, das zum Empfang bereite Portal für den Herrscher, wird zum Paradiestor. Es steht dem Altar gegenüber im ersehnenden Empfangen.

Es ist gebauter Geist nach den Ausdeutungen von Thomas von Aquin. Die innere Logik: Ein Stein trägt den anderen aufwärts. Die Struktur wird spürbar, Wissen wächst an. Draußen stehen Skulpturen, vergeistigte Menschen. Vergeistigung auch des Weiblichen durch Maria. Die großen Kathedralen wie Chartres sind ihr zugewandt – Maria als erste Inkarnation in das männlich Christliche. Gegenwärtig ist auch die Schwarze Madonna.

Renaissance 15. bis 16. Jahrhundert

Wiedergeburt. Beginn der Neuzeit. Weltentdeckung in Übersee und neue Welterkenntnis durch Reisen in den Orient. Suche nach Harmonie des Göttlichen mit dem Seelischen. Vertiefte Entdeckung Gottes und des Menschen. Suche nach Vollendung im Diesseits ...

Der Eigenraum als Spiegelung des im Menschen erlebten eigenen Raums taucht auf. Raum dient nicht als Schutz, sondern zur eigenen Abgrenzung. Der lebendige in sich einheitliche Raum entsteht, ruhend wie die Selbstgewissheit des Einzelnen. Die Ich-Kraft erwacht.

Die Einheit wird erstrebt durch Vorrang der Proportionen. Dies entspricht den Regelwerken zur Gliederung des Sozialen. Die Welt kann nur erobert werden durch eine stabilisierende Ordnung. Wissenschaften und neue Weltbilder entwickeln sich. Klare Gesetzmäßigkeiten in Zünften und Stadtorganisationen sowie

*Die Kuppel,
Dom von Florenz.*

neue Gesellschaftssysteme entstehen. Die irdische Macht drückt sich aus in Palästen. Es gibt eine neue Zentrierung auf Linien.

Der Kuppelbau ist jetzt Entsprechung der Schädeldecke in der Betonung des Kopfes und des Denkens, im großen Selbstbewusstsein.

Zeitgeist: Der Mensch als schöpferisches Gotteswesen. Modernes Geisteswissen statt gefühlte Offenbarung. Beobachtung der Natur. Gott in den Gesetzen der Natur erkennend. Sich selbst erkennend. Der Künstler als Individuum. Viele geniale Menschen in dieser Zeit. Buchdruckerkunst. Wissen lässt zweifeln. Die Gegenreformation ist keimhaft da. Bürgerliche Tugenden, das Handwerk.

Reichtum der Bürger betont das Wohnen und mehr die Paläste als sakrale Bauten. Es ging um Repräsentanz, deswegen waren die Gebäude schön, aber nicht wohnlich, wie Goethe feststellte. Der Goldene Schnitt wird lebendig, findet sich in der Natur wieder.

Jetzt können neben den zentralen Kuppeln auch Horizontale, wenn auch üppig gestaltete Flachdecken sein, um dem geistigen Höhenflug die Weite der Horizontalen aufzuzwingen. Das Leben wird geliebt. Die Horizontale wirkt, aber die Schwere der Horizontalen wird gemildert. Harmonischer Ausgleich von Gefühl, Seele, Wollen, Verstand und Handeln.

Barock 17. bis 18. Jahrhundert

Es wird die Sinnlichkeit geliebt, aber immer in Bezug zur Gewissheit des Sterbens. Die Angst vor dem Sterben wird überwunden durch Versinken in der Materie – durch die Pracht der Materie. Und ist eine Antwort auf die innere Verwirrung. Daraus entstehen Kräfte, die zur Reformation führen. Jetzt sind wieder die Kirchen die Bauherren, um Menschen anzuziehen, in der Hinwendung zu Gott.

Zeitgeist: Überbordende Lebenslust wird getragen und genährt von der Gewissheit des Todes, darum die Feste und pompösen Treppen für die Zeremonien. Sinnesfreude bis in ihre Entartung. Die Eroberung der Erde in den Entdeckungen und Ausbeutungen neuer Kontinente ermöglicht die Fülle. Gipfelnd in Fürsten und Prälaten und deren maßlosen Ich-Darstellungen. Ludwig der XIV. behauptet gar, er sei der Staat.

Aus dieser Sinnlichkeit entsteht das Oval, die Überschneidung zweier Kreise. Die vollkommene Form des Kreises wird überlagert: Durchdringung bis zum Mit-

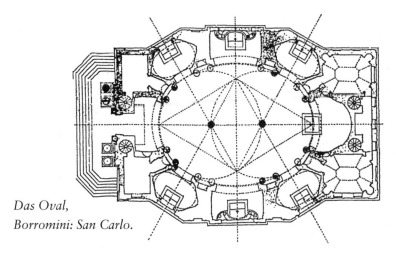

Das Oval,
Borromini: San Carlo.

telpunkt des anderen. Die Zentrierungen, die Brennpunkte des Ovals, sind gemeint als Christus und Maria. Hier kündigt sich die heutige Umstülpung an, denn wenn die zwei Kreise im Grundriss als Flächen sich um neunzig Grad drehen, dann entsteht das Oloid. Die Sinnlichkeit als Herausforderung zum Göttlichen: Es durchdringen sich die zwei Lebensformen und drücken sich im dynamischen Oval aus. Erde, das ist auch Vitalität, Kraft. Der rechte Winkel und der Kreis werden gesprengt in Kurve und Oval.

Die Polarität zeigt auf das Du, jedoch im Einzelnen. Der Weg von der Über- und unmenschlichen Pyramide bis hierher ist auch die Durchlichtung und damit Vergeistigung des Leibes, sowohl im Individuum wie im Sozialen. Räume und Fassaden mit ihren Skulpturen bekommen etwas Ausuferndes, Wogendes. Das Organische wird uferlos. Die Natur wird nicht imitiert, sondern in Frage gestellt, wie das Leben selbst. Es trennen sich intuitives und religiöses Wissen und werden zur Wissenschaft – und die wird künftig zur Herrscherin. Mit der Nähe zur Materie beginnt der daraus folgende Materialismus.

Rokoko

Nach und im Rokoko beginnt die Neuzeit. Im Rokoko ist der Raum noch weiter aufgelöst. Rokoko ist gewollte Scheinwelt. Das Dekorative, das nur Scheinende, verdeckt ein in sich versunkenes Sehnen. Im Außen sehen wir die großen Gesellschaften im strengen Ritual. Rokoko ist Ausdruck der Dekadenz in seiner Spitzfindigkeit, die man in den Rüschen und Spitzen der männlichen (!) Kleidung wiederfindet. Spitzfindigkeit als reines Spiel.

Hier finden sich die Ausschmückungen, all die Windungen, die Schneckenformen, die zwar organisch sind, doch bereits Erstarrtes tragen, das sich nach Auflösung sehnt. Es entsteht die Übermüdung, die in der stillosen Epoche des Bürgertums zur Übermacht der Dinge führt. Der Goldene Schnitt kündigt sich als Formgesetz im Bewusstsein an. Seine Form, dass eine geteilte Linie sich verhält wie das Kleinere zum Größeren und das Größere zum Ganzen drückt, die Thematik der Demokratie aus. Dieses Proportionsgesetz läuft der Revolution voraus. Seine geringe Abweichung vom Verhältnis ganzer Zahlen ist anregend und antreibend wie die Dissonanz.

Klassizismus und Historismus

Rückschau auf Vergangenes. Zuerst der Klassizismus, dann der Historismus.

Die Neuzeit

Die Revolutionen und demokratischen Bestrebungen verwirklichen das beschriebene Gesetz im sozialen Raum und pervertieren es. Zeitgeist: Verbürgerlichung. Kein Stil. Imitationen. Keine neuen Ideen. Dann die Gegenbewegung im Jugendstil. Beschleunigung in Technik und Verkehr und auch in der Stil-Entwicklung. Versumpfen in der Materie. Dann der Weltkrieg, der alles umstülpt.

Jetzt

Neue Wege beginnen, neue Kräfte drängen ...
    Es kündigen sich an:
    Die Erinnerung des Harmonikalen. Neuer Mut zu Proportionen. Einbindung der Zeit als vierte Dimension. Neue Formgebungen, ermöglicht durch den Baustoff Stahlbeton und elektronische Berechnungen. Neue Gemeinschaften und gleichzeitig neue Wege der Individuation. Unterstützt durch spirituelles Planen, Bauen und Wohnen. Parallel dazu die Entdeckung alten Wissens, wie die Ra-

diästhesie, jedoch verfeinert durch technische Messmethoden und Einbeziehung der Energie des Menschen.

Der größte gestalterische Impuls ist die sogenannte Umstülpung, die ich oft nur erwähnen konnte und eines umfangreichen Buches bedürfte, um sie ganz zu erfassen. Hier weise ich auf Paul Schatz hin und besonders auf die Hefte 59 und 60 der Zeitschrift »Mensch und Architektur«.

Durch die Umstülpung eines Würfels wird sein Außenraum zum Innenraum. Eine Entsprechung unserer individuellen Entwicklung! Es ist ein geometrisches Geschehen, das unsere Vorstellungskraft übersteigt – und dennoch wirkt. Durch diesen »Eingriff« in den Würfel entsteht eine neue Form, das Oloid (siehe Abbildung Seite 125). Weil es ein Geschehen ist, wirkt die Zeit im Raumgefüge und schafft als 4. Dimension nicht-euklidische Körper. Sie finden sich wieder in unserer Baukultur, in den Zeltdächern des Olympiastadions in München und der Oper in Sydney. Als Formvorgang verweist die Umstülpung auf das kommende Wassermann-Zeitalter, wo das Individuum und die Gemeinschaft zu einem Ganzen werden. Die Abbildung zeigt im Oloid auch die Würdigung des Polaren, die wahre Gleichwertigkeit der Geschlechter.

Der vernachlässigte Garten

Einstimmung

In Seminaren und Beratungen fällt mir auf, dass wir uns der Bedeutung und Wirkung eines Gartens wenig bewusst sind. Er wird nachrangig beim Hausbau bedacht und ist Stiefkind. Ist das Haus fertig, liegt die Aufmerksamkeit bei der Inneneinrichtung und weniger beim Außenraum. Zudem ist das verfügbare Kapital dann oft schon geschmolzen. Doch das sind äußere Gründe. Wir kommen aus dem Innenraum und suchen ihn auf Erden, deshalb erfährt er eine größere Bedeutung als der Außenraum. Die Nähe zur Natur wurde lange Zeit von den christlichen Kirchen eingegrenzt, weil den Sinnen und der Sinnlichkeit wenig Raum gegeben wurde. Die industrielle Ausbeutung der Natur hat uns dann noch weiter von ihr entfernt. Dass es auch ganz anders sein könnte, zeigt uns die traditionelle japanische Architektur. Sie wendet sich der Natur zu und verbindet beide Räume.

Auf Seite 111 zeigt die Abbildung, wie hart ein Raum aus der Natur herausgenommen ist und wie streng der rechte Winkel wirkt, mit dem die Mauer auf der Erde steht. Man kann das für sich in einer Meditation nachvollziehen, um den Übergang zu erfahren:

Stellen Sie sich vor, dass bei uns früher die Erde von riesigen Wäldern bedeckt war. In diese unendliche Weite voll wogendem Leben setzen Sie zwei Wände und bedecken zudem die Erde. Jetzt spüren Sie nach, was an den Wänden geschieht. Gehen ganz in die aufsteigenden Gefühle und setzen auf ein großes Blatt Papier zwei vertikale dicke Striche und lassen die Gestimmtheit Ihre Hand führen, dass sie mit Farben und Bewegung ausdrückt, was dort geschieht.

Es kann offenkundig werden, wie die Wand durchlässig sein will oder wie sie Kraft sammelt und abstrahlt. Wie fühlt man innen den Garten? Ist der Garten die Umstülpung des Innenraumes? Es wird spürbar, wie viel sanfter man sich dem Haus zuwenden möchte. Es geht um die Kunst der Annäherung. Es vertieft sich das Gefühl, wie Form auf das Organische stößt. Starres und Festes auf Weiches und Wachsendes.

Architektur und Natur

> »Nur die Architektur kann auf die Natur reagieren, nicht umgekehrt ...
> die Natur aber ist die größte Inspiration für die Architektur.«
> Jörg Pampe

Es fehlt oft der erlebbare Übergang – die Annäherung. Das hat mit der Führung des Weges zu tun, mit der wir uns dem Haus nähern. Der Zugang sollte nicht unmittelbar sein:

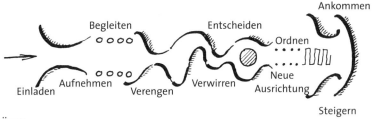

Übergänge.

Das steht schon im Alten Testament, wenn es beim Bau der Arche Noah heißt: »Den Eingang der Arche bringe an der Seite an!« und findet sich auch im ägyptischen Wortbild auf Seite 206 wieder. Da gibt es nicht den frontalen Eingang.

Die Natur ist aus sich selbst heraus unvollkommen. Selbst wenn das unvollkommene Werk des Menschen als Haus hinzutritt, wird die Natur vollkommener. Durch unsere Betonung des Innenraumes haben wir die Empfindung verloren für das Verhältnis von innen und außen. Es ist eine Kunst, Größe und Art eines Platzes im feinen Kontrast und schwingend zum Gebäude zu gestalten. Kaum ein Haus steht mehr für sich allein, geschweige, dass dort alles Lebensnotwendige selbst erzeugt wird und dadurch das Haus eine in sich geschlossene Welt für sich sein kann – so wie früher die einzeln stehenden Bauernhöfe, deren eigenes Land die Hülle ist wie ein Kleid.

In Notzeiten gab es den Nutzgarten – und war er auch noch so klein wie ein Balkon.

Der Bauernhof mit seinem eigenen Feuer und Wasser, wo eigene Nahrung und Kleidung erzeugt wurde, durch die Bäume das eigene Baumaterial gewonnen wurde, ist nicht nur eine Welt in sich, sondern auch ruhende, ruhige Macht. Weil wir jetzt alle Dinge hereinholen müssen – das Wasser und Wärmende als von außen kommende Versorgung –, haben wir das Gefühl dieser inneren Verbundenheit aller Dinge und Geschehnisse verloren. Beispielsweise war der wärmende Herd die wichtigste und heiligste Stätte im Haus, sichtbare, erlebbare Kraft. Er war dem Haus der Altar, und dadurch wurde der unmittelbare Umraum machtvoll.

Wenn wir uns dem Garten mehr zuwenden, dann könnte uns die Geschichte von Robinson Crusoe vieles lehren. Nicht nur die Einfriedung zur Wildnis, sondern auch der Kontakt zu den Wilden. Das Wort »Garten« meint auch Viehhürde, Hof, Haus, Familie, Flechtwerk, Zaun, Eingehegtes. Jedes Haus ist jetzt auf sich, mehr zum Wohnen reduziert und gleichzeitig stärker in das Soziale, zumindest räumlich, einbezogen.

Gestalten und Wachsen

Bereits die Assoziationen zum Garten und Gärtnern lassen aufhorchen: geschützt, Einfriedung, Zeit, wachsen, pflegen, Hand anlegen, krauten, die Erde aufbrechen, ruhen und geschehen lassen, ernten, sammeln, bewahren, Winterschlaf, das Wuchern eindämmen. Der Garten kann uns die Kunst lehren, Eingriff und Geschehenlassen, Gestalten und Wachsen, Raum und Zeit zu einer lebendigen Einheit zu gestalten.

Wer sich an die Zeiten des Hungerns nach dem Krieg erinnern kann, wird vor Augen haben, wie jedes Stück Erde diente. Wo jetzt mühselig Rasen kurz geschoren wird, wucherte die Kartoffel. Ist die gelungene Ästhetik eines Gartens wirklich schön? Der Garten kann das Wohnen ergänzen und bereichern, er schützt und kann nähren. Mehr noch als im Innenraum kann und muss man ständig Hand anlegen. Nicht in Abständen, die durch die Gewohnheit geprägt sind, sondern abhängig von dem Wechsel der Tages- und Jahreszeiten.

Weil immer mehr da ist als der Eigenverbrauch, will die Fülle sich ausbreiten. Dann wird das Geben der Früchte eine Hinwendung zum Du.

Der Garten zeigt den Lebensweg

Im alten Ägypten war der Garten ein Bild für das Leben und Symbol für das Weiterleben nach dem Tode. Der Garten zeigt uns sinnlich unmittelbar den Verlauf des Jahres und damit das Zeitgeschehen, das dem Lebensweg entspricht. So wie das Leben in zwölf Abschnitten gezählt wird und den zwölf Monaten entspricht, so spiegelt der Garten die Vergänglichkeit des Lebens und seine Wiedergeburt. Dann ist das Arbeiten und Leben im Garten ein spirituelles Wegbegleiten. Wenn bewusst erlebt, ist Gärtnern eine Spiegelung des Lebensweges, auch mit seinen »wüsten« Zeiten. Als ein eingefriedeter Raum ist die Zeit in den Raum einbezogen.

Der Garten lebt die Zeit im Raum: ruhen, säen, keimen, wachsen, pflegen, ernten und wieder ruhen. Wer sich auf die jeweilige Phase einschwingt, kann geistig mitwachsen. Welch Chance, dem heranwachsenden Menschen, dem Kind, das Wachsen nahezubringen. So wie das Haus die Spiegelung des Menschen ist, so kann es auch der Garten sein – und mehr. Denn es zeigt auf, wie man das Gleichgewicht zwischen Handeln und Zulassen lebt, wie bereit man zu einer Wandlung ist.

Die Wildnis

Die wilde Natur sehnt sich nach Ordnung und Schönheit.

Der Wildwuchs, das Verwildern will geduldet sein, mindestens in Teilbereichen, damit die Pflanzen sich an ihre Urkraft erinnern. Wildnis, das ist Erinnerung an die Schöpfung. Dort ist die Verbindung zwischen den jenseitigen und diesseitigen Kräften leichter ermöglicht.

Das Graben und Pflügen ist nicht nur das Wenden, der Umbruch der Erde. Das Dunkle kommt ans Licht. Die ursprünglichen Kräfte, die Ursprungssamen kommen in eine erneuerte, eine reine, durchlichtete Erde. Das Unkraut wird ins Dunkle gegeben und wird zu Humus – eine ständige Wandlung. Matthäus 13, 25 zeigt die Würdigung des Unkrauts: Es wagen und mitwachsen lassen; sehen, wie wirksam das Nebeneinander des Unkrauts mit den Samen wirkt – wie der Wildwuchs, der Widersacher im eigenen Inneren ...

Vom Garten als Seelenraum

»*Als die Erbsen in graugrünen Reihen in den Rillen schimmerten und gleich mit Erde zu bedecken sind – wie seltsam, fast zauberisch ist die Arbeit an den Beeten.*«
Ernst Jünger

Nach Rombach dürfen wir nicht nur »wissen«, dass wir auch am animalischen und vegetativen Leben teilhaben, wir müssen diese Teilhabe auch »empfinden«. Wir müssen dem Bruder Tier und der Schwester Pflanze in echter Menschlichkeit begegnen. Wir müssen einen Baum umarmen können, und nicht nur als Geste, sondern als Gruß. Bis ins 13. Jahrhundert empfand man die Natur als einen Teil der eigenen Wesenheit. Ging man durch die Natur, ging man wie durch die eigene Seele. Die Pflanzen entsprechen im Menschen dem Empfindungsraum, die Tiere dem Seelenraum und damit dem emotionalen Raum. Vor Tieren kann man Angst haben, nicht aber vor Pflanzen. Empfindungen sind unabhängigere, unberührtere Wahrnehmungen, gehen dem Gefühlsraum voraus und machen den Seelenraum freier und feiner. Zum Garten gehört das Tier, weil jede Tierart der Träger einer

Gefühlsvariante des Menschen ist. Ernst Jünger schreibt: »Nur so kann das Ökonomische gedeihen. Man muss mehrmals am Tag Lust verspüren, die Pflanzen und Tiere aufzusuchen, um sich zu ergötzen (...) muss abends, bevor man einschläft, sie im Geiste sehen (...) Die Erde teilt den Händen eine Veränderung mit, erfahren im Boden eine Reinigung (...) macht sie geistiger.« Wie ein eigenhändig hergestelltes Ding, so entsteht im Garten zwischen den Pflanzen und dem Menschen durch die beseelten Hände ein Schwingungsfeld.

Mir geht es um den Garten als »Mutterbauch«. Der Garten erfüllt ein Sehnen nach der Mütterlichkeit, das nie voll gestillt wurde. Im Raum und in der Zeit des Gartens kann man sich selbst die nährende Mütterlichkeit geben.

Der heilige und unbetretene Raum

Der nicht betretende Bereich dient den Elementarwesen als Rückzug; dort gedeiht durch den Wildwuchs eine eigene Welt. Ist eine tiefe Beziehung zwischen den Bewohnern und diesem Urflecken Erde entstanden, dann kann geschehen, dass bei Beschwerden sich genau das Kraut ansiedelt, das der Genesung dient – eine wundersame Symbiose zwischen Mensch und Erde. Es bedarf jedoch des Glaubens an die Elementarwesen. Hier kann sich ein Ort regenerieren. Je tiefer ein Mensch in seinen Wesensgrund geht, umso eher wird diese Verbindung geschehen. Die Geistwesen finden dadurch wieder einen Ort, an dem sie aufgenommen und gewünscht sind.

Im Garten entsteht dann ein Geheimnis, das auf uns einstrahlt. Wir brauchen das nicht Ausgedeutete, das Märchenhafte. Es rührt tief das Geheimnis des Wachsens an. Wie ein sakraler Ort, möchte auch dieser Bereich geistig genährt werden. Man darf sich im Gebet diesem reinen Ort zuwenden; als Ritual in der Kraft der Wiederholung und ihn erhöhen durch Klang. Dann tanzen die Geistwesen ...

Radiästhesie – Ein Fundament des energetischen Bauens und Wohnens

Radiästhesie bedeutet Strahlenfühligkeit und steht als Begriff für die Baugrund- oder Hausuntersuchung mittels Rute oder Lecherantenne. Doch geht die moderne Radiästhesie noch viel weiter, als allgemein bekannt ist: Sie erfasst auch kosmische

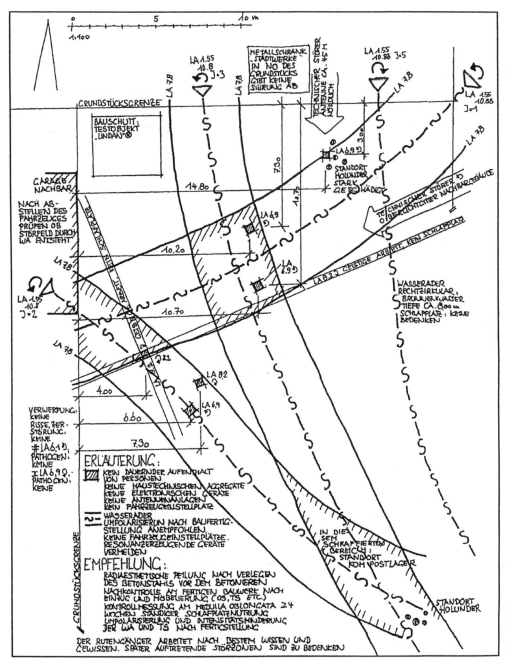

Beispiel für eine radiästhetische Grundstücksbegehung.

und geistige Einflüsse sowie Wirkungen aus technischen Installationen und äußeren Einstrahlungen aus der Umgebung.

Dies ist nur ein kurzer Hinweis, aber muss im spirituellen Bauen und Wohnen in jedem Punkt bedacht sein. Was also nützt es, ein Gebäude energetisch und feinstofflich gut zu gestalten, es baubiologisch zu bedenken, wenn die Gegebenheiten des Baugrunds und der Umgebung nicht einbezogen werden. Deswegen ist vor jeder Planung ein Grundstück radiästhetisch zu untersuchen, ob Wasseradern, Verwerfungen oder Gitterkräfte wirken. Aber auch, ob Einflüsse aus der vormaligen Nutzung des Grundstücks oder eines Gebäudes vorhanden sind, die energetisch belastend sein können. Somit will auch die Geschichte berücksichtigt sein.

Ich empfehle dringend eine radiästhetische Untersuchung, erlebe aber immer wieder, dass Ängste bei der Bauherrschaft entstehen, besonders wenn Rutengänger die Neigung haben, vorrangig nach negativen Erscheinungen zu suchen. Auch habe ich oft unvollständige und gar irreführende Untersuchungen gesehen. So hatte ein Rutengänger lediglich ein hier nicht näher zu beschreibendes Gitter aufgezeichnet. Die gutgläubigen Bauherren legten danach die gesamte Raumanordnung des Hauses fest …

Ich habe mir von einem Pionier und Könner der Radiästhesie, Prof. Eike Hensch, die Erlaubnis geholt, aus seinem Buch das Beispiel einer Grundstückuntersuchung zu zitieren. Das mag ein erster Maßstab für die Qualität einer Untersuchung sein und eine Hilfe dem Laien. Damit ihm vor Augen liegt, was mindestens aus einer Untersuchung in einem Plan enthalten sein muss.

Ein solcher Plan muss enthalten, sofern diese Wirkungen vorhanden sind:
- ★ Wasseradern mit Einfalls- und Fließrichtung, Wirkbreite und Intensität, und ob für die Lebenskraft auf- oder abbauend.
- ★ Verwerfung, mindestens der Vermerk, dass nicht vorhanden.
- ★ Geomantische Einstrahlpunkte und Linien von außerhalb des Geländes mit Beschreibung ihrer Wirkungen.
- ★ Bereiche, die nicht überbaut werden sollten oder nur mit untergeordneter oder zeitlich begrenzter Raumnutzung.
- ★ Bereiche, die positiv anregend sind für geistige, seelische oder physische Tätigkeiten.
- ★ Von außerhalb wirkende Einstrahlungen, beispielsweise durch Sendeanlagen, Trafo, Überlandleitungen.

- ★ Zusätzlich können bei auffälliger Intensität die biovitalen Werte nach der Skala von Bovis ermittelt werden.
- ★ Das 1. bis 3. Gitter, wenn sie von besonderer Bedeutung sind und entsprechend genutzt oder gemieden werden sollten. Vor allem, wenn sie durch spätere Bauten, Einbauten oder Einrichtungen angeregt und verstärkt werden. Das verweist auf eine erforderliche Nachuntersuchung. Gitter nur dann ihre Bedeutung geben, wenn sie maßgebend sein können oder später angeregt werden. Die Bedeutung der Gitter wird von einigen Rutengängern überbewertet. Sie wird mittlerweile anders als früher bewertet. Oft ist der Elektrosmog innerhalb des Hauses viel wirksamer.
- ★ Eine Untersuchung nach Bezug des Hauses ist erforderlich, weil jetzt erst die Wirkung beurteilt werden kann, ob die Gittersysteme angeregt wurden.
- ★ Alle Ergebnisse müssen in einem Plan eingemessen und eingetragen werden, damit eine Nachkontrolle möglich ist.
- ★ Große Aufmerksamkeit sollte der Hausinstallation gegeben werden. Das gilt insbesondere bei Holzhäusern, die wie Klangkörper eines Musikinstrumentes wirken und alle Schwingungen dadurch verstärken können, also auch die negativ wirkenden. Zudem kann gerade Holz feinstoffliche Energien besonders gut binden. Was nützen dann alle gut gemeinten baubiologischen Maßnahmen, wenn dies nicht beachtet wird?
- ★ Weil Räume und Möbel als Formresonatoren wirken und Installationen und Baumaterialien sich auswirken, ist eine Untersuchung nach dem Einzug und der ersten Bewohnung erforderlich.
- ★ In Räumen für längeren Aufenthalt von Menschen – besonders in Schlafräumen – sind zu vermeiden: Fußbodenheizung, Radio, Computer, schnurlose Telefone, Funkuhren, Fernseher, Satellitenschüsseln, Elektronik, Energiesparlampen, Quarzwecker, Alarmanlagen, Bewegungsmelder, Glasplatten (strahlen horizontal ab), Spiegel, Kunststoffe usw.

Wer die Kunst der Radiästhesie näher kennenlernen möchte, dem empfehle ich die Bücher von Eike Hensch und Hartmut Lüdeling.

Wege zum spirituellen Planen, Bauen und Wohnen

Jedes Bauen und Wohnen ist ein Wachsen

> *»Birnbaums Same erwächst zum Birnbaum,*
> *Nussbaums Same zum Nussbaum,*
> *Same Gottes zu Gott.«*
> Meister Eckhart

Einstimmung

Dieses Kapitel ist für das Eigenerkennen und die spirituelle Baubegleitung so wichtig, weil es wesentliche Krisenzeiten im Lebenslauf aufzeigt. Ich möchte darstellen, wie das Bauen eines Hauses, aber auch das Wohnen den Drang zu wachsen unterstützt und dass Bauen und Wohnen ein geistiger Weg ist – sichtbar, sinnlich erlebbar. »Derselbe Geist, der im Baum wohnt, gerade zu wachsen, weilt auch in uns, treibt uns dazu an, Gott näher zu sein, und bringt uns einander näher«, schreibt Tolstoi.

»Von Kopf bis Fuß bin ich auf Liebe eingestellt«, singt im Schlager Marlene Dietrich. Diesen Satz »Von Kopf bis Fuß« finden wir vielfach in unserer Sprache wieder. Dabei sind wir doch hier auf Erden vom Fuß her aufgebaut. Lange habe ich dem Satz nachgehorcht, bis mir klar wurde, wie wir zur Erde kommen – mit dem Kopf zuerst und aus geistigen Sphären. Wir kommen von oben und sehnen uns dahin zurück – vergessen aber unseren kosmischen Bezug im immer schwerer Werden. Erst wachsen wir im Körper, dann in der Materie und später im Sozialen. Die Schwerkraft zieht uns immer an.

Das Stehen beginnt nicht von den Füßen aus, sondern aus der Willenskraft uns aufzurichten. Es ist der Kopf, der uns aufrichtet, der Wille im Wofür wir jeden Morgen aufstehen. Sich Aufrichten ist die Kraft des Willens, ist die Verbindung des persönlichen Willens mit dem göttlichen Willen. Von Kopf bis Fuß zeigt sich auch in der Astrologie, vom »Widder« bis zu den Füßen der »Fische«. Die Abbildung

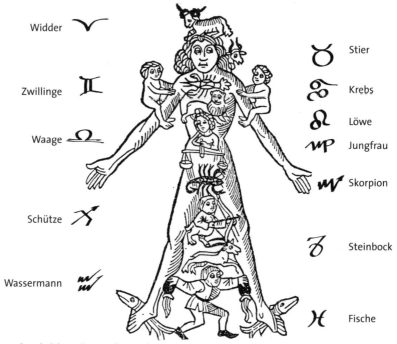

Menschenbild und astrologische Zuordnung, aus »Teutscher Kalender« 1498.

aus dem fünfzehnten Jahrhundert zeigt die kosmische Spiegelung der Jahreszeiten im Körper des Menschen. Nach der jetzigen Ausdeutung werden einige Tierkreiszeichen anders zugeordnet. Wer eine Abbildung vom »Abendmahl« des Leonardo senkrecht stellt, wird die zwölf Tierkreiszeichen bei den Aposteln wiederfinden. Da sitzt der »Widder« am Kopf des Tischs, und bei den »Fischen« sind die Füße zu sehen. Der »Krebs« gibt sich in seiner Geste ganz dem Gefühl hin, weswegen man ihn jetzt eher mit dem Organ »Magen« verbindet.

Vom Wachsen

Die menschliche Psyche strebt nach Ganzheit.

Wachsen, das ist für mich das uns einverleibte Streben nach einer höheren Ebene. Wachsen ist mehr als Evolution, weil es ahnend der Weg zum Göttlichen ist – ein Trieb auf allen Ebenen, körperlich-vital, seelisch, geistig und spirituell. Wir neigen in unserer stark vom Denken und Intellekt bestimmten Lebensform dazu, vom Mentalen her direkt zur nächsthöheren Ebene zu streben, statt warten zu können, im Wachsen des sinnlich und körperlich Erlebten. Die Geisteskraft kann uns gefährdend verleiten, zu früh in eine höhere Ebene zu entfliehen, weil wir mit der jetzigen Ebene nicht klar gekommen sind. In esoterischen Kreisen neigt man zu diesen mentalen Sprüngen.

Die Verbindung zwischen dem Hausbau und dem Eigenweg ergibt eine schöne Nüchternheit. Die Triebkraft des Wachsens ist in der Natur und im Menschen. Sie ist formlos. Es gilt, um das richtige Maß des Wachsens zu wissen. Einerseits gibt es die Trägheit, auf der anderen Seite die vom Antrieb übertriebene Selbsterfüllung, man unterliegt dann geistig einem Trieb.

Wohin gehen wir denn? –
Immer nach Hause!

Der kosmische Impuls hier auf Erden zu landen, ist der oft widerwillige Akt der Menschwerdung. Widerwillig, weil wir so ungeschützt in die kalte Welt kommen. Dennoch ist in uns ein tiefgegründetes Sehnen nach Leben. Das Sehen als freudige Kraft des Seins, diese pure Lebensfreude, die unverfälscht tief in uns bebt – diese Lebenskraft bleibt in uns. Wir erkennen sie an der Freude am Ich, an der Fülle, am Drang zu wachsen. Wir wollen in unserer ganz persönlichen Kraft uns vollenden, mitschöpferisch in der Selbstwerdung, im höchsten Sinne der Selbstverwirklichung.

Der Same gehorcht der Schwerkraft und fällt aus der Höhe zur Erde, wartet und bricht auf. Wächst sehnend zur Sonne, zum Kosmos zurück. Der Keim ist der Tod des Samens. Das Göttliche wächst, wenn wir wachsen.

Auf Seite 199 ist die Lebensspur wie gewohnt horizontal gezeichnet. Man kann den Weg des Wachsens und Sehnens auch anders darstellen.

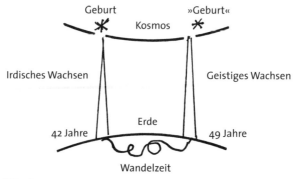

Der Weg des Wachsens.

Wir verlassen den Kosmos mit all unserem Wissen von »drüben« und dem Sehnen zurück und werden dabei immer stärker von der Erdanziehung gezogen und verdichtet, bis wir nach 42 Jahren, der Hälfte der Lebenszeit, hier auf Erden wirklich angekommen sind. Der Wendepunkt im Leben ist erreicht, in der Verwurzelung im Irdischen. Es drückt sich danach das ursprüngliche Sehnen aus, indem es sich mitschöpferisch in den Dienst stellt, um aufzuwachsen wie ein Baum.

Nach 42 Jahren ist der Mensch körperlich, geistig, seelisch, sozial gewachsen und hat sich auch im Tun, im Beruf verwirklicht. Zudem ist man mit 42 finanziell eher in der Lage zu bauen, schafft dem Innenraum der Seele und des Geistes konkret einen Raum. Es wird aus der Zeitgleichheit unmittelbar ablesbar, dass sein Haus zu bauen, ein sich selbst Erbauen ist. Wie der Baum, so wächst der Bau. Wie eine Pflanze wachsen wir von der Bestimmtheit und aus der Gewissheit der Erde her ins Unbekannte des weiten Himmels. Und das ist Wagnis. Wachstum bedeutet auch Verlust, Abschied von Vertrautem, von Sicherheit, Gewohnheiten. Man geht in unvertrautes Land – innen wie außen.

Nach dem Kontakt mit der Erde entsteht die Chance zur Eigengeburt. Das ist ein inneres Wachsen und bedarf des äußeren Schutzes, des Raumes, der Zeit und die gewollte Aufrichtung. Die Frage »Wofür wachse ich?« stellt sich und der Entscheid, dafür zu wachsen. Der Mensch sehnt sich nach tiefen Erfahrungen und fürchtet sie zugleich. Die Verwirklichung des Entscheids wird vom Therapeuten, dem spirituellen Baubegleiter unterstützt.

Jedes Wachsen ist ein Werden. Die Materie aber – in ihrer inneren und äußeren Schwere – will im jetzigen Zustand bleiben. Der Erwachsene kann an körperlicher Größe nicht mehr wachsen, wohl aber an Leibesfülle oder materieller Fülle.

Das kann auch eine Verfehlung des Wachstumgeschehens sein und zeigt sich im größer Werden: den zu großen Räumen und Gebäuden, dem Ansammeln von Macht, Materie, Geld, im Immer-schneller-und-immer-schöner, in Erfolg usw. Das Sehnen im Wachsen verirrt sich auch im Geistigen und Spirituellen, wenn man innere Erlebnisse nur konsumiert. Eine weitere Fehlentwicklung unserer Zivilisation ist das Wachsen im Sinne von Neu, der Vergottung des Neuen. Wachsen ist eine treibende Kraft. Ist Trieb und damit in der Gefahr, durch Triebhörigkeit im Ego zu entarten.

Wachsen wir aus der Geisteskraft zum ganzen Menschen, dann verwirklicht sich das Sehnen in der Aufrichtekraft zum Göttlichen hin. Es ist nur scheinbar ein Weg zurück. Fuß-Fassen, an die Erde sich anbinden, sich Grenzen geben, das ist Hausbauen. Dann verwundert es nicht, dass Bauen und Wohnen die gleiche Wortwurzel wie Wachsen haben. Da zeigt sich die tiefe Weisheit der Worte. Wachsen finden wir auch bei den Zahlen, den Zeiten, den Baustilen, den Bauformen und ist ein Gesetz der Kraft. Das Wachsen wird durch die Materie geleitet und ermöglicht und verwirklicht.

Die Eigengeburt

> »Mit seiner Geburt ist der Mensch noch nicht fertig;
> er muss ein zweites Mal, und zwar geistig geboren werden.«
> Mircea Eliade

Die ersten sechs Jahrsiebte sind ein Wachstum, das uns geschieht. Wir wurden in die Welt hineingeboren, das ist passiv. Sind wir nach der Lebenshälfte dann ganz auf Erden hier ankommen, dann steht Wandel an. Wir sind in der Eigenentscheidung und gebären uns selbst. Im Ja zur Erde, im Ja zum Dienst. Die Besonderheit unserer neuen Zeit: die Eigengeburt.

Und wie bei jeder Geburt steht uns Schmerz bevor. Weil der Mensch ein hochentwickeltes Gehirn hat, ist sein Kopf so groß, dass er nur mit Schmerzen durch den Geburtskanal kommt.

Die Eigengeburt ist ein Hinein in ein Unbekanntes, das uns Angst macht. Die Geburt ist auch ein Sterben des Alten. Darum kann der Mystiker Silesius sagen: »So du nicht stirbst, wenn du lebst, du verdirbst, wenn du stirbst.«

Die Krisenzeit der »Waage«, das siebte Jahrsiebt, ist unvermeidbarer Teil unseres Lebensweges. Diese Zeit zwischen 42 und 49 Jahren ist als Midlife-Crisis bisher den Männern angelastet worden. Im globaleren Erkennen sehen wir nun, dass dieser Zeitabschnitt in allen Kulturen und unabhängig vom Geschlecht eine menschliche Wandelzeit ist. Es liegt an uns, ob wir willentlich in den Wandel gehen oder ihn unbewusst erleiden. Wobei das Wort »leiden« nicht stimmt, weil der Übergang ins Alter von den liebgewordenen Gewohnheiten bestimmt ist und man das eigene allmähliche Absterben nicht wahrnimmt. Ja, auf der materiellen Ebene geht es einem sogar so gut, dass man das Sehnen nach geistig-seelischer Erfüllung nicht mehr spürt. David Steindl-Rast schreibt treffend: »Im Leben ist Wachstum organisch mit Sterben verbunden. Leben heißt, mit jedem Wimpernschlag für Altes sterben und für Neues geboren werden. Jeder Fortschritt im Leben ist ein Sterben in größere Lebendigkeit hinein. Wer dazu den Mut nicht hat, kann weder leben noch sterben.«

Menschwerdung ist auch: sich Selbstgebären im Schaffen des Eigenraumes. Der Innenraum des Menschen und sein Außenraum wollen sich entsprechen. An dieser Stelle wird noch einmal deutlich, dass Hausbau und Wohnen als Eigengeburt synchron verlaufen. Darum nenne ich dieses ein spirituelles Geschehen. Wir wachsen und werden erwachsen, wenn wir den Mut zur Eigengeburt haben.

Der Lebensweg

> *»Und so lang du das nicht hast,*
> *Dieses ›Stirb und Werde‹!*
> *Bist du nur ein trüber Gast*
> *Auf der dunklen Erde.«*
> Johann Wolfgang von Goethe

Die Räume des Lebensweges sind:

Himmel, woher wir kommen. Mutterbauch, in dem wir wachsen. Wiege, die uns wie im Mutterbauch wiegt. Der eigene Raum, der neue Mutterleib. Das Haus, der wachsende Leib. Die Gemeinschaft. Der Garten. Der Ort, der das Haus umhüllt. Der Sarg. Die Erde. Nach dem körperlichen, seelischen und geistigen Wachstum der ersten drei Phasen, folgen die Einübung und Auslebung im Sozialen: Berufsfindung, Familiengründung, Stabilisierung im Beruf. Dann Wendung zum Geistes-Menschen, im Sinne der Eigengeburt, als Tat, als Wille auch zur Wandlung. Es geht nicht um Individualismus, der vom Markt und Ego bestimmt und benutzt ist, sondern um Selbstwerdung.

Die Zufriedenheit, der Frieden des Seins, wird immerzu aufgerüttelt durch den Werdeimpuls des Geistes. Zu Anfang war das Wort – das Wort aber ist schon verdichteter Klang, ist Geist. Darin liegt der Schmerz des Menschen, im Sehnen nach dem Paradies jetzt und dem Wachsenmüssen hin zum Licht. An dieser Stelle kann der dargestellte Lebensweg sehr dienlich sein, weil er Zeiten besonderer Wandlungs-Herausforderungen aufzeigt. Darum verwundert es mich nicht, wenn Menschen gerade zu diesen Lebensabschnitten zu einer Beratung oder zu Seminaren kommen. Für jeden Raumberater ist dadurch Hinweis gegeben, dass es in der Beratung um mehr geht als um Mangel oder Wohlbehagen.

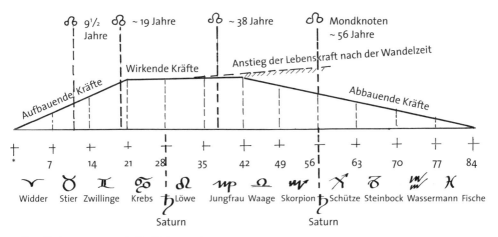

Der Lebensweg und die Krisenzeiten.

Wenn man den Lebensweg entsprechend den Tierkreiszeichen in zwölf Teile zu je sieben Jahren aufteilt, ergibt sich nach Lievegood das von mir erweiterte Bild:
In obiger Abbildung werden die verschiedenen Lebensabschnitte ersichtlich. Sich mit diesen biologischen, geistigen und seelischen Entwicklungsphasen vertraut zu machen, unterstützt die Entfaltung des eigenen Wesens. An dieser Stelle wird für die eigene Lebensgestaltung auf die Biografie-Arbeit hingewiesen. Aus Rückschau auf die frühe Kindheit und die Zeit des Heranwachsens werden nicht

nur die Prägungen, sondern auch versteckte Fähigkeiten offenkundig. Bestimmte Charakteristika sind als Eigenarten des Individuums dann ersichtlich und können Hinweise sein für die eigentliche Berufung. Zur Einführung empfehle ich das Buch »Ich bin, was ich werden könnte« von Mathias Wais: Es gibt einen biologischen Wendepunkt im Leben, der alle sieben Jahre sich ankündigt. Geistig-seelische Prozesse und Geschehnisse bringen sich in einem Rhythmus von zehn Jahren gerne in Erinnerung und wollen dann wiederholt werden. Im Alter von etwa 28 und 56 Jahren fragt der »Saturn« kritisch an und will auf die vorgesehene Lebensbahn bringen. Das ist eine typische Wandlungsphase. Eine weitere und länger andauernde Wandlungsphase sind die Jahre zwischen dem 42. und 49. Lebensjahr. Nach 42 Jahren ist die Hälfte des Lebens gelebt und die Frage nach dem Sinn des eigenen Lebens steht im Raum.

Aus früheren Leben wirken auf uns die damals gelebten Erfahrungen, sowohl für dieses Leben stärkend als auch eingrenzend. Darauf kann uns die Mondknoten-Achse in unserem Horoskop verweisen. Eine hervorragende Literatur hierzu ist das Buch von Jan Spiller: »Astrologie und Seele«. Es dient der Eigenerfahrung, besonders aber der spirituellen Begleitung, weil daraus ablesbar ist, wo wir unsere Energie binden oder welche Energie lebendig werden will. Es braucht für den Einstieg keine Kenntnisse in der Astrologie, weil das Geburtsdatum genügt, um einen ersten Erkenntnisimpuls zu bekommen. Zu bestimmten Zeiten gibt es energetisch herausfordernde Hochpunkte ihrer Wirkungen: erster Mondknoten: 18 Jahre und sieben Monate; zweiter Mondknoten: 37 Jahre und zwei Monate; dritter Mondknoten: 55 Jahre und zehn Monate; vierter Mondknoten: 74 Jahre und fünf Monate. In diesen Zeiten drängt es nach Wandlung, die erkannt und gelebt sein will. Durch unsere auch seelisch beschleunigte Zeit darf man sich nicht auf die angegebenen Zeiten fixieren. Es bewegt sich um diesen Zeitpunkt herum.

Prägungen

Der Mensch kommt zur Erde und ist gänzlich ungeschützt. Er wird vielfältig geformt und verliert dadurch sein ursprünglich Eigenes. Damit beginnt der Lebensweg als Weg zur persönlichen Menschwerdung. Was jedem von uns als Verformung geschah, hat einen höheren Sinn. Wenn wir das anerkennen, wird Leiden zu einer Chance, zum Schöpfungsgrund. Wir wachsen nicht wie ein Baum, der von außen verformt wird und dann so bleibt. Wir werden verformt und sollen hineinwachsen in die Form, die wir gemeint sind. Im Sinne von Heraklit: »Werde, der du bist.« Die Verformungen fordern zum Werden heraus. Dann sind Hindernisse nicht mehr Leiden, sondern Chancen des Schicksals.

Wir kommen aus der geistigen Welt in grenzenlosem Vertrauen. Was immer uns begegnet, wir nehmen an, es sei gut und richtig – auch wenn es schlimme Erfahrungen sind. Das geschieht, weil wir damals keine Möglichkeit zur Distanz und Kritik hatten. All das setzt sich als Muster wie auf einer Festplatte fest, und fortan sehen wir die Welt dergestalt und suchen sie zu wiederholen. Die ersten Eindrücke sind wie ewig. Das schafft Muster, die mit unserem wahren Wesen nichts zu tun haben. Die Prägungen wollen später erkannt und erlöst werden, darum muss eine spirituelle Begleitung diese Verformungen anrühren.

In jedem von uns steckt das archetypische Bild der nährenden Mutter und des beschützenden Vaters. Diese Bilder decken sich aber nicht mit dem, was die eigenen Eltern uns vorleben. Auch daraus entsteht eine Verformung, die hier nur kurz angedeutet werden kann. Prägend kann auch die Abwesenheit des Vaters sein, dessen Fantasiebild von ihm in der Kinderseele unrealistisch sich überhöht. Selbstredend prägt auch das weitere soziale Umfeld das junge Wesen.

Menschwerdung ist Aufrichtekraft im Wachsen

Gott ist unsichtbar.
Er erscheint in der Schönheit der Natur und
in der schöpferischen Kraft des Menschen.

Im Folgenden spreche ich nicht von Berufskrankheiten, sondern horche dem tieferen Sinn des Wortes Beruf nach. Das Wort wurde von Luther geprägt und meinte den Ruf Gottes, den ganz persönlichen Ruf, zu dem wir mit all unseren Gaben aufgerufen sind, hier in der Welt mitschöpferisch zu wirken. »Person« meint nicht nur Maske; im lateinischen *per-sonare* steckt auch, dass unser ganz persönlicher Klang als Klang Gottes durch uns hindurchtönt. Weicht man davon ab und sieht nur den Gelderwerb, dann weicht man ab von seinem Ruf und lässt seine göttlichen Gaben und genetischen Anlagen brachliegen oder leitet sie fehl. Das kann zu geminderter Lebendigkeit führen. Wer seinen Beruf nicht findet oder gegen seine Berufung lebt, »kränkt« seinen Wesenskern. Das kann zu einer »Berufungskrankheit« führen, jedoch nicht im landläufigen Sinn.

Bauen ist der tief eingeborene Gestaltungsdrang, sich selbst zu gestalten. Das Selbst will aus dem Ich herauswachsen und sich sichtbar und dauerhaft gestalten. Der Mensch und auch das Haus sind nicht plötzlich da. Beiden gemeinsam ist das Wachsen.

Zum Bauen gehört der Planungsprozess. Dem menschlichen Leben liegt ebenfalls ein Plan zugrunde, ausgedrückt durch die Temperamente, genetischen und karmischen Vorgaben und die Konstellationen, die das Horoskop eines Menschen aufzeigt. Dieser Plan will offenkundig und verwirklicht werden. Die Verbindung zwischen der Selbstwerdung und dem Bauen des eigenen Hauses oder das Finden und Gestalten der eigenen Räume und Wohnung soll hier deutlich gemacht werden.

Bauen und Wohnen ist Menschwerdung

Künftiges Bauen und Wohnen will Raum geben für das Seelen-Ersehnte und das ist Wandel und Schritte nach vorne. Das erscheint paradox, weil Bauen und Wohnen traditionell ist, beharrend und auf Dauer angelegt. Doch heute ist es nicht mehr kollektiv gesteuert, sondern ganz aufs Individuum und seinen Entwicklungsweg bezogen. Darum geht es letztlich immer um die Gretchenfrage: Wie stehst du zu Gott – als Bauender, als Paar, als Gemeinschaft?

Dann wird Wohnen zur Therapie im guten Sinne der spirituellen Begleitung. Klänge oder Edelsteine sind zu Therapien gestaltet, das für unser Leben so bedeutsame Wohnen und Bauen aber noch nicht. Das ist kein Wunder, weil die Fremdgestaltung durch den Raum uns nicht so geläufig ist wie der uns auferlegte Rufname oder das uns auferlegte Sichkleiden – deren Wirkung ist unmittelbarer erkennbar.

Architektonische Entsprechungen

»Durch den Tod ins Leben.«
Euripides

Das Labyrinth

Der beschriebene Lebensweg findet sich auch in einem architektonischen Element wieder, dem Labyrinth. Nach dem Keimen strebt man heimwärts zum Ursprung des Lebendigen. Das ist im Labyrinth das scheinbare Ziel zur Mitte. In Wirklichkeit ist es Wende, Hinwendung zum Eigentlichen. Darum ist es beim Labyrinth kein Weg zurück, es ist ein Steigen, ein Steigern, wie unten dargestellt. Nach Kerenyi repräsentiert das Labyrinth die Unterwelt und ist als Weg eine Totenreise; im Wunsch nach Erneuerung des Lebens; als Weg in den Tod hinein, um darüber hinauszuführen; im Ersehnen einer Wiedergeburt. So ist das Labyrinth die verkörperte Gestaltung der Eigengeburt, denn man ging frei, also frei-willig den Weg.

Das Labyrinth liegt immer im Westen, dem Eingangsbereich der Kathedralen, und ist der Übergang von der äußeren sündhaften Welt zum Allerheiligsten des Inneren.

Labyrinth von Chartres.

Man möge einmal konkret diesen Weg in einem Labyrinth gehen und dabei in der Mitte angekommen sein, als sei man Anfang vierzig, innehält und dann zurückgeht. Die Abbildung vom Labyrinth in Chartres kann man sich vergrößern und im beschriebenen inneren Geschehen mit dem Finger durchfahren. Eine Weise, die man früher vollzog, als man sich die Pilgerfahrt zu einem solchen Ort nicht leisten konnte.

In den alten Einweihungsspielen stand »Hölle« für das reinigende Fegefeuer. Der letzte Schritt vor der Mitte hat im Labyrinth von Chartres eine stark abziehende Energie. Es ist wie ein energetisches Leerwerden, um dann in der starken Mitte erfüllt zu werden. Für mich sind diese energetischen Wirkungen wie eine Umstülpung, diese Entdeckung unserer Zeit (siehe Seite 184). Man geht ja auch wieder zurück. Die Lebensphase der »Waage« ist die seelische Entsprechung der Wandlung, der Energieabfall ist dann der reinigende Schmerz. Kommt man aus dem Labyrinth zurück, ist alles wie vorher und dennoch ganz neu und anders – von innen her.

Die enge Pforte

Die kleine Bewegung in der Mitte des Labyrinths ist die Umkehr. Die Mitte hatte die Schwierigkeit und Gefahr, ob die Rückkehr gelinge. Diese Schwierigkeit ist Eigenschaft des Totenreichs und oft in alten Versen besungen. Es ist das »Nadelöhr« im Neuen Testament, durch das man hindurch muss. Es findet sich im Gebauten wieder, den kleinen Eingangstüren in den frühen Kirchen. Die Informationen im energetischen Umleib des Besuchers bleiben am Eingang draußen.

Krypta und Turm

Die Bewegung des Wachsens findet sich wieder im Turm und in der Krypta. Die Krypta ist die Wandlungshöhle im Inneren der Erde. Sie ist klein und drängt schon von der Raumgröße her den Betenden in seinen Innenraum. Der aber wächst in der Gegenbewegung zum Außenraum – bis zum Turm. Jeder Turm und jede Fassade erzeugt in uns Aufrichtekraft. Das Erleben beider Bewegungen von der Krypta bis zum Turm darf man einmal unvoreingenommen erleben und gehört meines Erachtens zu jedem Architekturstudium.

Die Urimpulse zum Wohnen und Bauen

»Haus und Tempel waren eins;
beide sind ›Gotteshaus.‹
Dom H. van der Laan

Einstimmung

Es mag scheinen, als würden eher philosophische Beschreibungen folgen, aber sie sollen den Bauwilligen und Wohnenden anregen, sich bewusst zu machen, aus welchen rein praktischen, pragmatischen, aber auch tiefer liegenden Gründen er baut und wohnt.

Für unsere Vorfahren war jeder Bau eines Hauses die Wiederholung der Weltschöpfung, und damit war Bauen ein heiliges Geschehen. Alles ist kosmische Wiederholung: Die Woche entspricht der Schöpfungs- und der Karwoche, die Treppe der Himmelsleiter, der Stuhl dem Thron ... Alles ist auch heilig und heilend. »Wird das Haus ein bloßer Wohnraum, so verliert sich der kosmisch-heilige Charakter und die Chance, dass etwas geschieht«, so van der Laan. Nach Mircea Eliade: »Eine Wohnstatt bauen, heißt eine lebenswichtige Entscheidung treffen, denn es ist Welterschaffung. Die Wohnung ist immer geheiligt, denn sie ist Abbild der Welt. Wer einen Raum ordnet, wiederholt das Werk der Götter.« Es gilt, den Mythos »Wohnen und Bauen« als tragenden Mythos wieder zu beleben.

Woher wir kommen

Wohnen ist ein nicht erfüllbares Sehnen.

Vor der Geburt

Wir kommen aus dem Innenraum des Mutterleibes. Das ist die erste Raumerfahrung. Von dort kommen wir in die schutzlose Wirklichkeit im Sehnen nach Innenraum. Der Mensch ist vom Mutterleib an ein Wesen, das von innen kommt und seine Lebensräume vorrangig als Innenräume gestaltet. Jedes Haus wird zum Mutterbauch. »Das Haus ist die unmittelbarste Darstellung der ›Leiblichkeit‹. Nur wer im Gehäuse seines Leibes wohnt, kann ein Gefühl für den Raum des Hauses entwickeln«, so Richter. Daraus und aus dem Sehnen entstanden Wünsche, die baulich und wohnlich umgesetzt sein wollen:

Nestwärme, Sicherheit der Nahrung, Schutz, seelische Zuwendung von außen, geschlossener Raum, Umfriedung, hell und dunkel, warm, Wasser als Lebenselement, wiegend im warmen Wasser, rhythmisch im Gehen und Atmen der Mutter.

Mehr noch – wir beginnen nicht erst nach der Geburt zu leben. Wir hören schon die Stimme der Mutter und erinnern uns später an gehörte Melodien. Es ist sogar Stand der Wissenschaft, dass es schon Geruchs- und Geschmacksempfindungen gibt. All das will Wirklichkeit nach der Geburt werden. All das will durch Innen-Räume geschaffen werden, die uns den ersehnten Mutterbauch wieder geben. Daher das Sehnen nach Wärme und Berührung; und nach Geborgenheit – umhüllt, geschützt und genährt zu sein. Aber nie mehr werden wir den Innenraum so erleben wie im Mutterbauch. Darum ist Bauen und Wohnen ein nie ganz stillbares Sehnen.

»Mutterbauch« ist in manchen Kulturen das gleiche Wort für Haus. Das Innere des Leibes ist der Bereich der »Großen Mutter« und des Unbewussten, ist Symbol des weiblichen Archetypus. So ist das Wohnen das Weibliche, das Raum-Empfangen, das Raum-Nehmen. Die Vorstellung des Paradieses ist in jedem Menschen und kann sehr wohl auf die Geborgenheit im Mutterleib zurückgeführt werden. Auch das später immer ersehnte Gefühl nach Einheit ist im Vorgeburtlichen im wahrsten Sinne tief innerlich erlebt.

Auch im alten Ägypten entsprach das Haus dem Mutterbauch und dem Mutterschoß. Dies zeigt sich vortrefflich in dem Wortbild, das als Haus der folgenden Abbildung entspricht.

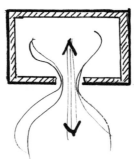

Das Haus als Gefäß.

Es ist auch als Gefäß gemeint, das aufnimmt und ausgießt. Die Öffnung eines Gefäßes ist wie die Tür eines Hauses. Sie ist die wartende Öffnung, wird durchdrungen vom Ein und Aus; verbindet das Weibliche mit dem Männlichen, das Mütterliche mit dem Väterlichen. Das betont die energetische Wirkung der Tür. Auch hier ist die Öffnung auf der Längsseite des Hauses (vgl. hierzu Seite 186).

Nach der Geburt und in den ersten Jahren

Nach der Geburt ist der Mensch noch offen, konkret die Fontanelle und damit der Kontakt zur geistigen Welt. Danach stößt man sich seelisch, geistig, körperlich an der Realität. Der entstehende Schmerz ist die Abtrennung von der kosmischen Welt. Man fällt ins Feste und wir spüren, wie verletzlich wir als Menschen sind. Weil wir aus dem Wässrigen kommen, schwimmend im Grenzenlosen, verfestigen wir uns. Müssen Grenzen suchen, um durch sie Widerstand zu erfahren, darin sich wahrzunehmen und sich zu erkennen. Das ist auch das Geheimnis des von Wänden umschlossenen Raumes. Wir kommen aus dem Leib in die Luft und aus dem Dunkel ins hellste Licht. Das kann man einmal meditativ verinnern, um die Gunst einer schützenden Hülle zu erspüren. Wir müssen von Anfang an eingehüllt werden und suchen später die Raumeshülle. Umhüllungen werden von uns gesucht: in der Windel, in der Wiege, in Raum, Haus und Ort.

Wir kommen aus dem Urvertrauen und nehmen alle äußeren Eindrücke in diesem Vertrauen an. Diese Prägungen in den ersten Jahren verformen uns, entfernen uns von unserem eigentlichen Wesen.

Zu Bedenken ist auch die Art der Geburt und ihre Beziehung zum Raum und zur Zeit: die Verzögerung, die Erwartung der Eltern und ihre Emotionen. Bedeutsam ist, ob es eine Zangengeburt war oder ein festgelegter Termin oder ein Kaiserschnitt. Wir werden zunächst von den Eltern bestimmt – in der Namensgebung, Kleidung usw. Wir erleben aber auch pränatal schon die Wohnung – und es kann dadurch geschehen, die Lebensumgebung der Eltern zu übernehmen. Ein Beispiel dieser Prägung: Ein junges Mädchen hatte keinen eigenen Raum, musste sogar im Bett des Vaters schlafen, obwohl er wechselnd dort auch Liebschaften pflegte. Als Erwachsene – sehr reich geworden – kaufte sie Häuser und ließ sie leer stehen. Das brauchte sie zu ihrer Befreiung.

Die elementaren Gründe

Was uns der Raum und die Wohnung bedeuten

*Ein Haus ist ein Anwesen, ist ein Wesen
und kann wesentlich machen.*

Jedes Haus hat durch Farbe, Klang, Form, Geruch, Gestimmtheit und Geschichte wie ein Mensch etwas Wesenhaftes. Was sind die elementaren Gründe, weswegen gebaut wird? Warum ist gerade der Bau eines Hauses, die Errichtung eines eigenen Raumes so bedeutungsvoll für den Menschen? Äußerlich: Schutz vor Wetter-Einwirkungen und Einsichtnahme, Eindringen von Unerwünschtem, Schutz des Eigentums und des Wertvollen, klare Grenzsetzungen im Sinne der »Einfriedung«. Das Haus ist die dritte, atmende Haut und nicht zu vergessen: auch Selbstdarstellung.

Wo aber ist der individuelle, der ganz persönliche Anlass zu bauen? Es gibt zwei Grundbewegungen des Menschen – das Wandern und das Wohnen. Das sind Urmythen, und sie beginnen mit Kain und Abel, dem Bauern und dem Hirten. Wer als Nomade zieht, geht immer wieder ins Ungewisse. Im Nomaden ist auch der Heros, der Held, der Wagende. Nun aber nicht mehr in Formel-1-Rennen, sondern in der eigenen Innenwelt.

Schon die Wortnähe vom »Bauer« und »Bauen« verweist auf das Sesshafte hin. Das Sitzen, der Besitz, der auch verteidigt werden muss, gibt zwar Sicherheit, macht aber gewohnt und kann gewöhnlich machen, weil der Mut des Wegziehens fehlt. Ganz versteckt ist das Nomadentum dennoch da. Ein Campingplatz verbindet den Siedler mit dem Nomaden, auch wenn die Räder der Wohnwagen vom Gras eingewachsen sind und Beete den Eingang zieren. Nicht nur im Reisen, sondern auch im immer häufigeren Umziehen schwingt noch der Nomade. Nach Statistik zieht jeder Deutsche siebenmal im Leben um. Darin liegt eine große Chance, das Wohnen als Weg, als Weg der inneren Entwicklung zu sehen. Das meint das oft von mir benannte »Wort über der Tür«, das ein Arbeiten an der inneren Architektur ist. Das ist wie das Ziel eines Ziehenden: Man wandert im Sichwandeln. Und ist bewegt wie der Nomade und zugleich sesshaft im Schaffen von Kultur. In jedem Wachsen ist Sehnen, ist Bewegung in die Zukunft hinein. Im neuen Bewusstsein kann das Wohnen und damit das Gewohnte und Gewöhnliche überhöht werden. Ein Haus ist ein Organismus wie der Mensch und will wachsen. Das kann im äußeren Raum nur bedingt geschehen, wohl aber im Seelenraum. Wenn Wohnen als Weg erkannt wird, dann orientiert es und fordert heraus.

Wohnung, Raum und Haus ist auch Heimat, ein Heim. Geh heim! meint auch geheim. In unserem Heim ist auch das Geheime zu Hause, das nur uns Bekannte und Vertraute, geheim vor den anderen. Kulturelle Beispiele: der geheime Raum hinter der Ikostanasie der griechischen Kirchen, im chinesischen Garten, der nicht betretbare Bereich, die Ecke für die Naturgeister.

Was aber ist das Geheimnis? Etwas, das uns nährt, wie das umhüllende Mütterliche. Das Geheime würdigt den nicht von außen betretenen Raum, den Bereich des eigenen Seelengartens. Darin liegt die aus dem Ursprung quellende Kraft des Numinosen. Etwas, das man nicht mitteilt, das vielleicht auch gar nicht Worte hat. Es bleibt ganz und rund und ungeteilt, ruht mit uns im Göttlichen.

In der Natur

>»*Dass wir das Wohnen erst lernen müssen.*
Das Geviert zu schonen, die Erde zu retten,
den Himmel zu empfangen, die Göttlichen zu erwarten,
die Sterblichen zu geleiten, dieses Schonen
ist das einfache Wesen des Wohnens.«
Marin Heidegger

In der wuchernden Natur muss sich der Mensch behaupten. Sie drängt ihn in einen von der »Wildnis« nicht berührbaren Ort. Doch will das Haus eingebettet sein in der Natur und sich aussöhnen durch liebevolles Gestalten des Gartens. Der Raum des Hauses wird dem Raum der Natur entzogen. Durch naturnahe Baustoffe, die möglichst dem Umfeld entnommen sind, gelingt Einklang mit ihr.

Das Haus ist künstliche Ergänzung zur Natur. Darum wird der Garten als Übergang so bedeutsam. Das Haus erscheint als ein aussöhnendes Element zwischen Mensch und Natur – gerade in unserer Zeit, in der wir der Erde so große Verletzungen zufügen wie noch nie zuvor. Wenn diese Versöhnung durch das Bauen stattfinden kann, dann bekommt das Schaffen eines Raumes eine noch tiefere Bedeutung und fordert uns zu erhöhtem Bewusstsein und Handeln heraus.

Wenn das Bauen und Wohnen zur Wandlung des Bauenden und Wohnenden wird, ist es wie ein großes, langes Gebet und erhöht die Materie.

Ein Haus bauen und bewohnen ist ein Zähmen der Natur, im Gegensatz zur frei genutzten Weide der Nomaden. Die Eingrenzung als »Eingeweide« schafft Nahrung, wie die Weide dem Tier. Darum ist der Hausbau ein Abtrennen von Raum aus der Unendlichkeit, ähnlich wie es das Jetzt in der Unendlichkeit der Zeit ist. Das aus dem unendlichen Raum genommene Haus ist wie ein Leerraum, herausgenommen aus der Fülle. Die räumliche Leere will »erfüllt« sein durch das Wohnen. Fülle durch das Geschehen, die Bewegung, das Leben im Raum (siehe Seite 111).

Das Haus macht die Natur vollkommen, wenn das Haus das Sehnen des Menschen nach Schönheit und Einssein erfüllt. Das Haus vervollständigt den natürlichen Raum. Dadurch darf das Haus nicht auf das Innen beschränkt werden, obwohl das Sehnen nach innen drängt. Der Garten als Übergang in die Natur möchte deshalb auch spirituell erfasst und gestaltet werden. Durch das Bauwerk erhält die geschaffene Natur eine größere Vollkommenheit. »Die Erde will immer Kinder haben. Häuser, Blumen und Bäume, die aus ihr wachsen und die Vermählung der menschlichen Seele mit der Großen Mutter bestätigen«, schreibt C. G. Jung.

Die Höhle

Aus der Tatsache, dass der Mensch aus dem Tier heraus sich entwickelt hat, sind noch Grundbedürfnisse aus sehr tiefen Schichten da – etwa der Nestbau und die Flucht in die Höhle. Das Glück der Höhle, sei es Heuhaufen oder die Bettdecke bis hin zur Stallwärme und Intimität des Geruchs. Die Erdoberfläche ist wie der Augenblick des Jetzt in der Zeit. Die Höhle wäre Rückzug. Das Haus ist Wagnis, ist Sehnen. Höhle ist nicht »geschaffen«, sondern vorgefunden. Eine Höhle ist ungestalteter Raum und damit keine Versöhnung von Mensch und Natur. Höhlenarchitektur ist Ur-Architektur und war vorrangig Flucht-Architektur. In die Höhle zieht sich der Mensch zurück. Er flieht auch vor dem Raum der Natur, indem er in die Natur sich hineinbegibt.

In Rückschau auf die Frühzeit des Menschen wird die Höhlen-Architektur sichtbar, die Schutz bot und Geborgenheit wie der Mutterbauch und durch das fehlende Licht auch die umhüllende Dunkelheit. In den dunklen Höhlen fühlte man sich den Gottheiten näher, weil die Höhlen auch als Öffnungen zur Mutter Erde galten. Deshalb findet man in ihnen die Opferaltäre. Ganze Städte, wie in Kappadokien, wurden als Höhlen gestaltet und dienten oft als Flucträume – wie auch den ersten Christen die Katakomben in Rom.

Das Haus ordnet

In Nordeuropa war der Wald früher unsere »Wüste«. Wir mussten unterwerfen, roden und domestizieren. Mussten durch Gestalten eine Ordnung ins Chaos geben. Dies zeigt ein Beispiel, wie aus dem vorgefundenen Material, den Baumstämmen, Grundformen geschaffen wurden. Die Abbildung stammt von Ausgrabungen in Lepinski Vir (etwa achttausend v. Chr.).

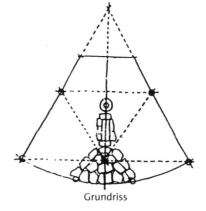
Grundriss

Urform eines Hauses.

Die uns umgebenden Räume des Hauses sind vorrangig im rechten Winkel gebaut. Der rechte Winkel ordnet, denn er ist die Grundform unserer Gestalt, senkrecht auf der Erde stehend. Wir brauchen ordnende Prinzipien, weil wir immer wieder aus »der« Ordnung fallen. Denn Menschenweg ist Chaos durch die psychische und spirituelle Entwicklung. Der geordnete Raum schafft Ordnung im Geist- und Seelenraum. Die Überwindung der Schwere als Stolz und aufbauende Kraft ist in uns eingeschrieben. Alles Leben ist ein Erheben über die Schwerkraft.

Vom Innenraum

»Die Wände werden gemacht, der Innenraum entsteht.«
Dom H. van der Laan

Die Bedeutung des Hauses ist für den Mann anders als für die Frau. Das ist schon biologisch bedingt. Der Leib der Frau gebiert neues Leben: Das ist eine Betonung des Inneren – körperlich und seelisch – und drückt sich aus in sozialer Wärme, in Familie, Wohnen, Beseelung des Raumes, Geschehen im Raum und Innenraum-Gestaltung, meint hier aber nicht Design.

Der Mann, dessen Kraft nach außen drängt, will sich im Schaffen verwirklichen. Möglicherweise auch durch den Schmerz, nicht unmittelbar wie die Frau gebären zu können, will er unmittelbar kreieren. So gestaltet er im Außen und baut Gehäuse für das Lebensgeschehen.

In der Führung des Schwertes wurde auf die zwei verschiedenen Bewegungen aufmerksam gemacht: im männlichen Raum-Geben und im weiblichen Raum-Nehmen. In beidem liegt ein aktives Geschehen, auch im Nehmen. Dadurch entstehen zwei unterschiedliche Raumbetrachtungen. Dabei kann ein Mann sehr wohl auch »weiblich« sein und umgekehrt. Sich dem Innenraum zu stark zuzuwenden, vernachlässigt nicht nur den Umraum, sondern auch das Gemeinschaftliche.

Sicherheit

Es ist eine erstaunende Tatsache, dass wir, obwohl wir in Europa in gesicherter Umwelt leben, dennoch unverhältnismäßig um unsere Sicherheit bangen. Unsere westliche Kultur ist bis in die philosophischen Gedankengebäude hinein auf Angst aufgebaut. Das gibt dem Haus eine besondere Bedeutung für Verlässlichkeit und Sicherheit. Sicherheit auch im Materiellen, denn eine Immobilie behält eher einen Wert als das flüchtige Geld. Längst ist der unmittelbare Warenaustausch vergessen, fast vergessen auch, dass jede Münze und jeder Geldschein seinen Gegenwert in Gold und Silber hatte. Wir leben in der Verlogenheit des letztlich wertlosen Papiers – und der Wunsch nach Dauer, Gewissheit, Sicherheit, Vertrauen verfestigt sich im Bauen als Gegenbewegung.

Sicherheit ist auch seelisch zu verstehen. Wir haben keinen Halt mehr in Kirche, Großfamilie, unauflösbarer Ehe. So gibt das eigene Haus uns eine fassbare Sicherheit, es birgt vor der namenlosen uns umgebenden Angst. Das Gewohnte schenkt Vertrauen. Andererseits sind wir in eine Zeit der Individuation gestellt und das bedeutet Wandelkraft und damit Chaos und Ängste. Wenn wir akzeptieren, dass Angst uns umgibt, sind wir ihr nicht ausgeliefert und können sie als Wegweiserin nutzen. Dann wird Wohnen zum Leben in notwendiger Ordnung und gibt uns Halt für unser inneres Wandlungsgeschehen.

Das Gewohnte

Das Gewohnte des Wohnens hat auch positive Seiten. Denn die Macht der Gewohnheit gibt Sicherheit. Durch das Tun und die Wiederholungen im geschützten Raum entsteht eine Verdichtung des Lebens und bewahrt vor Zerstreuung von Lebenskraft. Es hält jedoch auch fern von äußeren Gefahren und deren Erfahrungs-Herausforderungen.

Unsere nervöse Lebensweise braucht den Halt des Gewohnten, die beruhigende Wiederholung der Taten, die zentrierende Aufmerksamkeit auf das jeweils Einzelne und das ordnende Prinzip des Tuns. Selbst Geschirr-Abwaschen ordnet durch seine innere Logik. Außerdem muss für Gewohntes weniger Bewusstsein aufgewendet werden. »Kein Organismus kann es sich leisten, sich der Dinge bewusst zu sein, mit denen er auch im Unterbewusstsein umgehen kann«, so Gregory Bateson.

Hausbau und Wohnen ist Lebensgestaltung und spiegelt den Lebensweg

Architektur ist Jubel der Aufrichtekraft.

Die Wechselwirkungen im Leben eines Menschen finden sich auch im Zeit-Verlauf des Hauses wieder: Nicht nur, dass es altert, es finden auch permanent Veränderungen statt. Bauen ist das Bedürfnis, sich persönlich auszudrücken. Das Haus, der Raum spiegelt den Bewohner. Raum ist Ich-Ausdruck. Durch den gestalteten Ich-Ausdruck des Raumes wird immer wieder Resonanz an die eigene innere Gestalt entstehen. An den »Ruf«, der uns führt. Dann wird der Raum, das Haus zum Ausdruck des Selbst. Jedes Haus ist ein sich Gestalten, ein Aufrichten des Selbst.

Es gilt, die Biografie und damit den Zeitenleib eines Menschen wie ein Haus, die Architektur zu betrachten. Im Erbauen des Hauses wiederholt sich das Wachstum des Menschen – sichtbar und erlebbar im Wachsen seiner Körpergestalt. Daraus erklärt sich die Übereinstimmung von der Fassade mit der Menschengestalt: der Kopf als Dachstübchen, die Augen als Seelenfenster, der Schornstein zum Entweichen der Seele, der Keller als das Unterbewusste und Ort der Triebe. Auch das Haus steht auf der Erde. Das ist so selbstverständlich, dass wir die Wirkkraft, von dort zu wachsen, übersehen könnten. Wir leben im Raum über der Erde und setzen den Raum auf die Erde. Er steht in der Luft, die ihn umgibt. Raum, Form und Größe des Hauses spiegeln die drei Ebenen des menschlichen Seins: Erfahrung, Wahrnehmung und Erkenntnis – physisch der Raum, sinnlich die Form und vom Verstand die Größenabschätzung.

Die Kraft der Zeit – Die Zeiten der Kraft

Einstimmung

>*»Für das reine Geschehen gibt es keine ›Zeit‹.*
>*Es ist selbst die Zeit.«*
>Heinrich Rombach

Der Winter mit seiner Kälte, Kargheit und seinen kristallinen und harten Formen ist männlich und bedarf der weiblichen Qualitäten des sich Wohlfühlens, der geringeren äußeren Aktivität, der Zeit und Muße. Der Sommer mit seiner organischen Fülle will von uns draußen den Ausgleich von Kraft und Verwirklichung, will Aktivität.

Das Leben wird kraftvoll, wenn die nur fließende Zeit gestaltet wird. »Das Wichtigste für die Weiterentwicklung der Menschheit ist, aus der bloßen Raumesanschauung herauszukommen, in das Zeiterleben hinein. Die Götter leben nur in der Zeit. Das große Übel unserer Gegenwart ist: Sie betet das Äußerliche, die Raumeseinrichtungen an«, schreibt Manfred Schmitt-Brabant.

Weil es um energetische Lebensgestaltung geht, dürfen wir die Qualitäten der Zeit mehr einbeziehen. Wir verschwenden viel Energie, wenn wir um die Rhythmen der Zeit nicht wissen und sie nicht nutzen. Das fordert in unserer Zivilisation heraus, weil deren Maßstab zwar die Zeit selbst ist, aber zerteilt in Sekunden, Minuten und Stunden, die uns die Uhr vorgibt. Das aber ist kein Rhythmus. Wir geben der Zeit keinen Raum, keinen Lebensraum. Hasten dahin. Wohin? Dabei ist Zeit ein Vorgang der Verinnerlichung.

Manches findet sich in meinen anderen Büchern wieder, weil mir die Wirkung der Zeit so am Herzen liegt. Hier ist es eine vertiefende Wiederholung, weil bedeutsam für Rituale und ihren richtigen Zeitpunkt. Auch gibt es Anregungen zur spirituellen Baubegleitung, weil wir das ganze Baugeschehen als Zeitqualität erfahren dürfen.

Die Zeit ist weiblich

»Das Verstehen des Weiblichen ist für die Gesundung des Kollektivs notwendig.«
Erich Neumann

Die Erfahrung von Zeit ist der Frau unmittelbar gegeben. Sie erfährt Zeit körperlich durch die großen Zeitspannen der Menarche, Menstruation und Menopause. Die Menstruation lässt das Erwachsenwerden unmittelbar im körperlichen und seelischen Verändern erleben. Später ist sie körperliche Reinigung, jedoch mit seelischen Tälern verbunden, die bei feinsinniger Umgebung auch als monatliches Wandlungsgeschehen kultiviert werden kann. Früher gab es eigene Häuser, diese hohe Zeit gemeinsam durch Rituale und meditative Rückschau auf die vergangene Periode zu aktivieren – statt zu tabuisieren und zu verachten. Durch die Menstruation entsteht ein Zeitgefühl für Wiederholung und Verlässlichkeit. Rhythmus und Sinnlichkeit als unmittelbare Naturerfahrung in sich selbst. Für Knaben wurden ersatzweise sehr schmerzhafte Initiationen vollzogen durch Beschneidungen und geheime Namensgebung. Der medizinische Aderlass war eine parallele Erfindung. Die Schwangerschaft übt die Akzeptanz einer besonderen Zeitqualität ein – die Dauer und das unmittelbare Erleben des Wachsens. Es ist ein Warten in einer nicht selbst bestimmbaren Zeitdauer, die zudem nicht beschleunigt werden kann. Es ist ein Hinhören innen. Die Geburt ist die unmittelbare Erfahrung, schöpferisch zu sein – in der Geburt eines Geschöpfes. Bis vor gar nicht so langer Zeit starben dabei viele Mütter. Diese mögliche Todesnähe wurzelt, wenn auch verdeckt, dennoch in der Frau – im Leben geben und dem Tode nah zu sein. Daraus entsteht ein tiefes Vertrauen ins Leben; ist Seinsannahme und Heimat in sich selbst finden. Es ist aber auch die Gegenseite, die in Kali, Inanna und der »verschlingenden Mutter« in der Kulturgeschichte erscheint. Der werdenden Mutter ist der Schmerz der Wehen und der Geburt vertraut; Schmerz als Anteil eines Wandlungsgeschehens und Vorbereitung für einen vertieften spirituellen Weg. Und dann das Stillen. Die Mutter gibt aus dem eigenen Körper, gibt von sich in unmittelbarer Verbindung zu einem anderen Menschen. Hier offenbart sich die tiefe Kraft, eine Gemeinschaft zu bilden. Die dargelegten Zeitqualitäten wie Warten, Geschehenlassen, Rhythmus, Pause, Dauer und Wiederholung sind Qualitäten, die sich in der Natur wiederfinden.

Dem Mann sind all diese unmittelbaren Welterfahrungen verschlossen. Er kann nicht einmal sicher sein, ob er der leibliche Vater ist. Vaterschaft ist eine freie Annahme und dadurch eine kulturelle Tat. Die Kulturgeschichte weist auf, dass er jeweils einen Ersatz sucht – dieser wurde auch als Kultur schaffend ausgedeutet. Die Grenzerfahrung der Todesnähe sucht er u.a. in Extremsportarten.

Die Beziehung von Raum und Zeit

Die zwei Weisen hier auf Erden zu sein, bewegen sich in Raum und Zeit. In meiner Schau ist der Raum, das Schaffen des Raumes männlich. Was im Raum geschieht und damit der Zeit zugehörend ist, möchte ich weiblich nennen. Das ist für mich naheliegend, wenn ich die unmittelbaren Zeiterfahrungen der Frau würdige. Zeit zeugt das Geschehen im Raum.

Nach Steiner steht der Mensch in einer wirkenden Zeitenströmung, die genauso viel Realität besitzt wie die Raumeswelt. Der Mensch hat einen Zeitenleib, der begrenzt ist zwischen Geburt und Tod. Jeder Mensch hat damit eine bestimmte Zeitausdehnung. Wir bewegen uns mit unserer physischen Existenz durch den Zeitenleib. Schon vom Klang her tönen Raumworte an.

Das Jetzt ist das einzige Phänomen, um die Zeit zu erfahren. Es ist der Raum zwischen einer Vergangenheit ohne erkennbaren Anfang und einer Zukunft ohne darum wissendes Ende. Das Jetzt hat keine Dauer, kann sich nur ausdehnen von einem Augenblick bis hin zu einem Jahr. Um Dauer zu erfahren, müssen zwei Zeitpunkte sichtbar werden, als Anfang und Ende. Da liegt die Entsprechung zum Raum. Die Wände sind die Raumgebung in der Unendlichkeit (siehe Seite 111). Wir sprechen vom Zeitraum, einer Zeitspanne. Über dem Leib und der Zeit steht der Seelenraum. Die Verbindung von Raum und Zeit zeigt sich besonders in der Musik, dieser Zeitkunst.

Die Kraft der Zeit

> »Alles hat seine Stunde.
> Für jedes Geschehen unter dem Himmel gibt es eine bestimmte Zeit.«
> Das Buch Kohelet

Die Kraft der Zeit dürfen wir neu einbeziehen. Früher wurde sie sozial gestaltet durch viele Feste, Feiertage und gemeinsame Arbeitsrhythmen. Auch die Gestaltung der Zeit ist nun in die Hand des Individuums gelegt – als Teil seiner Ganzwerdung. Meist jedoch leben wir gegen unsere organische Zeit und müssen uns deshalb ihrer bewusster werden. Wir nehmen sie vorrangig als Beschleunigung wahr. Das aber führt uns von der Qualität der Zeit weg. Wir vergeuden dadurch nicht nur Kraft, wir schwächen uns auch. Verschwendete Zeit ist verschwendete Energie. Auffällig ist, dass bei Beratung und Planung die Räume im Fokus sind. Dabei befindet sich ein Mensch doch in den verschiedensten Entwicklungsstufen, wie die Skizze auf Seite 199 zeigt.

Jedes Bauen, jeder Einzug in eine neue Wohnung ist räumlich ein Schritt in die Zukunft. So wie ein Raum für die Zukunft gestaltet wird, so darf es auch die Zeit. Nach Steiner hat jede Zukunft ihre Herkunft – also gibt es Zukunft nur durch Herkunft. Wir dürfen uns einem Weg zuwenden, den man den Weg der Erinnerungskraft nennen kann. Was erinnert wird, kann erkannt und als wandelnd für die Zukunft gestaltet werden. Und dennoch darf das Vergessen gelernt werden, damit eine Leere entsteht, in die hinein etwas neu Erkanntes gegossen werden kann. Dabei ist zu unterscheiden zwischen dem Vergessen und der bewussten Erinnerung. So ist der Schlaf ein Vergessen – und ein Erinnern.

Wie bei der Kirchweihe und früher beim Tempelbau, wird der Urimpuls der Gründung durch ein Ritual neu belebt. Die Wiederholung von Ritualen zu einer bestimmten Zeit sättigt diese Stunde mit Kraft. Die rhythmische Wiederholung einer Handlung festigt das Ätherische. Auch wenn nur die kurze, aber tägliche Wiederholung zur gleichen Zeit geschieht, einen Text zu lesen oder ein auserwähltes Bild anzuschauen. Wer rhythmisch lebt, erkennt und lebt die Tage anders. Rhythmen werden schon im Mutterleib durch den Herzschlag der Mutter erlebt und durch das Wiegen im Wasser. Rhythmus macht die Zeit spürbar, die sonst unmerklich dahinfließt. Die Uhr misst nur die Zeit, macht die Zeit als Kraft aber nicht erlebbar. Rhythmen energetisieren, psychische Energie wird geweckt und koordiniert.

So sind Feste Hoch-Zeiten und geben dem Leben Spannung. Die Pause. Das ist ein Innehalten zum Nachwirken. Geordnete Zeit ordnet. In seelischen Bedrängnissen hilft das Tun, denn jede Handlung hat ein Ziel. Es zu erreichen, bedarf der Folge der inneren Logik des Tuns. Das ordnet, besonders, wenn es um das Handwerkliche geht. Aufmerksamkeit wird abgefordert und lenkt vom inneren Geschehen im guten Sinne ab – das beruhigt.

Zeiten der Kraft

★ Die Wirkung des jährlichen Sonnenverlaufs: An ihrem höchsten und niedrigsten Stand und zur Tag- und Nachtgleiche entstehen Übergänge, die wie Öffnungen zum Einlass der kosmischen Kräfte wirken.
★ Der Mond-Wechsel: im Abnehmen das Lösende, im Zunehmen das Wachsende, die Hälften sind eher kritisch.
★ Die Dämmerungen als Übergangszeiten des Tages; der Morgen als Impuls, der Abend zur Hingabe. Als Übergangszeiten des Lichts und der Natur verstärken die Dämmerungen die geistig-seelische Kraft und die Intuition. Gut für Raum- und Ortswahrnehmungen. Die Abendstunden sind Öffnungen für seelisch-geistige Anregungen, sei es Musik, Kunst, Poesie, Philosophie, statt Aktion und Fernsehen.
★ Geburtstage sind Hoch-Zeiten, den Impuls des eigenen Lebens zu erinnern. Wenn man in »glückenden« Zeiten geboren wurde, können sie dienen: der Sonntag, zu Sonnenaufgang, an Festtagen und »zwischen den Jahren«. Das sind

besondere Zeiten und begünstigen die Wahrnehmung. Es gibt eine einfache Weise, die Stimmung und Geschehnisse des Tages der Geburt zu erfahren, indem Sie per Google die Zahlen des Geburtstages eingeben.
★ Dem eigenen Namenstag kann man Bedeutung verleihen.
★ Die christlichen Feiertage lassen sich »aktivieren«. Auch wer nicht christlich eingestimmt ist, lebt dennoch im morphischen Feld des Christentums, und ihre besonderen Zeiten wirken auf uns. Bei den Tagen kann man auch die Heiligen bedenken. Da sie verehrt werden, entsteht an diesem Tag ein Kraftfeld.
★ Astrologisch können Kraftzeiten erkannt werden. So kann die Grundsteinlegung aus einer günstigen Konstellation der Planeten gewählt werden.

Die Erscheinungsformen der Zeit

*»Zeit ist wie Ewigkeit, Ewigkeit wie Zeit,
so du nicht machst einen Unterscheid.«*
Angelus Silesius

Die Stunden des Tages und der Nacht

Wie die Obertöne eines Klanges, teilt sich der Tag musikalisch in die Oktave. Eingebettet sind darin die Terzen, die uns als »Engelsstunden« aus der christlichen Tradition nahe sind. Um neun Uhr die Terz, weil der heilige Geist an Pfingsten ausgegossen wurde. Um zwölf Uhr die Sext: Todesurteil durch Pilatus und Dämon der Trägheit. Um drei Uhr die Non: Christus stirbt am Kreuz. Um sechs Uhr: Stunde der Finsternis.

Die Geburtsstunde einer Glocke, ihr Guss, erfolgt traditionell noch immer am Freitag um drei Uhr nachmittags, der Sterbestunde Christus. Vielleicht weil Glocken die bösen Geister und das Dunkle vertreiben sollen? Terzen sind Pausen zum Innehalten; auch als bewusstes Abstandnehmen vom Tun, um sich nicht in Aktivität zu verlieren. Sie sind wie ein Stoßgebet. So gibt es geistige Gemeinschaften, die bei einem Glockenton auf ihrem Anwesen alles Handeln für einen Augenblick ruhen lassen. Der Mittag ist der Stillstand des Tages und wird klugerweise durch ein Nickerchen erholsam gewürdigt.

Beim Einschlafen und Wachwerden entstehen Schwellenzeiten und Übergänge, in die hinein geistig-seelische Fragen gegeben werden und Antworten nachts kommen können. Wir verbinden uns dann mit der übersinnlichen Welt, weswegen wir uns früher mit den Engeln verbunden haben. Durch Rückschau im Beenden des Tuns und durch Fragen zu leiser Antwort aus der Nacht heraus. Der Schlaf ist heilig, wir haben dann Anteil an der übersinnlichen Welt. Er ist der kleine Bruder des Todes. Eine Entscheidung durch die Nacht tragen, das ist auch Urvertrauen ins innere Wachsen. Besser noch, durch sieben Tage und Nächte tragen, dann wächst ein Entscheid durch die Tagesqualitäten der Nacht. Früher maß man nach Nächten. Das war den Germanen vertraut und deutet auf die Akzeptanz unserer dunklen Seelenräume hin im Seelenrhythmus.

Die Wochentage

Rhythmus ersetzt Kraft und gibt Kraft.

Jede Woche wiederholt als morphisches Feld für uns im Westen die Qualitäten der Schöpfungswoche und der Karwoche. Um die Kraft der Woche zu erfahren, sollte man in der Karwoche – die oft auch Urlaubswoche ist – sich einschwingen und den einzelnen Tagen nachspüren. Die Texte aus der Schöpfungsgeschichte des Alten Testaments und die Karwoche ab Palmsonntag aus dem Neuen Testament können dabei inspirieren. Die gesamte Menschheit lebt den Siebener-Rhythmus. Das rührt nicht nur aus der Zeit, als der Kalender sich nach dem Mond richtete. Energetisch entspricht die Woche einer Viertel-Mondphase. Diese Nähe zum Mondrhythmus macht, dass die Woche der Seele ihren Rhythmus verleiht. Darum sollten wesentliche Entscheidungen möglichst durch die Kraft der Wochentage und Nächte getragen werden.

Der Abend vom Sonnabend
Er ist Ende und Anfang der Woche. Der Sonnabend ist in unserem nordischen Kulturkreis schon immer der Abend vom Sonntag gewesen. Der Sonntag wird deswegen um sechs Uhr auch eingeläutet. Gegen Abend ist die große Schöpfungspause. Ist Chance, in der Stille der Pause »in reiner Wahrnehmung« der Woche nachzusinnen, mit dem Herzen zu sehen und dem Neubeginn nachzuhorchen. Dann ver-

bindet die Pause die aufeinanderfolgenden Wochen, die vergangene mit der kommenden – ist Pause des Einatmens der Woche. Es ist die Pause vor dem Impuls des kommenden Sonntags. Es heißt in der Genesis: »Am siebten Tag vollendete Gott sein Werk und ruhte.« Er schuf. Das Wort »und« verweist, dass er auch ruhte. Um diese Pause des Innehaltens geht es mir. Nachklingen lassen und Ausklingen, Leerwerden, damit neue Impulse keimen können. Dies ist energetisch für uns persönlich bedeutsam, weil wir unseren Geburtstag am Abend vorher meditativ einstimmen können. Dann kann am Geburtstag getrost laut und gesellig gefeiert werden.

Sonntag
Erster Tag der Woche und Tag des Impulses der Sonne mit ihrer zuversichtlichen königlichen Ruhe. Neue Entschlüsse und Planungen im tiefen Vertrauen für einen neuen Beginn können gefasst werden. Aus der Ruhe dieses Tages heraus werden Kräfte gesammelt und klare Entscheidungen vorbereitet. Gleichzeitig zeigt sich auch Spannung auf das Kommende – aus der Ruhe heraus. Dieser Tag sei ein Fest.

Montag
Tag des Mondes und der inneren Wachstumskraft. Tag der Vorbereitung der beginnenden Umsetzung der Sonntagsimpulse. Jedoch sollte man Hektik möglichst vermeiden. Die Ideen des Sonntags sollte man mit der Wirklichkeit konfrontieren und sie an diesem Tag sich entfalten lassen ... Allerdings mehr im inneren Geschehen zu all dem Neuen, das der Alltag nun bringen wird. In diesem Tag steckt wie im Mondischen auch die Kraft der Hingabe. Mehr ordnend tätig sein. Gut für Routine-Arbeiten. Anstehende Entscheidungen möglichst eine Nacht überschlafen. Aus der christlichen Deutung des Tages: Es wirkt das Glaubensgeheimnis der Heiligen Dreifaltigkeit.

Dienstag
Frz. Mardi, Mars- und Widder-Tag. Konkretes, dynamisches und ganz persönliches Wollen. Tatendrang und Zielrichtung. Im Mut, eigene Ideen unbefangen durchzusetzen. Kann dadurch zu Fehlern führen, braucht also auch Nachsicht sich selbst gegenüber. Auch weil in der Marskraft das Zerstörende liegt und als Schöpferisches sich äußern will. Noch wirkt der Mond im Warten, obwohl der Mars

drängt und schnell handeln will. Beginn der eigentlichen Arbeit. Gut für konkrete Entscheidungen. Die Widder-Ich-Kraft erschwert gemeinsames Zusammenarbeiten. Christlich meint der Tag das Glaubensgeheimnis der heiligen Engel.

Mittwoch
Frz. Mercredi, Merkur-Tag. Nach der Ich-Kraft des Mars wächst nun das Interesse am Du und damit an der Umwelt, der Umgebung und dem Menschen. Was kann davon ins eigene Tun einbezogen werden? Was und wer passt zusammen? Guter Tag für Begegnungen, Vermitteln, Gemeinsames, Treffen, Kommunikation, Beweglichkeit, Fremdes und Neues. Christlich: Glaubensgeheimnis des heiligen Joseph.

Donnerstag
Frz. Jeudi, Jupiter-Tag. Größere Zusammenhänge und deren Folgerungen können über das bis jetzt Erkannte hinaus erfasst werden. Das übergeordnete Soziale einbeziehen. Optimistisches und sinnvolles Handeln. Besonnenheit und Weisheit. Taterfüllung und Erwartung. Ein »kleiner Sonntag«. Neuer Energieschub. Glaubensgeheimnis des Heiligen Geistes und der Eucharistie.

Freitag
Venus-Tag. Über das Praktische und Notwendige hinaus der Schönheit und Harmonie gewidmet. Tag des Ausgleichs. Die Qualität des Spielerischen, Künstlerischen und Schöpferischen ist enthalten, darum kein guter Tag für Prüfungen. Glaubensgeheimnis des Leidens Christi. Karfreitag ist wie das schwarze Loch, energetisch abbauend vor dem aufbauenden Sonntag. Wirkt hinein in den Sonnabend in der Frage: Wird er auferstehen?

Sonnabend
Saturn-Tag. Das Alte wird abgeschlossen. Fordert zur ruhigen Besinnungspause heraus. Ende der Schöpfungswoche und damit große Vollendungskräfte, die das Schöpferische unterstützen. Schöpferische Pause und Reife- und Erntetag. Wie der Schlussstein eines Gewölbes. Glaubensgeheimnis der Maria.

Das Jahr und die Monate

Die Rhythmen des Jahres und damit der Natur wurden schon immer gefeiert und von der christlichen Kirche mit dem Lebensweg Jesus verbunden. Das Jahr spiegelt den Weg des Menschen wider, sein Wachsen und Werden und findet seinen sinnlichen Ausdruck in der Natur und im Garten (siehe hierzu Seite 187).

Die Feste gliedern das Jahr. Durch die Anbindung an den Ursprung der Feste verbindet man sich mit der reinen Kraft des Impulses, der in der Nachfolgezeit mit Abweichungen vom inneren Ziel und durch Gewohnheiten an Kraft verlor. Die Sonnenwendezeiten wie Ostern und Michaeli, Weihnachten und Johanni sind besondere Zeiten. Aber es wirken auch die anregenden Zwischenzeiten, die in Nordeuropa von den Kelten gefeiert wurden: 1. Februar: Imbolc, 1. Mai: Beltaine, 1. August: Lugnasad, 1. November: Samhain. Im Kreis der Jahresfeste stehen sie wie Diagonale in der Zeit, anregend wie die Raumdiagonalen. Die Festtage sind zeitlich um drei Tage von der Sonnenstellung versetzt, um sie energetisch in ihrer geistigen Qualität »verträglicher« für uns zu machen.

Der helle Sommer mit seiner größeren, körperlichen Leistungsfähigkeit und sinnlichen äußeren Anregung ist mit seiner Entdeckungs- und Tatkraft bewegend. Der dunkle Winter mit seinen langsameren Reaktionen und der geringeren Anregung durch äußere Reize zieht die Aufmerksamkeit mehr nach innen; er wirkt musisch und philosophisch und legt geistig und seelisch einen Keim für den Sommer. Die Bedeutung des Monats und die Wirkung einer ganzen Mondphase kann für Lern- und Besinnungszeiten nicht überschätzt werden. Das ist auch Grund, weswegen wir unsere Schulungen mit Pausen von über vier Wochen machen. Dann wirkt die Mondeskraft mit im Verinnern, Wachsen und Gebären. Auch ein Urlaub oder eine Kur sollte mindestens vier Wochen dauern.

Die zwölf heiligen Nächte

Diese Nächte stellen die zeitliche Differenz dar zwischen dem Sonnen- und dem Mondjahr. Es ist die große Pause zwischen den Jahren, in die bewusst das kommende Wachstum hineingegeben wird. Obwohl im dunklen Winter, überwiegt die geistige Strahlkraft der Sonne. Kosmische Tore zum Himmel sind geöffnet. Deshalb waren diese Nächte früher den Göttern geweiht und heilig.

Die sogenannen Raunächte beginnen an Heiligabend und enden am 5. Januar. Der 6. Januar (Heilige Drei Könige) ist die Zusammenfassung dieser Zeit. Neujahr ist die Hälfte dieser Zeitspanne. Die zwölf Tage und Nächte entsprechen dem kommenden Jahr – so der 25. Dezember dem Januar, der 26. dem Februar usw. Wir können uns auf das Jahr einstimmen: durch bewusste Hinwendung zu Träumen; äußere Begegnungen auf ihre Bedeutung hin untersuchen; Fragen an das künftige Jahr stellen. Es empfiehlt sich, in diesen Tagen frei zu sein von Zwängen und Arbeit; und in einem Regelmaß zu leben und ein Tag-Nacht-Buch zu führen. Eine Fastenwoche vor Weihnachten stimmt ein.

Rituale im Planen, Bauen und Wohnen

Einstimmung

Das Leben wird durch Rituale geordnet, belebt, verstärkt.

Je länger ich geomantisch arbeite, umso bedeutsamer wird mir das Ritual. Das zeigt sich im Äußeren auch dadurch, dass ich angefragt werde, bei einem Bau oder einer Wohnung ein Ritual durchzuführen. In der spirituellen Baubegleitung sind Rituale ein wesentlicher Teil. (Ausführliche Hinweise und Literaturangaben zu Ritualen finden Sie in »Orte heilen«, Seite 168f.)

Früher dienten viele Rituale zur Dämonen-Beschwörung. Wenn wir Rituale unbedacht wiederholen, können alte Ängste mitschwingen. Es gilt heute, zumal wir in einem anderen Bewusstsein leben, Neues zu entwickeln, um eine spontane und frische Kraft anzuregen. Diese unsere Zeit der Individuation will eine neue Verbindung herstellen zwischen dem Individuum und dem rituellen Vollzug. Eine wesentlich andere Form des Opfers ist es dann, Anteile des Egos hinzugeben.

Wie nah uns Rituale immer noch sind, wurde mir bewusst, als der Hamburger SV wieder im Fußball gegen Werder Bremen verloren hatte. Im »Hamburger Abendblatt« schlug eine Sportpsychologin von der Hochschule Köln Folgendes vor: »Als eine Art Ritual der Befreiung könnte das Hamburger Team gemeinsam die Verlierer-Trikots verbrennen.«

Was sind Rituale?

Das Wort »Ritual« kommt von lateinisch *ritus* und meint einen feierlichen, religiösen Brauch, eine Zeremonie, sich mit dem Göttlichen zu verbinden. Dann interessieren sich auch die geistigen Ebenen für das Geschehen. Es wirken feinstoffliche Energien. Rituale haben Symbolcharakter und rühren unbewusste Schichten der menschlichen Kultur und Archetypisches an. Sie aktivieren Mythen aus dem Seelenreich der Menschheitserfahrungen.

Die Kraft der Rituale

Rituale wirken alchemistisch. Sie werden unterstützt durch den körperlichen Vollzug in Haltung, Gebetsgebärden, Gesten, Tanz, Musik, Kleidung, Zeitfolge, Festlichkeit, Düfte. Sie sind dadurch sinnlich erfahrbar. Sie können wiederholt werden und nähren dadurch den Ursprungsimpuls. Sie reinigen, wenn etwas geopfert wird aus eigener Ego-Hingabe. Durch das Leerwerden von Ego-Anteilen und durch den Gottesbezug kann Gnade erfolgen, können kosmische Geschenke empfangen werden. Ein geistiger Impuls wird in eine Form gebracht, wirkt im Seelenbereich und auf der Herzensebene. Rituale sind unabhängiger von Raum und Ort. Sie richten Energien aus und heben eine Handlung aus dem Alltag festlich heraus. Rituale sind soziale Geschehnisse: Geistige Gemeinsamkeit öffnet für die Mitwirkung geistiger Welten. Sie schaffen eine Atmosphäre, damit Göttliches geschieht.

Jedes Ritual sei ein Gottesdienst

Es gilt, einfache Rituale zu entwickeln und zu leben. Mit welcher Geste und inneren Haltung möchten Sie eine Kerze anzünden? Auch das gemeinsame Tun kann rituellen Charakter bekommen: Mahlzeit, Reinigen, Segnen, Gebet, Singen usw. Ebenso wirksam sind Rituale des Vergebens – sich und anderen.

Ein Ritual ist die geistige Vorwegnahme dessen, was in der Materie sich verwirklichen soll. Die hohe geistige Schwingung im Ritual spiegelt das Künftige ins Jetzt hinein. Ein Ritual ist eine bewusste Entscheidung, ein Bekenntnis. Die gemeinschaftliche oder persönliche Idee wird fokussiert. Die Energie ist klarer, denn sie ist noch rein, ohne die Verwirrungen des Tuns. In der Verwirklichung und ihrer Herausforderung gibt das Ritual eine aufbauende Kraft. Deshalb sollte das Ritual seinen konkreten Ausdruck finden, etwa in einem Symbol, gemalten Bild usw.

Übung

Verbinden Sie sich mit Ihrer Herzenskraft. Finden Sie einen geschützten Ort, der abgegrenzt ist von anderen energetisch nicht gewollten Einflüssen. Wählen Sie eine bestimmte Zeit: die Hoch-Zeit des Tages, der Woche, des Monats, der Jahreszeit, des Mondstandes oder einer astrologischen Kraft. Es kann auch der Tag eines Heiligen sein. Sie bereiten sich innerlich und äußerlich eine längere Zeit vor, sodass sich die langsameren Seelenkräfte ausrichten und ausbreiten können. Vollziehen Sie alles etwas langsamer und wenden Sie sich mit allen Sinnen, ganz sinnlich dem Geschehen zu. Daraus entsteht unmittelbar Sinn. Wie in einer Meditation tun Sie nur das Eine, das jetzt dran ist – ganz bei sich und gesammelt. Das ist auch Urgrund von Ekstase. Seien Sie anwesend ganz mit dem Herzen, dem Geist, dem Fühlen, dem Körper. Und nicht nur mental. Das Mentale ist Teil der Vorbereitung, verabschiedet sich danach. Die Handlung sei herausgehoben aus dem Alltag, dem Gewohnten, sei durch Pause und vorherige Reinigung und festliche Kleidung gewürdigt. Durch meditative Einstimmung werden Ego-Anteile fortgegeben, damit sie sich nicht mit dem Ritual vermischen. Verbinden Sie sich mit den Naturgeistern, dem umgebenden Geist oder dem Engel dieser Zeit und dieses Ortes. Alles in aufgerichteter Haltung.
Lauschen Sie den Botschaften!

Warum ist das Ritual im Planen, Bauen und Wohnen so bedeutsam?

★ Geistige, seelische, körperliche, sinnliche und soziale Impulse werden als sinnvoll erkannt und geklärt – bevor die Materie gestaltet wird. Dadurch entstehen hohe Schwingungen und tragen durch die Zeit.
★ Noch Unsichtbares wird offenbart. Kraftplätze, aber auch die von Menschen geschädigten naheliegenden Bereiche werden einbezogen.
★ Die Kraft der vier Elemente wird genutzt. Mitgebrachte Kraft- und Schutzgegenstände können ebenso stärken.

★ Das Wesen der Zeit wird erlebbar gemacht in der Herausgehobenheit, der Vorbereitung, den Pausen, der Dauer, der Wiederholung. Bewusst löst man sich von der mechanischen, hektischen Zeit.

Finden und Gestalten des eigenen Zeichens, Logo-Gestaltung

Einstimmung

Die Suche nach dem eigenen Zeichen kann Wegstrecke sein zur Ganzwerdung. Sie kann das Baugeschehen oder den Wohnungswechsel von Anfang an mitbestimmen. Als ich eine Gemeinschaft beriet, die für ihre Arbeit ein Zentrum bauen wollte, wurde die Suche nach dem Zeichen zu einem wegweisenden Schritt – lange vor dem ersten Strich auf einer Planskizze. Das Finden des gemeinsamen Wortes und Zeichens machte die Schwächen und Hemmnisse bewusst, aber auch die gemeinsame Stärke. Weil Bauen ein Wachsen ist, will das gefundene Zeichen ein Ausdruck der Lebenskraft und Geistesrichtung sein, der angestrebt wird. Ich betone: Dieses Zeichen gibt nicht nur das verfügbare Potenzial wieder, sondern mehr noch das angestrebte. Dadurch »steht man im Wort« und die Energie ist in die Zukunft hinein ausgerichtet. Gleichzeitig teilt sich einem Außenstehenden diese Willensentscheidung nonverbal mit. Was hier für eine Gruppe beschrieben wurde, gilt auch für jedes Paar und jeden Einzelnen.

  Der Gürtel des tapferen Schneiderleins im Märchen »Sieben auf einen Streich« ist einerseits der Traum von seiner eigenen Stärke, zum anderen ein wirkendes Kraftzeichen, ein Kraftsymbol. Ein solches Symbol lädt immer wieder die eigene Kraft auf und sammelt sie durch die Aufmerksamkeit des Anschauenden. Es erinnert an den Urimpuls, damit in die Welt zu gehen. Aus den noch nicht voll erkannten Stärken heraus wird die Kraft des Symbols wachsen. Weil das Zeichen sichtbar ist, wirkt schon jetzt, was sich im Laufe des weiteren Lebenswegs vollenden will.

Das Symbol – seine Bedeutung und Wirkung

> »*Das Symbol ist unmittelbarer, vom Geist gesetzter Ausdruck seiner selbst und gehört zu den tiefsten Geheimnissen des Menschseins und der Schöpfung.*«
> Alfons Rosenberg

Symbol, griechisch symbolon, meint »Zeichen und Sinnbild; bildhaftes Zeichen, das einen tieferen Sinn ausdrückt«. Deshalb wird hier der Kraft des Symbols nachgehorcht. »Zeichen« kommt von »zeigen, kundtun«. Ein Symbol ist nicht reine Geistigkeit. Ein Symbol ist im Menschen archetypisch vorhanden. Symbole rühren an unsere menschliche Vergangenheit und unser noch immer anregbares uraltes Erkennen. Ein Symbol enthüllt eine Wirklichkeit, die anderen Erkenntniswegen schwerer zugänglich ist. Durch das Symbol wird das Seelenleben lebendiger, reicher und fruchtbarer. Das Symbol drückt ein Idee aus und gibt eine Information über die eigene Aussage hinaus. Es wirkt aus dem Unbewussten und auf das Unbewusste ein, drückt etwas nicht unmittelbar Wahrnehmbares aus.

Im Mittelalter war die symbolische Deutung die einzig gültige Bestimmung der alltäglichen Wirklichkeit. Durch diesen ihren Ursprung können Symbole schöpferische Prozesse anregen. Sie wirken energetisch abwehrend, mindernd oder aufbauend. Sie können informiert werden mit Gedanken und Absichten. Sie können heilend wirken, weswegen sie auch zu konkreten Heilzwecken eingesetzt werden. Dadurch ist ihre Bandbreite groß, ihre Wirkkraft jedoch mit alten und allgemeinen Inhalten verbunden. Für uns wird jetzt die Wirklichkeit, die hinter den Dingen wirkt, bedeutsam, weil es um eine individuelle Auslegung geht. Die uns so lang vertrauten Symbole können altern und ihre Wirkkraft einbüßen. Symbole wirken auch oberhalb des Persönlichen. So weist C. G. Jung auf den Fünfstern hin, den sowohl Russland wie auch Amerika in ihren Flaggen haben. Jedoch rot oder weiß, woraus er auf die Feindseligkeit zwischen diesen Mächten schließt.

Das eigene Zeichen

Ein Zeichen drückt allgemein die Grundgegebenheiten des Menschen aus. Sie sind in seinem körperlichen Wesen und dessen Gesten einverleibt. So wirkt die senk-

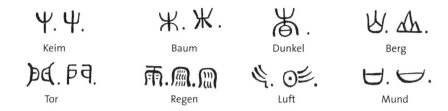

Gestik der altchinesischen Schriftzeichen.

rechte Gerade für Stehen und Aufrichten gegen die Schwerkraft, für Tat und Yang. Die liegende Gerade ist passiv, lagernd. Aus der chinesischen Schriftentwicklung wird es deutlich.

Das persönliche Zeichen ist das Geschenk am Ende des Eigenweges. Es ist nicht in weitere Worte fassbar. Ist unmittelbares Erkennen und Darstellen des eigenen Lebensmotivs. Es entzieht sich der notwendigen Erklärungen für den anderen. Es kann freilassend erahnt werden, wirkt aber als Kraft im Raum. Es ist die Signatur des Einzellebens. Die ständige Wiederholung des Zeichens ist nicht Verarmung, sondern Verstärkung. Das Zeichen gibt die persönliche Kraft wieder. Teilt mit, was sein wird. Fordert dadurch auch immer wieder heraus und richtet die eigene Kraft aus.

Das eigene Zeichen ist wie das »Wort«, zu dem man steht, und das wie ein sich immer wiederholendes Mantra wirkt. Ist Maß, an dem alles im Alltagsleben gemessen werden kann. Es gibt dem eigenen Standpunkt eindeutigen Ausdruck in Bild und Wort. Woran man sich von außen halten, ausrichten und vertrauen kann. Es äußert die innere eigene Wirklichkeit – im Bekennen.

Wirkungen des eigenen Zeichens

Hier ist das Zeichen gemeint, das dem »Wort über der Tür« entspricht. Es ist dann Ausdruck der inneren Architektur; es ist Vorbereitung des Grundtons, des Maßes, nach dem das Gebäude, die äußere Architektur konkret gebaut werden soll. Das Suchen nach dem eigenen Zeichen ist Findung der Mitte. Es verpflichtet zur Verwirklichung, weil bekennend geäußert. Das Zeichen ist verdichtete Bewegung und grenzt an das Symbolische und an die Kraft eines Symbols. Jede Form bindet Ätherkräfte, so auch das Zeichen. Das eigene Zeichen kann auch zum Logo werden. Das Arbeiten am eigenen Zeichen ermöglicht, andere Menschen bei der Suche zu unterstützen. Für Menschen, die sich selbständig machen oder schon sind und als Einzelne sich zeigen wollen, kann es als Logo erscheinen.

Das Zeichen und Wort über der Tür

An Bauernhäusern finden wir Segenssprüche und Symbole über dem Tor. Sie sind allgemeiner Natur. Für uns sind Wort und Zeichen verbunden mit der individuellen Entwicklung in den zwei Gesten des Eingangs – das Abwehren und das Empfangen. Türsturz heißt die Öffnungsüberbrückung, meint »Umbruch« und steht für Umstülpung. An der Tür findet im neuen Bewusstsein eine Umstülpung statt. Dahin gehören Wort und Zeichen; jedoch auf der Innenseite, um sich nicht unnötig verletzbar zu machen. Unter der Schwelle wurden früher zur Abschreckung des Widersachers Opfer vergraben. Unser Opfer als Hingabe kann symbolisch ausgedrückt werden durch das, was wir als Verhaltensmuster ablegen wollen.

Bei einem Holzhaus können die Türpfosten wie früher durch Symbole polar gestaltet sein und damit die Kraft des Polaren erzeugen. Dann wird der Gang durch die Tür ein Wandlungsgeschehen.

Finden des eigenen Zeichens

Ein Weg zu seinem Zeichen kann durch die Kräfte des Polaren gelingen. Das Polare ist das Spannungsfeld zwischen zwei gegensätzlichen Kräften. Ebenso ist es unsere menschliche Herausforderung, die Gegensätze als Lebenskraft in sich zu vereinen. Gerade Gegensätze zeigen eine Wirkkraft – so darf in einem Zeichen diese Spannung auch sichtbar werden.

Die folgenden Hinweise zu einer Meditation können dazu dienen, Gegensätze spannungsvoll, lebendig und als zusammengehörend zu erfahren. Die Meditation sollte, auch wenn nur kurz, über eine längere Zeit jeden Morgen durchgeführt werden. Das innerlich Erlebte wird durch den Tag getragen. Es sollte dazu ein Begleitbuch geführt werden, das abends die inneren Stationen in Worten und in Skizzen aufzeichnet. Beispiele:

FLUSS	und	UFER
WASSER	und	STEIN
SCHWERT	und	SCHEIDE
FEUER	und	WASSER
KREIS	und	QUADRAT

Wichtig ist das Wort »und«. Wir fühlen uns einmal als widerstehenden Stein und einmal als umtosendes Wasser. Das fordert am Tag dann ständig selbst heraus.

Es gibt andere und ergänzende Wege zum eigenen Zeichen, wie das dynamische Zeichnen: Man geht in die Stille. Vor uns auf dem Boden liegt ein großes weißes Blatt Papier und ein Stift. Aus der Stille heraus wird der Stift angesetzt und fährt, ohne abzusetzen in einer fließenden Bewegung, die Fläche füllend. Danach wird das Gezeichnete wahrgenommen, welche Bewegung sich wiederholt hat oder ins Auge fällt. Das wird durch stärkeres Auszeichnen betont und auf einem weiteren Blatt für sich gezeichnet. Das Blatt wird dann in alle vier Richtungen gewendet – und dann entscheidet man sich für eine. Das Bild bleibt uns in der nächsten Zeit vor Augen und fordert zur weiteren Verdichtung auf. Es kann auch dann die Farbe hinzukommen. Auch eine Telefon-Kritzelei kann Hinweise zum Zeichen geben, denn die Aufmerksamkeit war während des Sprechens und Hörens weniger gegenwärtig. Es wurde dem Unterbewussten viel Raum gegeben – und die Hand folgte. In unseren Schulungen nähern wir uns dem eigenen Zeichen durch das Führen eines Schwertes. Es zeigt den Umgang mit der eigenen Kraft. Das Schwert, seine Spitze, führt die Kraft in zwei unterschiedlichen, aber zusammengehörenden Grundbewegungen: den Raum im vertikalen Schnitt zu geben und den Raum im horizontalen Schnitt sich zu nehmen. Wenn das im Körper eingesickert ist, entstehen aus den äußeren Bewegungen innere Entsprechungen, die sich in Zeichen auf dem Papier verdichten können. Nach den beiden Grundbewegungen still werden und dem Körper nachhorchen. Dann in höchstens zwei fließenden Bewegungen die Gestimmtheiten aufs Blatt setzen. Mit diesen Zeichen ebenso »schwanger« gehen. Es können sich hierzu Fragen ergeben: Welches der aufsteigenden Welt-Entsprechungen aus dem Mineral-, Pflanzen- und Tierreich will sich äußern, ist mir nah? Welches der Tiere will seine Entsprechung finden, ist mir zugehörend: Biene, Bär, Adler, Schwalbe, Delfin, Schlange, Katze, Fisch, Hund, Schaf, Sphinx, Drache,

Löwe, Hirsch? Welche Menschenrasse, welches Volk ist mir wesensnah und kraftgebend? Ist der Mond mir nahe oder entspricht mir die Sonne? Was aus den polaren Grundbewegungen strebe ich an?

Logo-Gestaltung

Weg zum eigenen Logo

Das Logo ist ein Zeichen, das zum Symbol wird.

Das Logo ist das Zeichen, mit dem ich an die Außenwelt trete und auf mein Tun und meine Fähigkeiten aufmerksam mache. Folgende Hinweise können der eigenen Gestaltung dienen oder Teil einer Beratung sein, bis hin zu einem neuen Berufsfeld.

Ein Logo ist zugleich der Ausdruck der persönlichen Kraft. Diese Kraft muss noch nicht voll lebendig sein, will aber erkannt und mit der Kraft des Willens entschieden sein. Dann wirkt das Logo auch als ausrichtende und ermutigende Energie. Logofindung und Gestaltung ist Lebensausrichtung. Das Logo sei wie eine Auszeichnung, sei edel. Edel kommt von »vornehm«. Vornehm meint: Ich stelle mich richtungsweisend vor. Ein Logo ist wie ein Wappen der kühne Ausdruck der eigenen Kraft, für die man steht. Auf einer anderen Ebene ist das Logo wie die eigene Namensgebung, ist Eigenschöpfung.

Ein Logo kann durch ein Wort, einen Satz, eine Gedichtszeile bereichert werden. Sinnvoll ist ein Zitat, weil es über die Selbstdarstellung hinausragt. Dabei ist wichtig, den Worten in ihrer Ursprungsbedeutung nachzuhorchen – auch etymologisch. Das Wort hat Symbolkraft – und seine Urkraft kann wiederbelebt werden. Durch ein Logo findet verdichtet eine unbewusste Kommunikation statt. Das Logo sollte eindeutig sein. Wenn jedoch die angebotene Leistung im Bereich alltäglicher Anwendung auch Spirituelles meint, sollte das Feinstoffliche eher »durchschimmern«, um nicht abzuschrecken.

Das Logo zeichnet den eigenen Entwicklungsweg vor. Dieses Vertrauen in die eigene Kraft teilt sich dem anderen Menschen mit. Besonders auch dadurch, dass die größte persönliche Kraft aus dem Anerkennen und Wandeln der eigenen größten Schwäche entsteht. Das Logo ist Zielvorgabe dessen, was man selbst erreichen oder vervollständigen will. Jedes derart gestaltete Logo erinnert und fordert die eigene Kraft.

Deshalb ist ein Logo hochgradig ein Träger von Information und sehr empfänglich. Geht man mit dem eigenen Zeichen als Logo nach außen, können Emotionen und ungute Gedanken enthalten sein. Auch jene des Menschen, der das Logo gestaltet. Das verweist darauf, ein Logo nur dann zu gestalten, wenn man rein ist oder – wie früher beim Bauen – im Gebet. Das Logo sollte man selbst entwickeln, weil dann die Impulskraft und die entschiedene Wandelkraft einfließt. Der Mensch, der die weitere Gestaltung übernimmt, sollte gut ausgesucht werden.

Die Kunst, das wahre Zeichen zu finden, bedeutet die Eigenarten und das Besondere eines Menschen zu erkennen. Jedoch gilt es, Eigenarten zu vermeiden, die zu Verzerrungen führen können. So entwarf jemand ein Logo für sich, das erst dann erkannt werden konnte, wenn Briefbogen und Umschlag nebeneinander lagen. Das entsprach zwar seiner genialen Denkweise, war aber für andere nicht nachvollziehbar.

Beratung zum Finden eines Logos

Wer sich nicht zeigt, wird nicht gesehen.
Wer zuviel von sich zeigt, wird über-sehen.

Das Logo ist Erkennungszeichen wie der Fisch den Christen, als sie in Rom verfolgt wurden. Sogar die Symbole auf den Schildern der Soldaten dienten in früheren Zeiten dazu, den Feind vom Freund zu unterscheiden. Die Suche nach dem Logo kann therapeutische Züge bekommen. Denn es gelten sinngemäß die Hinweise zum Finden des eigenen Zeichens. Besonders herausfordernd ist das Finden eines Logos für eine Gemeinschaft. Oft wird bewusst, dass man um eine unsichtbare Achse schwingt, die eine Grundspannung anklingen lässt – wie die zwischen dem Weiblichen und dem Männlichen.

Da es bei einem Logo um die berufliche Tätigkeit geht, will das Thema »Ruf und Berufung« seinen Ausdruck finden, denn Profession heißt »öffentliches Bekenntnis«. Was soll es ausdrücken: Ruhe, Festigkeit, Sicherheit, Anregung, Vertrauen, Leichtigkeit, Impuls, Kraft? Es sollte auch nicht zu eindeutig sein, sondern etwas offen lassen zur Anregung.

Ein Beispiel: Eine Firma ändert ihr Logo. Es geschieht, als der Vater die Firma dem Sohn übergibt. Anfangs war das Logo so gestaltet, dass es eine diagonale Richtung gab von unten rechts nach oben links. Das entspricht in einer Fläche energetisch, dass die Kraft aus der Materie in ihre Überhöhung sich steigert und erklärte sich aus der Gründerzeit kurz nach dem Krieg, als es vorrangig um Existenzsicherung ging (siehe Seite 275). Der Sohn veränderte die Richtung von unten links nach oben rechts. Das steht für eine erhöhende Kraft, die man beschreiben kann: aus dem tiefen Unbewussten in ein höheres Bewusstsein geführt. Diese Veränderung des Logos vollzog sich intuitiv, ohne das tiefere Wissen um die energetischen Zusammenhänge, und zeigt die Verbindung auf zwischen dem inneren und äußeren Geschehen in einer Firma. Logo-Beratung ist ein Weg des Bewusstmachens.

Juristisch: Das Logo ist eine »Wortbildmarke« und kann geschützt werden.

Gelungene Beispiele eines Logos sind oft von ganz einfacher Form:

Technische Hinweise

★ Mit guten Gedanken gestalten.
★ Möglichst selbst gestalten, um fremde Energien zu vermeiden.
★ Die Kriterien des Bildaufbaus berücksichtigen, insbesondere die Diagonale.
★ Gilt für die Blattaufteilung, dass oben rechts das Logo und die Adresse sitzt.
★ Diese symmetrisch setzen, wenn es um Harmonie und Ruhe geht.
★ Wohltuende Proportionen wählen: Harmonikal oder Goldener Schnitt.
★ Leichte Dissonanz einfügen, wenn es um Anregung geht.
★ Auf die Farbwirkung achten. Komplementärfarben nebeneinander erhöhen sich.
★ Farbkombinationen überhaupt energetisch beachten.
★ Gute Lesbarkeit auch durch klare Farbgebung.
★ Einheitliche Schrift.
★ Das Schriftbild groß genug. Gut lesbar, aber nicht protzig.
★ Das fertige Symbol messen, besser von jemand anderem messen lassen.

Klang, Musik und Architektur

Einstimmung

> »*Musik und Architektur sind Schwestern, da sie beide Kinder der Zahl sind. Sie haben die gleiche Würde, da die Architektur die ewige Harmonie widerspiegelt und die Musik ihr Echo ist.*«
> Augustinus

Dieses Thema ist vielfältiger, als es hier im begrenzten Raum erfasst werden kann. Es soll aufmerksam machen, zum Weiterforschen anregen und inspirieren, wenn es um Rituale im Baugeschehen geht. Es kann nicht all die Zusammenhänge aufweisen, die zwischen der Architektur und der Musik und ihren Klängen besteht. Mir geht es hier um den Bezug zum spirituellen Bauen und Wohnen und dazu gehören Musik und Klang, verbunden mit der Kraft der Zeit und dem Tanzen. Denn Bauen und Wohnen will wieder zum Ritual werden und von Ritualen begleitet sein.

Es gibt für die Verbindung zum Bauen sehr wohl Untersuchungen aus früheren Epochen, für unser modernes Bauen gibt es nur wenige Hinweise. Ein umfassendes Werk steht noch aus. Dieses Thema wird in meinen Schulungen behandelt, weil es auf den Hochschulen höchstens gestreift wird. Der von Augustinus zitierte Satz klärt sich auf, wenn die Zahlen als Wesenheiten erfasst werden und ihr Verhältnis zueinander ein Klang und eine Proportion bedeutet. In der harmonikalen Planung finden wir die architektonische Umsetzung (siehe auch »Räume der Kraft schaffen«, Seite 196 f.). Dann wird das oft gehörte Wort »Alles ist Klang« fassbarer und Architektur als verdichtete Folge von Wort, Musik, Malerei, Skulptur und Baukunst erspürbar.

»Gemälde sind in den Augen empfundene Musik.«
Paul Cézanne

Im Altertum klingt es schon an in der Sage von Orpheus, der mit seiner Leier nicht nur die Menschen und Tiere, sondern auch die Bäume und Berge bewegen konnte, weil alles Musik ist. Nach Vitruv, dem römischen Architekten und Theoretiker des 5. Jahrhunderts, gehörte es zur Ausbildung eines Architekten, Musik zu betreiben. Und später weist Kepler zum Firmament und erkennt, dass die Umlaufbahnen der Planeten dem harmonikalen Gesetz gehorchen und meint: »Das Universum singt.« Man spricht von den singenden und musizierenden Engeln, Kepler gar von einer »Sphärenharmonie«. Wenn wir singen und musizieren als Gotteslob, dann formt der Gesang, weil wir in Resonanz kommen. Resonanz heißt »Wieder-Tönen«. Wir kommen in Einklang mit dem Urklang. In unserer Zeit weist der Förster und Forscher Schauberger auf das harmonikale Gefüge im Wasser hin und betont, dass im Gesetz der Evolution das Urphänomen Ton niedergeschrieben ist.

Die Bedeutung des Klangs in der antiken Baukunst zeigt sich im »Turm der Winde« in Athen, dem ersten Oktogon auf europäischem Boden (2. Jahrhundert v. Chr.). Die Form des Oktogons verlangte höchste Steinmetzkunst, dennoch sind die Steinformate extrem unterschiedlich. Der Turm wurde von dem »Österreichischen Archäologischen Institut« vermessen. Im Jahresbericht von 1989 wird beschrieben, dass ein musikalisches Prinzip in den Steinquadern gebaut wurde, und man spricht darin von der »Sphärenharmonie«. Und das in einem wissenschaftlichen Bericht, dem jede esoterische Deutung fern liegt!

In der Gotik, dieser dem Gral nahen Zeit, wurde aller Ballast abgeworfen und das Mauerwerk auf das Wesentliche zusammengefasst. Alles steht unter höchster Spannung: Pfeiler, Riegel, Bogengewölbe und Rippen. So sehr, dass manche Kathedrale einstürzte. Wird ein Pfeiler angeschlagen, dann kann er zum Schwingen kommen. Im alten China diente das Studium der Klänge und Musik der Heilung. Auch dadurch, weil sie ordnet und damit im Widerhall steht zu den Ordnungen der Sterne und der Organe im menschlichen Körper. Der künftige Herrscher studierte die musikalischen Gesetze, um die innere und äußere Ordnung des zu regierenden Staatsorganismus zu begreifen. Die drei Seelenkräfte des Denkens, Fühlens und Wollens finden sich wieder in der Melodie als beseeltes Denken, in der Harmonie und im Rhythmus.

In den zwei Gegebenheiten von Raum und Zeit ist Musik die Zeiteinbindung im Raum.

Übereinstimmung von Musik und Architektur

> *»Architektur ist eine verstummte Tonkunst.«*
> Johann Wolfgang von Goethe

In der Malerei finden wir das Musikalische wieder, sei es bei Kandinsky oder Cezanne in seinen Badenden. Das ist reine Musik. Es findet sich auch in der Formgebung wieder, der Diagonale im Bild.

Kandinsky.

Ein Musikstück hat einen Anfang und ein Ende – ist Weg und Volumen, Reihung und Gegenbewegung, Richtung und Pause, Neigung und Wiederholung. Die Pause ist das Wesenhafte in der Musik, ist die Stille, die dennoch kein Nichts, sondern das Eigentliche sein kann.

Anhand eines Musikstücks und dessen Ablauf finden sich die Schaffungsimpulse der Architektur: Impuls, Idee und Thema. Entwicklung und Abweichung. Dissonanz und Antrieb. Ziel und Hemmung. Lösung und Verdichtung. Wieder Antreiben. Rhythmus, Finale und Schluss. Rhythmus ist Wiederkehr von Ähnlichem in ähnlichen Abständen. Takt ist Wiederkehr von Gleichem in gleichen Abständen. Rhythmus ordnet Ungeordnetes, gibt Halt vor Chaos und der Angst vor der Freiheit.

Das Bauwerk ist ganz da, es wird erlebt und belebt durch unsere Bewegungen im Raum. Ein Musikstück entwickelt sich und kann wiederholt werden. Ist das Bauen eines Hauses mit einem Musikstück vergleichbar? Ist ein Haus eher ein Instrument, auf dem man spielt, geht, tanzt, ruht, blickt, verändert? »Sollte alle plastische Bildung, vom Kristall bis auf den Menschen, nicht akustisch, durch gehemmte Bewegung zu erklären sein? Plastik also nichts anderes als Figuristik der Musik?« fragt Novalis. In diesem Satz kann man Plastik mit Architektur gleichsetzen, dann ist der Sprung zwischen Musik und Architektur gelungen.

Die Wahrnehmung ist unterschiedlich. Die Musik wird aufgenommen durch Ohr, Haut, Energiekörper des Menschen und regt zur Bewegung, zum Tanz an. Architektur wird durch Auge, Gehen, Fühlen, Widerhall wahrgenommen. Eine Folge im Sinne einer sich verdichtenden Oktave ist: Logos, Wort, Licht, Klang, Farbe und dann die Form. In den Klängen werden die Rhythmen der »*harmonices mundi*« hörbar, in den Farben werden sie schaubar. Die Synergie ragt immer mehr in unser Bewusstsein und deutet bei der Raumgestaltung nicht nur auf die ergänzende Farbgebung, sondern auch auf die Klangwirkung hin.

Die Nähe von Klang und Musik zur Architektur und Raumgestaltung zeigt sich in der gleichen Wortwahl, denn es geht in beiden Künsten um die Harmonie.

Rhythmus:	Die Säulenordnung.
Grundton:	Der Grundton in der Harmonik und in den Proportionen.
Die anregende Dissonanz:	Die gewollte und gekonnte Abweichung, das Offenlassen bei perfekten Formen.

Der Weg und das Ziel:	Die Gänge und Weggestaltungen.
Grundordnung:	Das Fügen der Räume zueinander.
Die Wiederholung:	Das Modul in der Gestaltung, Wiederholung gleicher Elemente und Proportionen der Gestaltung.
Die Variation eines Themas:	Ordnung der Räume zueinander.
Pause:	Schwelle, Tür, Vorflur.
Symmetrie:	Fassaden, Säulenordnung.
Resonanz:	Energetische Resonanz durch Material, Form, Farbe, Grundton der harmonikalen Gestaltung.
Zahlen:	Wie in der Harmonik.
Ordnungsprinzipien:	Geistig, energetisch, gleiche Formen.
Gestimmtheit:	Geschehen und Gefühls- und Empfindungswerte im Raum, besonders durch Farben, Licht, Dämmerung, Übergänge.
Moll:	Das liegende Rechteck, Yin.
Dur:	Das stehende Rechteck, Yang.
Das nicht unmittelbar Hörbare, die Obertöne:	Entsprechen den nicht sichtbaren Diagonalen, die das Auge in der leeren Fläche sucht.
Kulturgeschichtlich:	Gotik = Transzendenz. Barock = Lebensfreude, Sinnlichkeit.

Wirkung von Klang und Musik

»*Musik kann eine der ganz großen Brücken werden,
um den Menschen aus der Raumes-Anschauung
in das Zeit-Erleben hineinzuführen.*«
Rudolf Steiner

Durch den ständigen Geräuschpegel der Straßen und die musikalische Berieselung wird unser Hören »wie von Staub bedeckt«. Wir verlieren eine Dimension. Zudem sind viele Geräusche im leblosen Takt der Explosionsmotoren.

Stimmung und Stimme gehören zusammen. Je näher wir unserer Mitte und im Herzen sind, umso höher ist die Intensität der Obertöne, wenn wir singen. Ein Ton ist reines Eigensein. Er beginnt, er erklingt, er wird und er vergeht. Der Ton ergreift uns, dringt in uns ein. Das Ohr ist passiv, nimmt leicht auf, ist eine Vertiefung und führt zu einem seelischen Akt. Gedankenlos. Es ist nach innen hin dunkel. Töne, Akkorde und Melodien lösen das Empfinden von Formen und Farben aus und regen zu Bewegungen und Tanzschritten an. Die Intervalle ergeben innere Bezüge zu Gefühlsinhalten, Form- und Farbwirkungen. »Kaum schlug ich einen Ton an, da hörte ich ihn schon nicht mehr, sondern betrachtete ihn. Töne, Akkorde, Melodien und Rhythmen verwandelten sich in Bilder, Linien, Figuren und Landschaften, vor allem in Farben«, so Jacques Lusseyran, der in seiner Jugend erblindete.

Kreatives und gemeinsames Hören erhöht die Energie in einem Raum. Im Konzertsaal wird das Publikum zum Klangkörper. Wirklich hören ist ein geistiger Prozess. Die Bedeutung der Musik als seelische Wirkung im Raum kann man durch ein einfaches Experiment erkennen. Sobald bei einem Film die Musik ausgeblendet wird, werden die Handlungen fast leblos und mechanisch.

Bei einer Einweihung wurde der spirituelle Bauimpuls von der Bauherrschaft allen Anwesenden benannt. Eine begabte Geigerin improvisierte dieses Bekenntnis. Das gemeinsame Hören schuf einen Klangkörper, schuf geistigen Raum, der sich mit dem Raum verbinden konnte. Der Raum nahm den Impuls auf. Durch die entstehenden Obertöne der Geige fand eine energetische Information auch der Wände statt.

Der Klang der Uhren ist mehr als das Schlagen der Stunden. Es ist wie bei den Glocken des Ortes auch Reinigung, meint aber auch das *Memento mori*, das Gedenken des Todes in der verrinnenden Zeit. Uhrenklang ist Maß der Zeit im Lebens-Raum. Glocken tragen Ätherkräfte, die Gebete und Rituale ins Land.

Die Wirkung auf den Raum

Die Töne verhallen, aber die Harmonie bleibt.

Durch das Hören entsteht ein anderes Raumgefühl. Auf meinem Grundstück in Griechenland sind nicht alle Grenzen eingezäunt, und wenn ich von Weitem die Ziegenherde sich nähern höre, lausche ich, ob sie gar durch einen Zaun gebrochen sind, laufe dahin und finde sie noch weit entfernt. Den Raum durchs Hören zu erfassen, ist eine besondere Übung. So höre ich einen Vogel im Baum, aber kann ihn schwer orten. Das erstaunt, denn in der Wahrnehmung von Proportionen ist das Ohr viel genauer als das sich immer wieder anpassende Auge.

Vielleicht braucht das Ohr den Widerhall eines Raumes, im Sinne des Aussendens und der Reflexion. Jeder Raum hat durch den Widerhall seinen eigenen Klang. Unhörbar hat der Raum seine eigenen Intervalle. Wenn man Länge zur Breite zur Höhe auf den Saiten des Monochords eingibt, erklingt der Raum.

Zwischen Mensch und Raum ist auch unmittelbare Resonanz, denn sein Gehen klingt je nach Schritt und Schuhen anders. Der Sinn des Hörens offenbart den Zusammenhang von Raum und Zeit. Auch der Mensch kann klingen vom Summen, Singen, Sprechen her, aber auch durch seine lautlosen Bewegungen, denn dann sind die Sehnen eingespannt ins Knochengerüst, wie die Saiten eines Musikinstruments. Die Wirbelsäule ist, wenn sie aufgerichtet und gerade ist, eine gespannte Saite, und der Mensch wirkt dann als Saite, auf der sein Klang erzeugt wird und in Resonanz zum Raum kommen kann. Durch seine Bewegungen werden seine Glieder bewegt. Die Gliedmaße sind von Gelenk zu Gelenk harmonikal proportioniert. Jede Bewegung macht die Gelenke durchlässig, bewegt das Grundgerüst des Körpers und die Glieder klingen. Durch die Spannung der Sehnen und die harmonikal proportionierte Grundstruktur des Skeletts klingen wir Menschen im Raum. Durch Gehen und Tanzen verbindet sich der Körperklang mit der Stimmung des Raumes.

Nach Steiner wird »der Ton von der Wand nicht nur zurückgeworfen, sondern auch von ihr aufgesogen. Er dringt eine gewisse Strecke hinein und wird erst dann zurückgeworfen. Es ist das Materialgefühl da, wenn man den Ton hört«. Er wählte die verschiedenen Holzsorten der Säulen im Goetheanum aus dieser seiner Schau. Sie sind da, um der Akustik zu dienen. Interessant ist Steiners Verbindung vom Erdaufbau zum Musikalischen, wenn er sagt, dass »Wien der Sammelplatz für alle hohen Musiker ist, weil das Wiener Becken fast die ganze europäische Geologie beinhaltet (...) und das ist mit dem Geistigen verbunden (...) dass die Verhältnisse der Substanzen zueinander eigentlich die Tonleiterverhältnisse sind«.

Es gibt von der Universität Erlangen Untersuchungen zu Sakralräumen mit folgenden Ergebnissen: »Wenn Flächen in Relation zum Rhythmus der Raumteile wie Kirchenschiff, Vierung, Querschiff, Wölbung stehen, wird das Klangbild, das dem Optischen entspricht, vollständig. Nur in harmonikal proportionierten Räumen kann für die Schwingung von Tönen und Obertönen eine günstige Resonanz erzielt werden.«

Die Dissonanz

Das ist auch die kleine Abweichung, die aus der Monotonie des Kreises die belebende Spirale erzeugt (siehe Seite 126). Das ist der Impuls des Willens, den Johannis vom Kreuz so ausdrückt: »Mein Wille und Dein Wille sei ein Wille.« Trotz der nur geringen Kraft weitet oder verdichtet sich die Energie. Reine Harmonie ist langweilig, weil unlebendig.

Die kleinen Abweichungen beim Parthenon-Tempel machen ihn trotz seiner Säulenklarheit und Ordnung so lebendig.

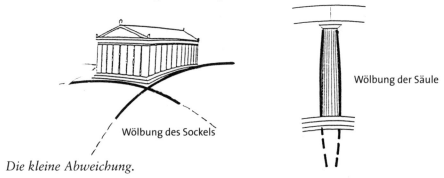

Die kleine Abweichung.

Wir kennen die Dissonanz nicht nur in der Musik. Sie ist die antreibende Kraft und findet sich wieder in der Architektur. Die kleine, anregende Abweichung ist in vielen Bereichen sichtbar, etwa bei einem Dachstuhl, wo der rechte Winkel dadurch aufgehoben wird, dass der First um »Einen Fuß« höher gewählt wird. Obwohl doch der genaue Winkel von neunzig Grad dem Zimmermann den Abbund erleichtern würde. Das steht ähnlich im Alten Testament, wenn Noah aufgefordert wird: »Hebe das Dach genau um eine Elle nach oben an.« Weitere Beispiele: die Prise Zucker im Salat oder des Salzes in einer Süßspeise. Das leichte Nachgeben in den Knien, um aus der Starrheit des durchgedrückten Beines sich zu befreien, um überhaupt gehen zu können. Der Hauch eines Stinkstoffs in der Herstellung eines Parfums. Der Zusatz von etwas Umbra in die reinen Farben, um der Nachbildung in der Natur näher zu kommen.

Ich möchte sogar dem Schmutz den Reiz der Dissonanz zuschreiben. Was einleuchten kann, wenn man so manche hygienische Wohnung betritt, die vor Sauberkeit und Ordnung ganz leblos ist.

Am meisten faszinierte mich das Grundmaß des Hauses, wie es in Bali gefunden und von Karin Kingstone beschrieben wird. Es ist das Maß des Bauherren bei ausgestreckten Armen von Fingerspitze zu Fingerspitze. Und dann kommt das Bedeutsame: zusätzlich eine Faustlänge. Das heißt für mich: Das starre Winkelmaß des Kreuzes wird belebt durch die Dissonanz.

Hinweise zur Beratung

Vom Wahrnehmen und den eigenen Räumen

Dieses Kapitel dient den Wohnenden zum Erkennen der eigenen Räume, Häuser und Orte und gibt dem spirituellen Begleiter wichtige Hinweise. Was wahrgenommen wurde, sollte man in Worten und Skizzen zusammenfassen. Für Menschen, die eine spirituelle Baubegleitung wünschen, entsteht ein erster schriftlicher Einstieg, die dem Begleiter später zur Hand gegeben wird. Das Wahrnehmen der eigenen Wohnung kann offenkundig machen, was überholt ist und nur gewohnt. Besonders vor einem Wohnungswechsel ist das Folgende dienlich.

Vom Wahrnehmen

Bedenken Sie, dass wir uns schützen müssen vor den vielen, sehr abstrakten und unsinnlichen Reizen der Arbeitswelt, der Medien und Stadterlebnisse. Schutz geschieht durch Gewohnheiten, die wir uns aneignen, um unsere Energie zu bewahren und um zu überleben. Die Gewohnheiten wirken wie ein Panzer und schirmen sinnliche Erfahrungen ab. Die Sensoren des Fühlens wurden ersetzt durch das Denken. Alles geschah anfangs über das Körpergefühl und die Sinne. Das Denken bekam dann aber zuviel Raum in unserem Leben, weil die Existenznöte nicht mehr vorrangig waren und die Sinnlichkeit im technischen Zeitalter immer mehr verschwand. Durch unser hektisches Tun, in der für reine Muße wenig Raum bleibt, sind wir nervlich überfordert. Unsere Sinne sind überreizt. Die Logik der täglichen Tatabfolgen hat unser fühlendes Denken ausgetrocknet. Wahrnehmen bedarf der Wachheit aller Sinne – und kann zugleich die Sinne wecken. Darum ist auf die Reaktionen des Körpers zu achten, denn Muskeln und Sehnen reagieren aus der ursprünglichen Wachsamkeit, die wir in der noch wilden Natur früher brauchten. Ein Wissen jenseits der gewohnten Sinne. Das Stillsein dient uns dabei. Es ist das reine Schauen, wie früher ein Tier beobachtet wurde. Dieses Innehalten ist uns eingeboren und darf wieder geweckt werden.

Wahrnehmen ist wirklich werden lassen und damit ein Heilungsweg. Durch eine verfeinerte Wahrnehmung entsteht ein anderes Bewusstsein, eine Verbindung von Geist und Materie. Was bis dahin Gewohntes, Unbewusstes oder Routine war, bekommt eine andere Qualität. So erwächst eine Art Liebesbeziehung zum Wahrgenommenen und damit wohltuende Harmonie und Neuordnung. Wahrnehmen bedeutet, das Außen und das Innen miteinander zu verbinden. Durch gelungene Wahrnehmung wird ein anderer Seinszustand erreicht und neue Zusammenhänge erkannt. Wahrnehmung hat mit Wahrheit zu tun – der Wahrheit dessen, was man erschaut und der Wahrheit des Schauenden.

Wahrnehmen eines Raumes

Gehen Sie durch den Raum und lassen Sie sich – ohne Ziel – von den Füßen führen. Analysieren und hinterfragen Sie nichts. Es geht einzig um das innere Wachsein, und das braucht seine Zeit. Wahres Wahrnehmen geschieht in einem Zwischenzustand, der entsteht durch Versenkung, volle Hinwendung zum Körper, Meditation, Atem usw. Es ist ein Ergehen, damit man gefunden werde, damit »es glückt«.

Im Rundumblick schauen, das ist der weiche Blick, indem man nach außen und zugleich nach innen blickt. In der Gewissheit und dem Vertrauen, dass sich im Schauen die Bilder speichern … Wahrnehmen ist etwas zu erblicken. Im Wort Blick steckt der Blitz, dann wird der Augenblick zum Blitz des Erkennens. Erblicken ist dann, aus der Passivität heraus, ein Aktives des Auges – im Blitzen. Und deckt auf, entdeckt.

Wir können mit den Händen einen Rahmen schaffen, durch den wir einen Ausschnitt sehen. Ein Blick durch diesen Rahmen ist der Blitz innerhalb der Fülle, die das Sehen umgibt. Es wird zum Sichten, ein Herausnehmen im Blick. Sicht und Einsicht entsteht, wenn der Mensch aktiv und damit schöpferisch sieht.

So ergibt sich ohne eigenes Zutun eine Gestalt des Raumes oder Ortes. Diese Gestalt schaut man sich an. Sie spiegelt das innere Wesen des Raumes wider und kann zu einem sprechen – und man kann fragen, was der Raum braucht. Mit den Räumen kann man wie mit einem Wesen kommunizieren. Wahrnehmen ist die Kunst, ins Anfängerbewusstsein zu gehen, als wäre man dem Gesehenen noch nie begegnet. Es gilt, der Kraft des ersten Eindrucks zu vertrauen. Wenn es um Räume oder Orte geht, die man künftig bewohnen will, zählt der erste Eindruck besonders. Es werden jedoch recht bald Vergleiche kommen zum bisher Gewohnten, dem Verlässlichen. Zudem ist das Neue auch das Unbekannte. So entsteht das Chaos des Übergangs. Das Wahrnehmen kann auch gefärbt sein vom Naturell, dem Temperament oder dem Alter, ob man mehr introvertiert ist oder extrovertiert. Auch was man bewirken will, kann die Wahrnehmung beeinflussen. Deshalb fordert reine Wahrnehmung auch zur Selbsterkenntnis heraus.

Wenn Worte oder Begriffe auftauchen: Den Ursprüngen eines Wortes nachhorchen, ob eine Botschaft sich daraus ergibt. Die erste Bedeutung eines Wortes kann an seinen energetischen Urklang sich nähern.

Wie man die eigenen Räume wahrnehmen kann

Deine Räume spiegeln Dich.

★ Erspüren Sie die Eingangssituation und den Weg zum Haus, als gingen Sie ihn zum ersten Mal. Wie passt das Haus in die Umgebung, harmonisch oder dissonant? Wenn ich das Haus betrete, wie wirkt es? Ist es hell oder dunkel, weit oder eng, hoch oder niedrig, voll oder leer, kalt oder warm, leicht oder schwer? Wo fühlt man sich wohl, wo ist es unangenehm?

★ Erinnern Sie sich an den Einzug: die Zeitqualität, die Gestimmtheiten, Erwartungen, Erlebnisse. Erspüren Sie die Wirkungen der Himmelsrichtungen – der Norden als Ruhe, der Osten als Impuls, der Westen als Hingabe, der Süden als Kraft.

★ Wo sind energetisch »leere« Räume oder Bereiche? Gibt es zuviel Harmonie, fehlt es an Impulsen? Wo ist es konkret hell oder dunkel. Gibt es ein belebendes Schattenspiel oder überwiegt hartes Licht? Wo ist es still, wo laut? Wie wirkt eine Säule? Ihre Last wahrnehmen. Zentriert sie im guten Sinne die Energie oder muss sie gestaltet werden?

★ Wo ist der Raum der Stille? Gibt es einen Schornstein? Spürt man ihn standhaft und energetisch zentrierend? Wird er genutzt oder zieht er Energie ab? Wie sind je Raum die Gerüche? Gibt es angesammeltes Gerümpel? Im Dach – dem Bewusstsein, im Keller – dem Unbewussten? Wohin kommt beim Säubern der Besen nicht. Was versteckt sich da? Die Bildmotive an den Wänden erspüren, sie geben Seelenqualitäten und Vergangenes wieder, das gelebt oder ersehnt wurde.

Die Sichtweisen ändern. Die Räume aus verschiedenen Ecken anschauen. Auf dem Boden liegend die Decken wahrnehmen. Die Wände in der inneren Vorstellung anders farblich gestalten und der Wirkung nachspüren. Schreiben Sie nach dem ersten Gang auf, was aufgefallen und wichtig ist. Durchschreiten Sie noch einmal die Räume, und entdecken Sie, was neu erscheint.

★ Nun kann man mit mehr Bewusstsein den Räumen begegnen. Messen Sie die Räume möglichst eigenhändig – auch die Höhen –, sie werden dadurch sinnlich erfasst und begriffen. Zeichnen Sie alles auf bzw. beschreiben Sie mit Worten; dann fertigen Sie Kopien an. Anschließend werden die Möbel eingezeichnet, am besten aus der Erinnerung, ohne sie anzusehen. Vielleicht erstaunt, was man in der Größe oder Stellung bisher übersehen hat. Kann man die Qualitäten von Yin und Yang erkennen? Daraus lassen sich die Bereiche der Ruhe und Tat erkennen – und durch Farben in den Plänen ausdrücken. Verfeinern Sie die Zeichnung durch die Verteilung der Elemente, ebenfalls in Farben.

★ Wo ist die Mitte, wo der Altar? Was ist die Mitte im Raum – in reiner Geometrie von der Grundfläche her, von der Gewichtigkeit der Wände oder aus der Lebensenergie heraus, die durch Messen mittels Bovismeter gefunden wird. Sie gilt es zu stärken, dabei das Stärkende anregend etwas neben diese Mitte setzen. Die Mitte des Hauses und der Altar sind die Einstrahlpunkte für Ätherkräfte. Sie sollten durch ihre Gestaltung der Mitte des Menschen entsprechen.

★ Der anreizende oder wohltuende Platz: Wohin legen sich die Tiere? Kleinkinder haben noch den Instinkt für den passenden Platz. So kann man sich fürs Kinderzimmer den Rutengänger sparen, den Schlafplatz zu finden. Es genügt, dass der Raum leer ist und das Kind eine Matratze bekommt, die von ihm dann dahingezogen wird, wo der Platz gut ist. Nach dem eher intuitiven Weg können die Räume auch auf ihre energetischen Wirkungen untersucht werden. Eine einfache Methode ist die mit dem Biometer nach Bovis. Jedoch sollte man einen Raum nicht genauer ermitteln, als jeweils Bereiche, die durch eine Vierteilung entstehen. Dann kann erkannt werden, in welchen Bereichen die Energie angehoben werden kann. Mittels radiästhetischem Werkzeug kann der Chi-Fluss im Raum gemessen werden; woher kommt die Kraft von außen – ist sie aufbauend oder störend? Ist die Energie an den Fenstern ausreichend gehalten? Gibt es spitze Raumecken – sind diese zu mildern oder positiv zu informieren? Wohin ist die Hausmitte energetisch ausgerichtet? Wohin fließt die Energie, vielleicht durch einen Spiegel hindurch?

★ Ein oft übersehener Schritt in der Wahrnehmung sind Nach-Klang und Nach-Bild. Deswegen sollte man nach einer konkreten Wahrnehmung über das Erkannte mindestens eine Nacht schlafen. Es werden dadurch Erinnerungskräfte in uns wachgerufen, die jenseits der bewussten und auch der intuitiven Wahrnehmung wesentlich sein können. Das hat auch mit der Verdauung all der vielen Sinneseindrücke zu tun. Die Zeit kann dann das Wesentliche herauskristallisieren. Gehen Sie abschließend noch einmal diesen Fragen nach und ergänzen Sie gegebenenfalls das Geschriebene.

Beratung in energetischer Raum- und Lebensgestaltung

Die größte Schwäche wird zur größten Stärke,
wenn Wandlung verwirklicht wird.

Dieses Kapitel dient nicht nur dem Beratenden. Jeder Wohnende und Planende kann die Hinweise für sich übersetzen und anwenden. Wie der Titel besagt, geht es nicht nur um den Raum, sondern auch um die Lebensgestaltung. Von daher sind angesprochen: Heilende, Ärzte, Therapeuten, Heilpraktiker, denen immer deutlicher wird, wie der Raum kränken, aber auch der Heilung dienen kann. Beratung, wie ich sie verstehe, ist ein therapeutischer Prozess. Wobei das Wort Therapie nicht »die Couch« simulieren soll, sondern die ursprüngliche Bedeutung des Therapeuten: »der Dienende, der Begleitende«. Wie im Vorwort beschrieben, geht es mir um Raumtherapie. So könnte das Dienen erweitert werden um das Wort Demut, denn das enthält Dien-Mut, Hingabe und Loslassen vom Eigenwillen.

In jedem ist der Wunsch zu helfen. Doch woher wissen wir, was der andere wirklich braucht? Nach unseren Kriterien eines wohlgestalteten Lebens könnte es geschehen, dass wir ihm in guter Absicht eine Entwicklungschance nehmen – etwas wegtherapieren. Das geschah auf energetischer Ebene bei einer Wasserader. Als das Bett umgestellt wurde, wanderte die Wirkung der Wasserader mit, weil sie für den betroffenen Menschen als Herausforderung offenbar nötig war. Die Wirkungen des vorherigen Lebens können als jetzige Lebensaufforderung auch als Leiden erscheinen. Wenn wir nur das Vorhandene betrachten, berücksichtigen wir lediglich das fertig Gewordene aus dem Vergangenen. Es gilt die Wachstumskraft, das Werden, zu erkennen, offenzulegen und als Maßstab zu nehmen.

Im Folgenden werden von mir Methoden der Beratung aufgezeigt. Gleichzeitig behaupte ich, dass wahre Beratung ein Herzensweg ist und keinerlei Methode bedarf. Ein spirituelle Begleitung kreist immer um die Frage: Wie stehst du zu Gott? So mag es auch eigenartig klingen, die Würde und Sucht der Invalidität zu respektieren. Körperliche Leiden können wie Lebensstimulans wirken. Es besteht dann gar kein Bedürfnis, das Leiden zu verändern. Die Arbeit eines Therapeuten ist dann lediglich nur auf seine Anteilnahme reduziert.

Die Bedeutung der spirituellen Beratung

»*Der Glaube dessen, dem geholfen wird, hilft – nicht der deine.*«
Gitta Mallasz

Für mich heißt Beratung zuerst, den Menschen zu erkennen, der er sein kann und noch nicht ist. Das ist mit Wandlung verbunden, und Wandlung heißt Veränderung, und Veränderung ist ein Schritt ins Nicht-Bekannte – und das macht Schmerzen und erzeugt Ängste. Darum bedarf jede innere Veränderung auch der äußeren. Wer nach einem Erkenntnisschritt in die gewohnte Wohnung zurückgeht, ist bald wieder von den Dingen eingeholt. Etwas muss verändert werden. Das muss nicht viel sein, aber immer erinnern an den Willensentscheid zur Wandlung.

Unsere Zeit ist eine Zeit von Umbrüchen, wie sie noch nie auf Erden war. Sie ist die Zeit der Individualisierung, eine plutonische Epoche, äußerlich erkennbar in den Kernkraftwerken. Wahre Veränderung findet nur statt, wenn der Mut zum Wagnis, zur Krise und zum Chaos da ist. Mut entsteht, wenn das eigene Leben zu einem ganz bestimmten Dienst aufgerufen ist. Dann entsteht Sinn. Mensch und der Raum werden zum Sinn-Gefäß, in das die Fülle sich ergießt, dann wird man erfüllt.

Immer wieder höre ich, dass sich Paare nach der Bauvollendung trennen. Es war das gemeinsame Ziel, ein Haus zu bauen, als Krönung ihrer Partnerschaft. Der soziale Status war erreicht, die Existenz abgesichert, ein Grundkapital vorhanden. Die eigene Entwicklung schien beendet. Weil Bauen noch immer archaisch ist, ist es zudem eine Zeit der Turbulenzen und des Chaos. Inneres wird aufgerührt. Nach dem Bauen ist man dünnhäutig. Das gemeinsame Ziel ist erreicht, die Ablenkung durch das Bauen entfallen. Die eigenen Schatten sind aber geblieben und werden nun unmittelbarer sichtbar. Was verbunden hatte, war das gemeinsame Ziel. Es entsteht jetzt Leere.

Die spirituelle Baubegleitung fragt nach den wahren Gründen zum Bauen. Fragt, ob es wirklich die eigenen Wünsche sind oder ob sie aus Prägungen entstanden sind. Gemeinsam sucht man nach der wahren Lebensqualität, für die das Gehäuse gebaut werden soll, um die Selbstwerdung zu unterstützen. Baut ein Paar oder eine Gemeinschaft, dann wird nach dem gemeinsamen geistigen Ziel gesucht. In Beratungen kommen die Wohnenden und Bauwilligen mit ihren Nöten, die auf Fehlendes und Mangel verweisen. Wenn wir auf dieser Ebene bleiben, füttern wir nur ihre Bedürfnisse und manifestieren das bisher Gewohnte und bleiben auf der Ebene des Wohlbehagens. Weg und Ziel ist die ureigene Schöpfungskraft.

Intuition und Seelenebene

» Was wird mir nun immer wieder innerlich vorgeschlagen? «
Rainer Maria Rilke

Der wesentliche Weg ist die Intuition, von der C. G. Jung sagt, dass sie die Wahrnehmung ist, die über das Unbewusste läuft. Die Eingebungen des Unbewussten sind älter und weiser als unser individuelles Bewusstsein. Weil die Intuition aus dem Unbewussten kommt, kann sie verwoben sein mit anderen Einflüssen. Diese sind durch Anschauung im Bewusstsein einzugrenzen. Weil intuitives Wahrnehmen oft zusammenhanglos und wirr erscheint, braucht es Zeit, das Aufgenommene und innerlich Gehörte wachsen und reifen zu lassen. Und dabei so gelassen wie möglich sein und nichts willentlich erzwingen wollen. Es dienen folgende Wege: mindestens eine Nacht darüber schlafen; dann alles mit bisher Erfahrenem vergleichen und sogar mittels Messmethoden entschlüsseln und bestätigen. Oft hilft es auch, einem Unbeteiligten davon zu berichten, weil das Erlebte in Worte zu fassen immer auch ein Formen des inneren Geschehens ist.

Das Leben durch intuitive Wahrnehmung ist uns nicht mehr nah, aber durch unsere Schnelllebigkeit, den Informationsüberfluss und die Plötzlichkeit der Geschehnisse kann sie zur Überlebenskunst werden. Das intuitive Wahrnehmen wird bereichert durch das Erkennen in Analogien. Das ist ein Denken in Tendenzen. Es braucht das Aushalten von meist nur scheinbaren Unstimmigkeiten. Braucht Weitherzigkeit. Ist nur ähnlich, nie ganz genau. Ist Teil der eher weiblichen Wahrnehmung im Ahnen. Das Wahrgenommene ist wie ein Gedicht und könnte zum besseren Verstehen auch wie ein Gedicht geformt sein. Es gilt zwar bei der spirituellen Beratung, sich ganz der eigenen Intuition hinzugeben, jedoch zu bedenken, dass jede intuitive Wahrnehmung nicht eindeutig ist, von Natur aus auch nicht sein kann.

Wege der Beratung

»Das gesprochene Wort ist sinnträchtig.«
Hermann Weidelener

Es gibt einen Zusammenhang von »verstehen« und »hören«. Richtiges Hören wird zum Vernehmen, zum Empfangen – im Stand halten. Zuhören ist kein sich Verschließen, sondern auf jemanden hin ausgerichtet hinhören. Hören ist passiv, Sprechen ist aktiv. Durch waches Hören wird die Kraft des Sprechens angeregt. Die Kunst des Hörens bedarf des offenen Herzens. Hören im Empfangen heißt, vom Rücken her hören, der Rückseite des Herzens. Die Aufmerksamkeit ist dem Rücken zugewandt, dem unterbewussten Raum. Das möge man einüben. Dann wird der Körper wie eine empfangende Schale. Gleichzeitig wird dadurch die Wirbelsäule aufgerichtet, die dann als Antenne wirkt. Es wurde durch Zeitlupenfilm wahrgenommen, dass Menschen nicht nur auf die Worte hören, sondern durch über nicht wahrnehmbare Mikrobewegungen miteinander schwingen. Darum still sein und ganz gegen-wartend, gegenwärtig. Das Hören mit dem Herzen macht, dass der Begleitete »horchend« hört, bis seine innere Stimme ihm antwortet.

Beziehen Sie Unbewusstes und Überbewusstes (vgl. hierzu das Eisberg-Modell Seite 128) in den Wahrnehmungsprozess mit ein. Es ist ein Schauen hinter das sichtbar Erkannte. Darum ist Beratung auch Selbstwahrnehmung; für den Berater ist es ein geistiger Weg. Auf der Engelsebene des Menschen wird das Wahre gefunden. Das ist der Kontakt mit dem Engel des anderen. Ein Engel ist die überhöhende Kraft »seines« Menschen, den er begleitet. Er weiß um die Lebensgesetze seines Zöglings. Konkret bedeutet es für die Beratung: Am Vorabend des Beratungsgesprächs in einer Meditation mit dem eigenen Engel Kontakt aufnehmen und in den Schlaf übernehmen, damit am Morgen eine Antwort kommen kann. Diese Antwort hat manchmal seltsame, auch spaßige Weisen. Wir sind nicht mehr vorbestimmt wie früher, sondern frei. Deshalb ist die Engelsführung nicht mehr so lieblich und anleitend, sondern oft anstoßend, Richtung gebend. Veränderung wird durch geschenkte Widerstände errungen. Nun aber kommt ein anderer wichtiger, wenn auch unüblicher Schritt. Am Abend nach dem Gespräch möge man wieder in Kontakt zum Engel treten, um das Gespräch in der Kraft des Nachklangs zu verinnern.

Anforderungen an den Beratenden

Es kommen die Menschen zu dir, für die du vorbereitet bist.

Die feinstoffliche Beratung erfordert die reine Anschauung. Weil wir mit unserem Körper, unseren Gefühlen, Intuitionen, Empfindungen und Sinnen wahrnehmen, ist es unvermeidbar, dass wir sie mit unseren persönlichen Seiten vermischen. Die Kunst besteht dann darin, zu unterscheiden, was das Eigene und was das Objektive ist. Sich selbst gut zu kennen, ist ein wichtiger Weg zur objektiven Wahrnehmung. Eine Grundvoraussetzung ist es, jenseits von Sympathie und Antipathie zu sein. Dann kann das Objektive vom Subjekt »Ich« Aufgenommene getrennt werden. Da zeigt sich wieder die Urbedeutung des Wortes »rein«: Trennung von Energien, die nicht zusammengehören.

Bringen Sie sich zuerst in die eigene innere Mitte. Dadurch schaffen Sie eine Atmosphäre, die zum Aha-Erlebnis des Begleiteten führt. Damit der Begleitete seine Mitte, seine Lebensachse, finden kann, muss der Berater selbst in seiner Gottbezogenheit sein – damit sie durchschimmert und zum Mitschwingen anregt. Auf diese Weise kreiert er ein morphisches Feld des Urvertrauens. An den Beratenden werden somit viel höhere Forderungen gestellt, als nur energetische und feinstoffliche Wirkungen zu erkennen und danach zu behandeln. Er darf sich immer wieder auf seine Engelsebene erhöhen. Der Weg dahin ist die Meditation, die zur täglichen Übung gehört. Nicht nur um durchlässiger zu werden für intuitive Botschaften, sondern um reiner, leerer zu werden. Und um anzuerkennen, dass er Bodenhaftung hat im irdisch Dunklen.

Hemmnisse zur »reinen« Wahrnehmung sind: Ego-Wünsche, Ego-Gefühle, Ego-Emotionen, Vorurteile, Pläne, Gewohnheiten und Erziehung, Wunsch nach

Perfektion, männliche Rationalität, Schuldgefühle, Vergleiche, Urteile, Bewertungen, sich Sorgen, Eitelkeit, Zweifel, Abneigungen, Analysieren, eigene Stimmungen aus Betroffenheit und Gefühlen, innere Erwartung, Vorbilder, Gefallenwollen, gesuchte menschliche Nähe. All das kann Vermischungen ergeben und sich nonverbal mitteilen.

Unterstützend wirkt: alles in fragender Schwebe halten, reine Anschauung, innerlich leer werden. Gelassenheit, Akzeptanz: So wie es ist, ist es gut. Abwarten können. Weibliches Horchen. Auf die innere Stimme hören. Durch etwas »hindurchsehen«. Vertrauen und Staunen. Ganz gegenwärtig sein. Leidet man am Helfersyndrom? Weil Wissen zur Macht neigt, möge der Berater seine Grenzen erkennen und das richtige Maß behalten und dem Begleiteten nur das geben, was ab- und angefragt ist und was er jetzt tragen kann. Man kann mit Informationen auch überfluten und das Erspürte ertränken.

Kernsätze zur Beratung

★ Vorsagen gilt nicht. Bewusstmachung wirkt. Raumberatung ist Lebensberatung und umgekehrt. Wandlung wird angestrebt. Jeder Umzug ist ein kleiner Tod; ist der Verlust vom Gewohnten, Sicheren, Vertrauten. Bauen hat viel mit Angst, Unsicherheit zu tun.

★ Die eigene unmittelbare Wahrnehmung unterstützt die Wahrnehmung des Betroffenen.

★ Die Suche und Sucht nach früheren erlebten Situationen. Der Betroffene sollte die Antwort selbst finden. Umkreisend fragen, statt zielgerichtet. Mit dem Herzen und im Gebet, in analoger Schau.

★ Den Menschen dort abholen, wo er jetzt steht. Nicht übermachten. Nur das geben, was der andere tragen kann. Wenn Wandlung nicht ansteht, die Ebene wechseln, statt zu überfordern. Das Erkannte sollte sinnlich erfassbar sein. Hierzu dienen die aufgeführten Lebensqualitäten von Seite 258. Durch Wiederholung im Tun verinnern.

★ Beim Beraten auf die Berufung achten. Die Verformungen der ersten drei Jahrsiebte einbeziehen, insbesondere das Vorgeburtliche, die Geburt und das erste Jahr. Die Temperamente. Den Wortbedeutungen nachhorchen. Eine Atmosphäre des Aha-Erlebnisses schaffen. Glück ist, wenn ES »glückt«.

Durch den Körper wahrnehmen

Dies sind Ergänzungen zum Kapitel »Raum wahrnehmen«, Seite 244ff.

Wohin zieht mich der Körper? Welche Körperseite wird warm oder kalt, leicht oder schwer?

Alle Sinne einsetzen. Wahrnehmen auch über die Körperbereiche: Kopf: Denken; Herz: Energie; Bauch: Gefühle; Becken: Physis. Die Sinne nehmen wahr, die Seele und das Herz empfinden. Empfindung ist jenseits von persönlichem Wahrnehmen, ist ursprünglicheres Erkennen. Die Wahrnehmungsqualitäten sind individuell unterschiedlich und wollen gepflegt und eingeübt sein.

Ein erster Schritt ist die Suche nach dem Herzpunkt des Hauses, die der geistig-spirituellen Mitte des Bewohners entspricht. Wenn erkannt wurde, was seine erhöhende, geistige Kraft ist, kann sie als Schwingung ins eigene Herz übernommen werden. Dann folgt man ihr durch Blickrichtung oder wohin die Füße führen. Liegt die jetzt gelebte Kraft »neben« der Mitte, so kann die Abweichung dadurch festgestellt werden, wo der Wohnende sich in anderen Räumen oder Raumbereichen mehr aufhält.

Die Astrologie gibt auch bei der Raumberatung erstaunliche Erkenntnisse. Ein Grund, weswegen manch Seminarteilnehmer sich später in die Astrologie eingearbeitet hat. Oft schrickt die Astrologie ab, obwohl sie früher zum Studium eines Architekten gehörte. Dennoch können Sie ohne tiefere Studien schon astrologisches Wissen aktivieren. Ich empfehle dazu das Buch »Astrologie und Seele« von Jan Spiller (siehe auch Seite 200).

Vor der Beratung

Das Folgende ist beispielhaft und nur dann verständlich, wenn man die Begleitung als intuitiven Weg versteht. Auf den ersten Eindruck achten! Das kann schon mit dem ersten Telefonat beginnen: Ist die Stimme klar, deutlich, bestimmend, kraftlos? Ist die Wegbeschreibung nachvollziehbar oder verwirrend? Welche Bauwerke und andere Merkmale werden als Orientierungspunkte genannt. Wie ist die Zeitfestlegung? Gibt es Terminverschiebungen? Was geschieht auf dem Weg dahin? Werden äußere Zeichen wahrgenommen: viele rote Ampeln, Stau, fließender Verkehr?

Was aber wirklich geschieht, sind nicht die Ampeln, die von Engeln nur Ihnen auf Rot gestellt werden, damit Sie achtsam sind. Wir glauben oft, es sei von außen gefügt, wenn dies und das geschieht und dadurch unsere Aufmerksamkeit anzieht. Es ist das Herzensauge, das aus der Unzahl aller Erscheinungen das sieht, was jetzt »stimmig« ist und zu der Einstimmung auf das kommende Gespräch Ihnen erscheint. Das fügt sich dann zu einem Bild zusammen und gibt deutende Botschaft aus Ihrem Bereich der Intuition. Damit das geschieht, braucht es die Absichtslosigkeit, das Nicht-Wissenwollen, das staunende Wahrnehmen. Dann wird die Vielfalt ganz einfach, im guten Sinne einfältig.

Wahrnehmung vor Ort

Erste Begegnung

Wohin die erste Aufmerksamkeit geht, dem folgen. Das kann der eigentliche Schlüssel sein. Mit weichem Blick sehen, zuerst nicht zielgerichtet. Wichtig: Noch nicht erkennen wollen, alles im Raum des Wahrnehmungskörpers speichern.

Das Gebäude zunächst von außen betrachten. Ist der Garten gepflegt, verwildert? Wie öffnet sich das Gartentor? Der Hauseingang ist ein wichtiger Ausdruck des Inneren. Die Tür als symbolische Gestalt und Spiegel des Bewohners: versteckt, offen, sich darstellend. Wie und wo ist der Name – deutlich lesbar? Was sagt die Kleidung, die Haltung aus? Kleidung ist die zweite Haut und kann Hinweis zu den Räumen sein. Welcher Körperteil fällt zuerst auf: Nase, Ohr, Rücken? Was kommt in meinem Körper in Resonanz? Kenntnisse in der Physiognomie sind hilfreich. Welcher Körperbereich ist betont? Man sagt, ein Linkshänder ist eher auf Hegen, Bewahren und Tradition bezogen. Bilder und Sammlungen geben Hinweise. Alle Seelenäußerungen wie Fotos, Bilder, Kunstwerke, Ferienerinnerungen sind bedeutungsvoll, weil sie frei von technischer Nützlichkeit »erworben« wurden. Dazu die Frage: Wann und was war damals? Gibt es ein technisches Problem: Abwasser, Hähne lecken, Heizung röhrt oder ist nicht stark genug. In analoger Wahrnehmung können das Hinweise sein.

Erstes Gespräch

Wie werde ich empfangen, wie begrüßt, wie eingeladen, wohin geführt? Wie sitzen wir – nebeneinander, gegenüber? Wie reagiere ich seelisch und körperlich? Welche Worte und Bilder tauchen in mir auf? Der vorhandene Raum spiegelt den bisherigen Lebensraum wider. Darum hören, was zum vorhandenen, noch wirkenden Raum gesagt wird und horchen, ob Hinweise von Energiebindungen sind, die der eigentliche, vielleicht versteckte Beratungswunsch war. Das können sein: Probleme in der Partnerschaft, Bindung an den Vater, an die Mutter, Ängste, verfehlte oder aufgegebene Lebensziele.

Die Raum-Probleme sich darstellen lassen: Gibt es Krankheiten, körperliche Beeinträchtigungen? Gibt es besondere Erbstücke, die belastet sein können? Hat der Vorbesitzer der Wohnung Informationen eingeprägt. Wortwiederholungen beachten. Übereinstimmung von Wortinhalt, Geste und Stimmlage beachten. Was wird an den Räumen aber auch als gut befunden? Wo finden sich auch analog gesehen die Probleme in der Materie? Ist ein Wechsel vorgesehen: Planung, Umzug, Beruf, Kinder ziehen aus usw.? Was macht das emotional mit den Menschen? Wem oder welcher Situation wird die verursachende Schuld zugewiesen? Wem kann vergeben werden? Was ist das besonders Schöne an der Wohnung, der Nachbarschaft, dem eigenen Leben? Was ist das Ziel? Wo fühlen sie sich schwach, wo stark? Was wird vom Berater gewünscht?

Erster Rundgang

Zuerst dahin gehen oder sich zuwenden, wohin die eigene erste Aufmerksamkeit ging. Sich zeigen lassen, was angesprochen war. Wie groß ist die Übereinstimmung zu den Worten jetzt?

Wohin wird das Augenmerk von den Bewohnenden besonders gerichtet? Gibt es unbenutzte Räume, offene oder verschlossene Türen? Werden Räume ausgeklammert? Lassen Sie sich den Dachboden und Keller zeigen.

Nicht nur das Büro einer Firma, auch das Zuhause ansehen. Wo gibt es Übereinstimmungen? Nehmen Sie bestimmte wichtige Plätze selbst ein, etwa den Sessel vom Chef. Was fühlt man, was sieht man von dort aus? Was ist ungewöhnlich in den Räumen?

In welchem Möbelstück oder Raumbereich ist Energie gebunden oder gestaut? Abschließend einmal um das Haus herumgehen.

Pause

Ziehen Sie sich kurz zurück, um erste Eindrücke zu sammeln und Notizen zu machen. Wie fühlen Sie sich jetzt selbst? Spüren Sie noch einmal, ob nur reine energetische oder auch feinstoffliche Qualitäten gewollt werden – im Sinne der spirituellen Beratung. Werfen Sie einen Blick ins Horoskop. Durch vorhandene Pläne und schon vorbereitete Fragen können Sie sich dem Wesentlichen nähern und daraus Folgefragen stellen. Die Gewichtigkeit der Elemente und die Yin-Yang-Verteilung im Plan vermerken, den Chi-Fluss messen. Woher kommen energetische Störungen von außen? Die biovitale Raumenergie messen mittels Bovismeter.

Gibt es Energiebindungen? Etwa: sich selbst nicht wertschätzen. Die Opferrolle spielen. Sich seinen Raum und Lebensraum nicht nehmen oder geben. Fehlende Sinnlichkeit. Furcht vor einem Element, zum Beispiel Feuer. Fehlender Lebenssinn. Kein Mut zur Fülle oder Schönheit. Sich nicht beschenken lassen, es muss selbst erarbeitet sein. Wenig Muße. Geringer Lebensantrieb. Entscheidungsunfähigkeit. – Daraus ergeben sich Gestaltungshinweise. Achtung mit Aufforderungen zur Ordnung, wenn es sich um einen Messie mit seiner krankhaften Sucht zum Horten handelt oder wenn Invalidität beibehalten wird.

Erste Empfehlungen

Aus dem heraus, was schon eindeutig erkennbar ist, können Sie erste Empfehlungen machen. Das können kleine Änderungen sein. Wie reagiert Ihr Gegenüber, ein Bild eine zeitlang abzuhängen? Was löst der Vorschlag aus? Wenn ausreichende Vertrautheit besteht, können Sie gemeinsam meditativ die vorgesehenen Veränderungen visualisieren. Es sollte der Bewohner ein Tagebuch zu den vorgesehenen Veränderungen führen, um in Worte zu fassen, was er erkennt. Das regt die Mitverantwortung des Wohnenden an. Fordern Sie ihn zu Entscheidungen auf, was er verwirklichen will und wozu er bereit ist. So könnte man ihm Hinweise zum Mondknoten geben, damit er erkennt, wo er karmisch seine Energien bindet, aber lebendig machen kann. Es ist hilfreich, das intuitiv Erfasste messtechnisch zu überprüfen. Mit der Winkelrute kann der Reaktionsabstand des Wohnenden gemessen werden je nach Raum oder auch, was die vorgesehene Veränderung bewirken wird. Bei starker Belastung der Wohnung sollte ein Fachmann der Radiästhesie hinzugezogen werden.

Lebensqualitäten, die im Raum Gestalt finden können

PERSÖNILCHE KRAFT:	Foto von sich selbst. Erinnerung aus kraftvoller Zeit:
SINNLICHKEIT:	Erotisches, Bilder, Fühlbares, weicher Teppich, Blumen, Düfte.
FÜLLE:	Seide, Brokat, üppige Vorhänge, dicker Teppich, Barockes, Luxus.
ZENTRIERUNG:	Tisch als Mittelpunkt, Blumen in der Mitte, Mandala-Bild an der Decke über dem Bett, rechter Winkel, Ordnung.
BEWEGLICHKEIT:	Uhr, Klang der Uhr, Mobile, Stellwände, Schiebetüren.
SCHÖHNHEIT:	Bilder, Originale, Skulpturen, Edles, nobles Geschirr, Harmonie.
GENUSS:	Sofa, Sessel, Weiches, Decken.
FAMILIE:	Fotos der Ahnen, der Familie, des Partners.
STATUS:	Urkunden, Fahne, Diplome, Pokale.
GRÖSSE:	Leere im Raum, wenig Möbel, Mitte freilassen.
FREIHEIT:	Bewusst trennen und fortgeben, Mobiles, Weite, große Fenster.
RUHE:	Stille, Ordnung, Übersicht.
SICHERHEIT:	Vertrautes, Stabiles, Sammlungen, Jahreskalender, Münzen, Fensterläden.
REICHTUM:	Gold- und Silberfarbenes, Kristalle, Goldrahmen.
TRADITION:	Antikes, Erbstücke, Familienfotos, Ahnentafel.
NATURNÄHE:	Erdnähe, Naturprodukte, Pflanzen.
MYSTIK:	Räucherkerzen, Heiligenbild, Fernöstliches, Kerzen, Rückzug.

FREUDE:	Bilder von Tanz, Wirbelnd-Aufstrebendes.
MÜTTERLICHES:	Puppen, Vorräte, Schale mit Obst.
LEBENSKRAFT:	Schnell wachsende Pflanzen, Rotes, offenes Feuer.
WISSEN:	Bücher, Lexika, Zeitschriften.
HEITERKEIT:	Verspieltes, Leichtes, Bewegliches.

Nach der ersten Beratung

Fassen Sie bald zusammen, was erlebt wurde. Sehr hilfreich ist ein Diktiergerät, das schon auf dem Rückweg ein erstes Festhalten ermöglicht. Dann lassen Sie am besten davon los und schreiben meditativ alles nieder. Das ist ein Erinnern und ein Verdichten und holt aus dem Unterbewussten ans Licht, was während der Begehung durch die geteilte Aufmerksamkeit nicht da war. Das Wort formt den Gedanken. Später sollte das Tonband zur Ergänzung abgehört werden. Es kann sein, dass nachfolgende Träume etwas aussagen wollen.

Dann werden anhand von Plänen und dem Horoskop, besonders der Mondknotenachse, die Energiebindungen und ihre Lösungen und Bereicherungen gedeutet. Die feinstoffliche Veränderung ist ein Prozess, weswegen es nie mit einer einzigen Beratung getan ist.

Sich schützen

Wer als Klient kommt, bringt seine Sorgen und Nöte mit. Will man begleiten, dann muss man offen sein – und sich dennoch schützen. Damit man nicht geschwächt wird, sind die Chakren zu schließen. Setzen Sie sich aufrecht hin, schützen Sie sich durch vertieftes Atmen, Beten, Körperhaltung. Lassen Sie von Ego-Betroffenheiten los. Es geht aber auch um Bewahrung der eigenen Energie. So könnte es geschehen, dass eine Beratung nicht wirklich gewünscht ist, wohl aber die Energie des Beratenden, um sich davon zu nähren.

Beratung, wie ich sie verstehe, ist Begleitung zur anstehenden Wandlung und Veränderung. Das aber kann den Widersacher anlocken. Er ist dem Alten zugewandt, darum sind Änderungen ins Neue ihm so zuwider. Es gilt sich zu wappnen. Man kann ihm den Stachel nehmen. Da er nicht lachen und spielen kann, möge man den Mut zum Heiteren haben – im Lächeln, denn das kann nur der Mensch. Lächeln erzeugt zudem im Inneren – im guten Sinne – die erforderliche reine Wahrnehmung. Humor ist ein weiterer Schutz, der erwächst aus der Anerkennung eigener Dunkelheit. Wenn ein Bewusstseinswandel geschieht, dann lösen sich schwierige Anteile auf.

Reinigen Sie sich zu Hause durch Duschen, Räuchern, Kleidung lüften. Werden Sie am eigenen Kraftplatz still und lassen Sie los. An einem Baum können Sie sich zudem Stärkung holen.

Übung

Gehen Sie in die Natur, am besten barfuß. Bringen Sie sich durch die Körperhaltung in Spannung. Beugen Sie sich u-förmig, bis beide Handflächen die Erde berühren. Nun die Kraft der Erde einatmen, durch den Körper führen und abfließen lassen. Dann aufrichten und wie ein Bogen sich nach hinten beugen, als wären die Arme die Sehne des Bogens. Wiederholen Sie die Übung öfters.

Spirituelle Bau- und Wohnbegleitung

»Wenn nicht der Herr das Haus baut,
müht sich umsonst, der daran baut.«
Psalm 127

Einführung

Von einem Architekten hörte ich folgende Geschichte. Ein Paar kam zu ihm, weil es bauen wollte. Sie kamen noch ein zweites Mal, dann hörte er nichts mehr von Ihnen, bis eines Tages der Mann anrief und um die Rechnung bat. Er bedankte sich sehr über die bisherige Beratung, das aufmerksame Hören und die klugen Fragen. Dem Paar war klar geworden, statt gemeinsam zu bauen, sich sogar zu trennen. Der Architekt war weder spirituell orientiert noch stand er dem Feng Shui nah – aber er war ein gut Hörender.

Es geschieht zu häufig, dass nach einem Bau eine Ehe auseinander geht oder eintrocknet. Ein gemeinsames Ziel ist erreicht, doch etwas fehlt. Es wurde nicht die Frage gestellt, was das gemeinsame Ziel im Leben sei, wo man in einem Übergeordneten verbunden ist. Vermutlich wurde auch nicht nachgehorcht, aus welchen Quellen die Wünsche ans eigene Haus kommen, welche Erwartungen jeder hat usw. Damit dieses Erwachen nicht geschieht, sondern die innere Architektur eines Menschen, eines Paares oder einer Gemeinschaft erkannt wird, bedarf es der Bewusstheit. Darin zu unterstützen liegt die Aufgabe des spirituellen Baubegleiters. Will ein Paar gemeinsam bauen, beginnt ein verstärkter Erkenntnisweg. Dieser Weg möchte begleitet sein – zu erkennen, was das gemeinsame Lebensziel ist.

Immer wieder wird gesagt, man sei an einem falschen Ort, im falschen Haus und in falschen Räumen. Es gilt nachzuspüren, ob es in der kindlichen Frühzeit genügend Bestätigung durch die Mutter gab. Ob man sich bei ihr zu Hause fühlte und geborgen und angenommen oder innerlich oder äußerlich verlassen. Man sucht sonst suchtartig die erste Erfahrung des Verlassenseins.

Wirkweisen zum Wohnen

Die Darstellungen und Beschreibungen machen es jedem Bauenden und Wohnenden möglich, auch unabhängig von einem Begleiter sich des Feinstofflichen bewusst zu werden und danach zu handeln. Die aufgewiesenen Schritte können auch bei einem Umzug, bei jeder Wohnungsanmietung oder Raumrenovierung angewendet werden, selbst beim Bezug einer Studentenbude. Auch wenn man schon länger Räume oder ein Haus bewohnt hat, kann man nachträglich noch Rituale und Veränderungen durchführen.

Was meint spirituelles Planen, Bauen, Wohnen?

» Wohnen will gelernt sein.«
Martin Heidegger

Die Wortbedeutung von »spirituell« ist: geistig jemandes Entwicklung zu fördern. Für mich ist es noch mehr, und ich möchte es in einem Bild darstellen. Wirft man zwei Steine in ein ruhiges Wasser, dann wachsen die Kreise, überschneiden sich und werden danach zu einem großen Kreis. Das bis dahin unsichtbar gewesene und übergeordnete Dritte erscheint nun. Das zu erkennen, dass es eine Gottbezogenheit in jedem von uns gibt, das will sich durch das Licht des Bewusstseins zeigen.

Es gilt, die eigenen Muster und Schwächen zu erkennen und sich davon zu lösen. Durch diese innere Arbeit wird deutlich werden, worin der Sinn des eigenen Lebens liegt. Wozu man aufgerufen ist, an der Schöpfung mitzuwirken. Darin liegt die Fülle und Erfüllung eines Lebens. Den Raum und die Zeit dafür zu schaffen, das ist der Weg zum eigenen Haus, konkret und im übertragenen Sinne. Was als Wort und Symbol für diese Lebensausrichtung gefunden wurde, darf und kann sich jetzt im Bau oder dem Wohnen verwirklichen.

Die meisten Häuser werden nur zum Teil aus angespartem Geld finanziert. Der größere Teil wird geliehen, wodurch man in eine energetische Abhängigkeit zu Bankinstituten kommt. Man macht Schulden! Wird man dadurch auch schuldig? Man sagt: »Mein Haus gehört eigentlich meiner Bank.« Wird man schuldfrei, wenn man sich als »Vorüberziehenden« hier auf Erden sieht? Wie kann man spirituell sein und Schulden haben?

Spirituelle Baubegleitung

> *»Wenn einer aufhört, an seinem Haus zu bauen, dann stirbt er.«*
> Aus dem Persischen

Mensch und Haus ist gemeinsam, dass sie langsam entstehen und werden. Sie sind nicht plötzlich da. Das ganze menschliche Leben dreht sich vorrangig um das Werden der Persönlichkeit. So wie es einen Plan für das Haus gibt, so gibt es einen vorgegebenen Lebensplan.

Die spirituelle Baubegleitung vereint das Baugeschehen mit dem Wachstum und Lebensziel der Bauenden und betont dabei die Qualitäten der Zeit und die hohen energetischen Wirkungen der Rituale. Er entwickelt mit der Bauherrschaft die Rituale. Er schafft fachliche und menschliche Verbindung untereinander, bringt Kontinuität ins Baugeschehen und macht die einzelnen Schritte allen Beteiligten bewusst. Er vermittelt in Krisenphasen. Die Kunst des Baubegleiters besteht auch darin, die Bauherrin und den Bauherrn in die eigene Verantwortung zu führen. Wir sind es zu sehr gewohnt, an Spezialisten zu delegieren.

Der spirituelle Baubegleiter ersetzt nicht den Architekten und Rutengeher, Feng-Shui-Berater und Geomanten, sondern begleitet das Baugeschehen und die Bauenden. Er ist Mittler zwischen den Bauherrn und Planenden, Beratenden und Ausführenden. Das Besondere ist, dass sein Wirken schon beim ersten Impuls beginnt. Seine Fähigkeiten sind therapeutischer Art, im Sinne des Hörens und Erfragens. Sein Handwerkszeug kann die Meditation, Astrologie, Bilddeutung, die Kenntnis um Träume usw. sein. Er muss mindestens ein Grundwissen in Geomantie, Radiästhesie, Farbwirkung, Ortswahrnehmung, Kraft der Formen und Symbole, Raumenergie habe.

Es wird mir immer wieder gesagt, dass die spirituelle Baubegleitung viel Zeit brauchen wird und den Bauverlauf verzögern könnte. Betrachtet man aber das gesamte Baugeschehen, dann wissen wir, wie viel Zeit man aufwendet, schon bevor überhaupt die Entscheidung zum Bauen gefallen ist. Darum sind gerade diese ersten Phasen des Findens die wesentlichen und können durch den früh beauftragten Begleiter für die ganze Bauzeit sinnvoll werden. Wenn man den ersten drei Lebensjahren und den ersten dreimal sieben Jahren die gebührende Aufmerksamkeit gibt, werden die üblichen Änderungen und Schwierigkeiten während! des Bauens, die Zweifel und anderen Hemmnisse entfallen und der konkrete Bauablauf – der immer noch archaisch ist wie beim Pyramidenbau – wird geschmeidiger und verbraucht keine unnötigen Zeiten.

»Jeder Laut ist Botschaft von Unaussprechlichem.
Wenn wir ganz Ohr sind, horcht plötzlich Stille auf unsere Stille.«
David Steindl-Rast

Es mag bei all meinen Empfehlungen und Hinweisen zur Beratung und Begleitung paradox erscheinen, wenn ich jetzt sage, dass es nicht um Methoden geht. Der Begleiter möge eine Atmosphäre schaffen, die wie das bekannte chemische Experiment ist. Ein Glas mit Wasser ist so gesättigt, dass es nur des Fadens bedarf, damit die Kristalle sich anlagern. Dieser Faden ist die gesammelte Wachheit und Aufmerksamkeit des Begleiters. Die Worte lagern sich ab – unbewertet, nicht analysiert. Dann antwortet Es von innen her – und manchmal muss man nur noch darauf verweisen: »Das hatten Sie doch schon selbst gesagt.« Wer als spiritueller Baubegleiter wirken will, muss erahnen können, was einen Menschen »wirklich« bewegt. Es geht nicht um Befriedigung der Ich-Bedürfnisse, sondern um intuitive Wahrnehmung dessen, weswegen ein Mensch hier auf Erden ist. Darum müsste jeder spirituelle Baubegleiter wie ein Therapeut eine tiefgehende Selbstwahrnehmung durchleben.

Die spirituelle Baubegleitung erschließt Wege zu einem neuen Berufsbild. Schon arbeiten Teilnehmer aus unseren Schulungen in diesem Sinn und bieten es als Architekten oder Feng-Shui-Berater an.

Ein anderer Energiepass – Das Logbuch

Was auf der materiellen Ebene geschieht, hat seine spirituelle Entsprechung. So gibt es jetzt für ein Haus den Energiepass, der aussagt, wie die Energie durch die Wärmedämmung im Hause bleibt. Je besser die Energie gehalten wird, umso höher ist der Verkaufswert eines Hauses. Wir dürfen bedenken, dass diese gesetzlichen Forderungen das Haus mehr als Winterhaus betrachten und dadurch sehr einengend sind. Es wird der Materie auferlegt, was als Wärmeenergie von einer veränderten – und herausfordernden – Lebensform ebenso eingespart werden könnte. Deutlich ist, dass wir nur eine Seite der Energie beachten, weit entfernt von feinstofflichen oder gar spirituellen Ansätzen. Das spiegeln auch die neuen Forderungen, von den Glühbirnen zu lassen, ohne die dadurch entstehenden negativen Auswirkungen zu bedenken. Man spricht ganz offen von »Nullenergie-Häusern« und vom »Passiv-Haus«. In einer ernst zu nehmenden Wochenzeitung stand als Überschrift bei einer positiven Bewertung solcher Häuser sogar »Häuser wie Thermoskannen«.

Erst nachdem ich entschieden hatte, für den Bauablauf ein Logbuch anzulegen, erkannte ich eine Übereinstimmung durch das Wort »Energie«. Ein Logbuch soll von Anfang an das Wachsen des Hauses erfassen: beginnend mit der inneren Architektur bis hin zu den Veränderungen während des Bewohnens, sodass die Nachfolgenden wissen, welche Energien das Haus besitzt. Der Begriff kommt aus der Seefahrt, wo kein Kontakt zu Ufern war, sondern nur die täglichen Positionen des Schiffs ins Logbuch eingetragen wurden – die von den Sternen navigiert wurden.

Sowohl der Begleitende wie auch der Begleitete führen von Beginn an ein Logbuch über das äußere und innere Geschehen. Für die Bauenden ist es später eine Erinnerungsstütze, weil Gedachtes leicht sich verflüchtigt. Ein solches Logbuch kann auch zum Bezug einer Wohnung oder nach dem Kauf eines Hauses geführt werden. Durch das Schreiben kommt man in ein Gespräch mit dem Haus, das nun wie ein eigenes Wesen angesprochen ist und antwortet. Das Führen eines solchen Buches ist bedeutsam für die ersten Phasen. Es unterstützt das Suchen nach der eigenen Lebensquelle. Im intimen Zwiegespräch mit sich und dem Buch kommt man versteckten Ängsten nah, den größten Schwächen, den Verletzungen und den Wiederholungen im Leben. Oft gelangt erst durch das Schreiben etwas ins Bewusstsein, als hätte es auf die Worte gewartet.

Wird ein Haus später weitergegeben, dann ist die Geschichte für den Nachfolgenden eine energetische Brücke. Dies schließt an Traditionen an. In Japan musste beim Tod des Bauherrn das Haus geräumt werden, jung verheiratete Paare bekamen ein neu gebautes Haus.

Hinweise zur Bauherrschaft

Gerne schreibe ich das Wort »Herrschaft« nieder, denn es geht um die würdevolle Verantwortung des bauenden Menschen. Ein Bewusstsein dessen, was beim Bauen

»wirklich« geschieht, als ein sich selbst Erbauen, bestimmt die Lebensqualität des Bewohnens. Doch damit er Verantwortung übernehmen kann, muss er um energetische Gesetzmäßigkeiten wissen, wie sie in den vorherigen Kapiteln dargelegt sind. Dann kann auch die Unsicherheit gegenüber dem Architekten und anderen Fachleuten sich aufheben.

»Wenn nur eine Generation schlecht baut, wird sie zum Ärgernis für Jahrhunderte. Wertlose Bilder, Bücher, Statuen, Opern und Musikstücke braucht man nicht zu bemerken, wenn man nicht will. Aber ein Haus, eine Straße ist schlechterdings da. Man muss ihren unaufhörlichen Einfluss erleiden. Keine Hervorbringung der Künste setzt gleiche Verantwortlichkeit vor der Zukunft voraus wie die Architektur«, schreibt Leopold Ziegler.

Hinweise dem Architekten

Für viele Architekten wird es neu sein, wenn die Bauherrschaft ihnen den Baubegleiter auferlegt. Das hängt auch damit zusammen, wie sensibel sich der Architekt als Künstler aller Künste versteht und reagiert, wenn es um seine Kreativität geht. Die Wortbedeutung Architekt kommt von dem griechischen *archein* und *archos* und meint »der erste sein, Führer sein«. Die Architekten kamen in der Frührenaissance fast ausnahmslos von anderen Künsten her – der Malerei und Plastik. Die Ausbildung der Architekten bezog früher auch die Musik und Astrologie mit ein.

Wir erleben oft, dass sich Architekten in den Gebäuden »selbst verwirklichen«. Das liegt aber auch an der Bauherrschaft, die unsicher ist und dem Planer freie Hand lässt. Im Grunde müsste jeder Architekt es begrüßen, wenn er durch die Begleitung entlastet wird. Schon aus dem Grunde, weil die wachsenden technischen Vorschriften ihn einengen und Energie kosten, zum anderen ist seine juristische Verantwortung fast ins Uferlose gewachsen. Als Statiker, der Jahrzehnte mit Architekten beruflich verbunden war, kann ich seine besondere Stellung gut verstehen. Auch ist seine Ausbildung stark auf das Technische beschränkt.

Vielen Architekten ist der spirituelle Aspekt noch fremd. Es geht darum, auch die Kunst der Radiästhesie und Ortswahrnehmung mit der Kunst der Architektur zu verbinden. Die Energieströme und Energiequellen aus den irdischen und kosmischen Kräften sind künftig einzubeziehen.

Hinweise zur Begleitung

»Leiden ist oft leichter als lösen.«
Bert Hellinger

Die Wege einer Begleitung zeigen sich in der folgenden Beschreibung der einzelnen Bauphasen. Die Spur sei der Viererschritt: Erkennen der allgemein wirkenden energetischen Gesetze. Anerkennen, was die ganz persönliche Schwäche ist. Bekennen in der Formulierung meines Wandelentscheides. Verwirklichen durch konkretes Tun.

Meine Wahrnehmung wird durch das Horoskop unterstützt, um zu erkennen, was gebaut sein will. Vom Architekten Heinz Frick, der in Indonesien lebt und wirkt, wurde mir mitgeteilt: »In Nepal deutet der Priester das Horoskop des Bauherrn mit dem Horoskop des Grundstücks und legt die Eckdaten für Grundsteinlegung, Türrahmensetzung, Gebälk des oberen Stockwerks wie auch des Firstbalkens fest, aber auch den Tag des ersten Feuermachens im Haus. Der Baumeister hat sich mit seinem Bauprogramm danach zu richten.« Ich weiß um Baubegleiter, die gemeinsam mit einem Astrologen arbeiten.

So mancher Berater hat an seinen Fähigkeiten gezweifelt, wenn er so gar keinen Erfolg sieht. Es gibt Menschen – und mehr als wir ahnen –, die wollen ihren Schmerz behalten. Er ist ihnen wie ein Lebenselixier. Es ist der Archetypus des Invaliden, dessen Kraft trotz des Leidens und Mangels gar nicht erlöst sein will. Vor ihm bedarf es auch der Ehrfurcht, ihn zu lassen und mit seinen Mängeln zu leben. Ihre Aufgabe scheint es zu sein, im sozialen Umfeld einen stabilisierenden Ausgleich zu schaffen.

Der Begleiter darf bedenken, dass jede Initiation, und darum geht es beim heilenden Bauen, auch Angst erzeugt, weil es um Veränderung und um Neuland geht. Hinter dem Phänomen der Angst steckt das Unheimliche des Göttlichen, es ist ein Spüren des Übernatürlichen und somit zwar personenbezogen, jedoch eine Urerfahrung des Menschen. Angst ist wie die Freude ein Wegweiser in die Zukunft.

Zum »Baum«

»Die Navahos-Indianer stellen sich die Menschenseele als Ebenbild des Kosmos vor, darum steht die Form ihrer Behausungen für die metaphysische Harmonie von Mensch und Universum und erinnert an den verborgenen Weg zur Vollendung.«
Joseph Campbell

Ich wurde gefragt, warum ich bei der Baumskizze an der Krone beginne und nicht an der Wurzel, da doch ein jedes Gebäude zuerst eines Fundaments bedarf, um dort aufgerichtet zu werden. Im Kapitel »Wachsen« (Seite 196) wurde gezeigt, dass unser Lebensimpuls von oben kommt. Sogar der übliche Stammbaum verdichtet sich von oben nach unten bis hin zum Individuum. Der Baum gibt auch die Verwurzelung wieder, wenn der Bau vollendet und bewohnt ist. So kann der Baum als Weg dieser Verdichtung gesehen werden, und es wird deutlich, warum er am Kopf impulsgebend beginnt und einzelne Zweige mit den Chakren als Kraftebenen gleichgesetzt werden können.

Die verständliche Ungeduld zwischen dem Bauentscheid und dem ersehnten Einzug lässt uns das Bauen als ein einziges Geschehen ansehen. Was wirklich geschieht, bedarf einer anderen Schau. Damit der konkrete Bauvorgang lesbarer wird, habe ich ihn entflochten und in einzelne Schritte unterteilt. Auf der linken Seite ist der technische, rationale und praktische Zeitablauf dargestellt, wie er uns in der Raumgestaltung vertraut ist. Diese Seite repräsentiert eher die männliche Art und Weise. Rechts ist die spirituelle, feinstoffliche und eher zeitbezogene Weise aufgeführt – als erweiternde Entsprechung und Chance, die weiblichen Qualitäten einzubeziehen.

Der Baum soll sichtbar machen, was Planen, Bauen und Wohnen alles sein kann, wenn wir über unsere jetzige nützliche und funktionierende Weltvorstellung und Weltgestaltung hinausgehen. Das drückt sich dann aus in Worten wie: sinnlich, körperlich, naturnah, magisch, archaisch, mystisch, geistig, erotisch, wissend, fühlend. Grundgesetze werden einbezogen: Zeitqualität, Rituale, Geisteskraft, Ätherkräfte, Willensentscheidungen, Träume, innere Reisen. Wirkung der Grundformen und harmonikalen Proportionen sowie die menschlichen Maße. Die Seelenkräfte der Erinnerung, Gefühle, Empfindungen, das Geheimnisvolle, Intuition, Träume, Tanz, Musik im Raum, die Wärme des Miteinanders.

Der ganze Baum. Auf den Ästen sind Leitworte angegeben, die nachfolgend im Einzelnen vertieft werden. Zu ihrem Verständnis wird auf die vorherigen Kapitel verwiesen.

Im Folgenden werden die verschiedenen Phasen – von der Idee des Hauses bis zur Realisierung – konkret dargestellt.

Die innere Architektur – Phase 1

In den Anfängen, den oberen »Baum-Ebenen«, liegen die größten Möglichkeiten und Irritationen versteckt, weil die persönlichen Impulse aus dem Unterbewussten kommen und schwer zugänglich sind. Deswegen werden auch besondere Zugangswege angeboten; diese sind in den vorherigen Kapiteln vorbereitet und werden hier nicht im Einzelnen wiederholt.

Diesen Weg kann man wie folgt beschreiben: Durch Träume, innere Reisen und Meditation wird das, was im Inneren schlummert nun geweckt. Es wird in Wort oder Bild geäußert und dadurch ans Licht gebracht. Durch Betrachtung und auch im Gespräch wird es bewusst gemacht. Erst danach wird eine Entscheidung getroffen, wenn das Unterbewusste und das Bewusste in Einklang sind. Auch wenn es unseren Ohren unvertraut klingt: Es geht immer um ein Übergeordnetes, letztlich um das Göttliche in uns.

Die drängende Frage bei den Bauenden ist: Was ist das uns übergeordnete Gemeinsame? Denn Bauen ist trotz aller Technik immer noch Chaos, verwirrt, erschöpft, kann kopflos machen. Es braucht die Meilensteine des Erkannten und Entschiedenen. Das erinnert daran, warum eine vor Gott geschlossene Ehe stabiler ist, denn man steht im Wort zu Ihm. Das wird oft übersehen und führt in der Ausnahmesituation, die das Bauen immer noch ist, zu großen Spannungen. Das gemeinsam Erkannte und Entschiedene wird in die Form des »Wortes« gegeben, das wie ein Wegweiser wirkt, wenn die Materie zu sehr ablenken will und dadurch der Keim und die Entscheidungen vergessen wurden. Im Planen, Bauen und Wohnen spiegelt sich das Wachsen eines Menschen wider. Wachsen im Sinne der Bewusstwerdung ist auch Erkennen und Durchlichten der eigenen Schattenseiten. Der Ablauf des Bauens tritt in Wechselwirkung zum Bewusstseinsprozess. Dadurch entsteht eine große Herausforderung.

Keimen

> *»Der Keim ist der Tod des Samens.«*
> Gitta Mallasz

Mit dem Wort »Keimen« verbinde ich die Vorstellung einer empfangenen Befruchtung, die Gestalt werden will und zum Licht drängt. In jeder Eichel hat sich der ganze Eichbaum zusammengezogen. In jedem Samen ist das Ganze enthalten. Keimen ist der Aufbruch einer Kraft, die von innen nach außen drängt, hin zum Wachstum. Der Keim birgt das noch versteckte Sehnen nach dem eigenen Haus, um dem ureigenen Wesen einen Zeit-Raum zu geben.

Keimen ist der Weg des Erahnens.

Was uns in den ersten Lebensjahren prägt, sind die Räume, das Haus, der Garten, der Ort, die Geräusche, Düfte, soziale Atmosphäre, vorgegebene Wege, Gewohnheiten. Die Erinnerung an das erste Haus, die ersten Räume ist kaum vorhanden. Als unser erster Schutz nach der Geburt können sie bedeutsam sein für das, was wir uns jetzt als eigenes Haus wünschen. Es ist ein Urbild, aber eben nicht das eigene. Es kann sogar sein, dass Vorgeburtliches sichtbar wird. Auch die Art der Geburt kann Aufschluss geben.

Wie wir uns bewegen, so sind wir. Als ungeborenes Kind im Mutterleib erleben wir die Bewegungen der Mutter. Nicht nur in der Art des Gehens, auch ihre sich wiederholenden Gemütsbewegungen, die sich als Gesten ausdrücken. Das

Verstehen der Welt nach der Geburt richtet sich nach den nächsten Vorbildern, den Eltern. So ging ein Kind wie der Vater, der durch eine Verletzung hinkte. Der Keim in uns birgt den ganzen Menschen, den wir werden können. Darum gilt es in dieser so wichtigen Phase, frei zu werden von allen Vorstellungen, die wir von uns haben.

In den vorherigen Kapiteln sind Wege beschrieben, die das Unterbewusste anrühren durch Rückschau, Meditation, Träume usw. Für diese Phase braucht es viel Zeit, denn es ist wie eine Schwangerschaft. Und man muss loslassen von einem zu frühen Fassen in Worten. Das Erkannte – eher noch Erahnte – gilt es zu pflegen wie eine kleine Pflanze, einen Keimling, der durch die Erdkruste bricht. Die weiteren Schritte werden es zu einer festeren Pflanze formen.

Impuls

Was der Impuls zum eigenen Haus sein kann, wurde bereits beschrieben (siehe Seite 208ff. Wertvolle Hinweise finden Sie auch in »Räume der Kraft schaffen«, Seite 258).

Nun gilt es, das Keimende hiermit zu vergleichen und in die Worte zu fassen, die den drängenden Funken wiedergeben. Worte formen. Aus den scheinbar nur theoretischen Hinweisen sind die eigenen tieferen Impulse und ihre praktische Umsetzung herauszufiltern. Dabei das Wachsen als treibende Kraft voranstellen.

Idee des Hauses

> »Hätte mich Gott anders gewollt, so hätte er mich anders geschaffen.«
> Johann Wolfgang von Goethe

Dies ist die wichtigste Phase in der Vorbereitung, denn nun werden die Weichen gestellt. Für den Bauenden und den ihn Begleitenden sind jetzt hohe Ansprüche zu erfüllen. Auch braucht es viel Zeit, damit ein Erkanntes auch verinnert werden kann. Es braucht Pausen der *Besinnung*. Was ahnend wahrgenommen wurde, wird nun verglichen, wie sich im weiteren Lebensweg die Prägungen wiederholt und vertieft haben.

Wer sein Haus baut, muss wissen, für wen er baut, wer man wirklich ist und für welches *Lebensziel* das Haus schützend und anregend dienen soll. Die *Erinnerungskraft* sollte der Begleiter wecken durch die Schritte zurück in die Vergangenheit. Denn es geht darum, die eigene Ursprungskraft zu entdecken. In den Schritten zurück bis ins erste Jahrsiebt durchfahren wir die Schichten unseres Lebens. Geschichte meint Schichtungen … Und viel äußeres Geschehen kann die Entfaltungskraft des Menschen im wachsenden Durchdringen der Schichten verbogen haben. Darum gilt es an den Samenkern heranzukommen, zu erkennen, wo äußere Beeinflussungen wie die Erwartungen und Wünsche der Eltern und der Umwelt die Keimkraft des Eigenen geprägt haben.

Auch gilt es zu erahnen, was im Mutterleib geschah und vorbewusst wahrgenommen wurde. Ob man gewollt war und dadurch seelisch getragen wurde. Ob das ozeanische Gefühl, die Wärme und kontinuierliche Ernährung, der gewisse Rhythmus des Herzschlages, des Atmens und der Bewegungen in wortloser Kommunikation stattfanden. All das kann während der Schwangerschaft gestört sein und sei es auch nur gedanklich. Weil all das im Unterbewussten verankert ist, ist es nicht unmittelbar erkennbar, aber dennoch wirksam. Das gilt ebenso für Enttäuschungen, die in der frühen Jugend erfahren wurden. Das Grundbedürfnis des Menschen nach dem eigenen Platz auf Erden kann dadurch verzerrt sein.

Es geht auch auf einer tieferen Ebene darum, frei zu sein von den Vorstellungen, was man erreichen will – man muss loslassen von Willen und Ziel, um an den eigenen Ursprung, den *Urimpuls* für dieses Leben anzuschließen. Selbst eine noch so gut gemeinte Erziehung prägt. Es entstehen Vorstellungen, wie man glaubt zu sein – und baut dann entsprechend dieser Vorstellungen und nicht sich selbst.

Bevor ein Haus geplant wird, sollte man sich eine stille Zeit nehmen und horchen, was das Bestimmende bisher war. Das erkennt man aus unerfüllten Wünschen, großen Enttäuschungen, Sehnsüchten, sich wiederholenden Lebens- und Verhaltensmustern und Schicksalsschlägen. Ist das ins Bewusstsein gehoben, dann möge man eine Zeit lang genau das Gegenteil leben, fühlen, denken. Ist man geizig, dann übt man sich im Verschwenderischsein. Ist man zu ekstatisch, kann man eine Zeit lang ganz nüchtern die Dinge sehen; wer pedantisch ist, darf nun sorglos und unachtsam sein usw. Das regt tief im *Unterbewusstsein* an und kann in Träumen oder in der Meditation ans Licht des Bewusstseins geholt werden. Alte seelische Schmerzen und ins Vergessen Gedrängte aus der Kindheit kann sich in konkreten Körperreaktionen melden. Durch dieses Schwanken findet man die Mitte zwischen der extremen Einseitigkeit und dem »gespielten« Gegensatz. Man wird frei von zwingendem Verhalten, sei es, eine Wohnung als Gefängnis zu betrachten oder immerzu umzuziehen. Auch wenn es wie ein Spiel erscheint, es wirkt tief.

Im Nach-vorne-Schauen ist jetzt die Arbeit am »Wort« und »Zeichen«, als Energieausrichtung und Leitbild wichtig.

Anregungen

★ Durch Stille und ruhiges Atmen sich sammeln, damit aus dem Unbewussten die innere Botschaft auftaucht. Was erinnere ich von früher? Alte Fotos ansehen und zum Träumen mit in die Nacht nehmen. Was taucht am Tag an Bildern öfter auf? Wie war die erste eigene Wohnung, wie das Elternhaus? Aus der Erinnerung heraus malen: Die Räume und innerhalb der Räume die Gefühlsgestimmtheit farblich-flächig gestalten. Den Grundriss der bisherigen Wohnung selbst zeichnen. Wichtig ist, die Gestimmtheiten aus dem Unbewussten sinnlich und körperlich darzustellen.

★ Interessant ist auch, mit geschlossenen Augen in Ton zu gestalten – und nur die Hände formen das Erspürte. Das Legen von Collagen und dynamisches Zeichnen öffnen ebenso Tore ins Unbewusste.

★ Nach meditativer Einstimmung kann sich der Bauherr in die ersten Lebensjahre zurückversetzen – von der Geburt bis ins erste Jahrsiebt – und das intuitiv Aufsteigende farbig malen. Welche besonderen Erinnerungen steigen auf?

★ Ein Haus in der Ansicht mit Tür, Fenster, Schornstein usw. malen lassen. Aus den Farben, dem Aufbau des Bildes, aus Art, Lage und Farben der Tür und Fenster ausdeuten. Ist Rauch da als Lebenszeichen? Oder zeugen Blätter und Früchte am Baum von Vitalität? Ist das Haus verwurzelt, mit einem Boden? Das Dach, wenn dreieckig, ist eine Aussage zum Geistigen und Seelischen. Den Weg zum Haus beachten, ebenso die Deutlichkeit der Zeichnung, Farbwahl und Zuordnung. Auch von Bedeutung sind die Gewichtigkeit, Unruhe, Ordnung oder fehlende Bodenhaftung.

★ Einen Baum malen lassen. Er entspricht dem Menschen in seiner Vitalkraft und seinem Nervensystem. Vielleicht auch Sonne oder Mond oder Sterne dazufügen. Das Ganze wird dann auf die jetzige Gestalt des Menschen bezogen, auf seine Gesten und inneren Bewegungen.

All dies sind keine bindenden Vorgaben. Sie sollen den Begleiter anregen, aus der eigenen Intuition und Erfahrung heraus seinen persönlichen Stil zu finden. Neben den schon beschriebenen spirituellen Wegen möchte ich einen unüblichen Weg empfehlen. Spielen Sie. Im Spielen wird eine noch nicht gestaltete Kraft lebendig. Es ist ein sehr kreativer Weg.

Der nächste Schritt ist, mit dem *Licht des Bewusstseins* zu erkennen. Dazu ist ein gemeinsames Anschauen dienlich. Das Gestaltete und bewusst Gewordene wird in Worten beschrieben. Der Begleitende hört und benennt, was er sieht und erkannt hat. Die Abbildung weist auf die Qualitäten innerhalb eines Bildes hin und auf die Wirkung der energetischen Beziehung untereinander, wie auch zur Diagonalen. Es wurden Hinweise von Riedel übernommen.

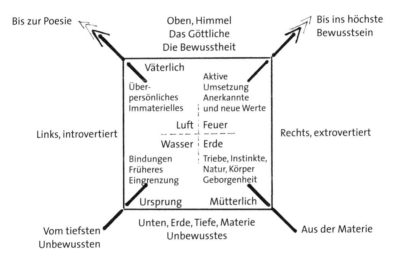

Entscheiden

Hier ist der Begleiter noch einmal besonders herausgefordert. Es gilt nun, das Erkannte in eine Entscheidung zu bringen, wofür das Haus im Wandlungsgeschehen des Lebens dienen soll. Das *Ziel* ist es, zum Bauen sich klar und eindeutig zu entscheiden – in ein unumstößliches Ja. Auch hier empfehle ich, das geistige und spirituelle Geschehen durch einen körperlichen Vollzug zu unterstützen, damit es bis in die Zellen verankert wird. Das konkrete *Gehen* als ein Weg in die Zukunft ist stärkend. Möglichst in der Natur, im Wald oder einer Landschaft mit weitem Blick.

Im Schreiten wird das Für und Wider gewogen und die inneren Widerstände wahrgenommen im Wechselspiel zwischen Ja und Nein. Dabei den Zweifel annehmen und nicht verdrängen.

Man kann auch mit dem *Schwert* arbeiten, wie auf Seite 134 beschrieben. Dann wird im wahrsten Sinne das Schwert als Symbol der Tat »aus der Scheide« gezogen. Mit dem Schwert bewusst in entschiedene Bewegungen gehen, sodass auch sie nach innen gehen und anregen zur Entscheidung.

Das »Wort«, das eines Tages über der Tür stehen soll und Ausdruck des eigenen Standpunkts und der Wandelkraft ist, wird nun ergänzt durch erläuternde Sätze. Aus ihnen wird der Weg dann später in der Rückschau nachvollziehbar, was zum geistigen Impuls des Hauses führte. Dieser Impuls wird beim Richtfest, wenn das Haus steht, als wiederholtes Bekenntnis verlesen und spannt somit im Zeitraum einen Bogen. Es dient nicht nur als Leitfaden, wenn die unvermeidlichen Turbulenzen des Bauens verwirren können. Es dient auch den nachfolgenden Bewohnern, sei es durch Weitergabe des Hauses innerhalb der Familie oder an einen bis dahin fremden nun neuen Eigentümer. Es ist erforderlich, es in Worte zu gießen, denn sie fordern zur Klarheit heraus und geben Form.

Für die Entscheidung sollte ein *stärkender Zeitpunkt* gewählt werden. Das kann astrologisch durch eine günstige Konstellation der Planeten sein. Selbst der Wochentag kann unterstützen. So ist der Marstag, der Dienstag, anregend, ebenso der Sonnabend mit dem Sonnenimpuls des Sonntags. Für manche wird der zunehmende Mond dienlich, wobei die Übergänge des Neu- oder Vollmondes wie auch die Halbmonde beachtet werden können.

Die Gründe, die zu einer Entscheidung führten und die Entscheidung selbst, gilt es in Worten zu formulieren und niederzuschreiben. Erst dann entscheiden, wenn alle eigenen Seelenbereiche »zustimmen«. Das ist eine Verwurzelung im Geistigen und erhöht sich beim Richten des Dachstuhls.

Bauen ist immer noch Chaos und archaisch

Alle modernen Maschinen und Techniken verhindern nicht, dass Bauen immer noch zu einem Durcheinander wird. Es sind so viele Faktoren zu bedenken und miteinander verflochten, in die hinein etwas *nicht Vorhersehbares* zum Chaos führt. Die Schwierigkeiten der Terminabstimmungen, die Abhängigkeit der Handwerker in der Logistik ihrer Arbeiten, nötige und auch unnötige Planungsänderungen, Einsprüche der Baubehörde, Lieferprobleme, Einwirkungen des Wetters, Zeitüberschreitungen, Teuerungen, Finanzprobleme – um nur einiges zu beschreiben. Jedes Bauen bringt die Bauherrschaft an die *Grenzen ihrer Kräfte*. Es bedarf wahrer Überlebenstechniken, damit das Geschehen trotz der eigenen Betroffenheit unpersönlich bleibt, weil es unvermeidbar ist. Die Erinnerung an den oben beschriebenen Entscheid stärkt. Die Wirkung dieses erhöhenden geistigen Impulses kann gar nicht überschätzt werden.

Alle nun folgenden Phasen sind mit der Kraft des Übergangs begnadet. Es ist wichtig, immer wieder *Pausen* einzuschalten, um in Distanz zum Geschehen zu kommen. Auch Pflanzen zeigen bei einem Umzug in eine andere Umgebung, dass sie zuerst »nieder«gehen, sogar bei besserer Umwelt. Das entspricht dem seelischen Tiefpunkt beim Menschen. Erst danach wird es wirklich neu, frisch und schön.

Die Vorbereitung – Phase 2

Das Grundstück suchen

Das Suchen ist als Tat ein Schritt von innen nach außen – von sich aus, in die Welt hinein. Bevor die eigentliche Suche beginnt oder eine Entscheidung für ein gefundenes Grundstück gefällt wird, will ein inneres Annähern vorbereitet sein. In wiederholten *Meditationen* kann man sich dem Wesen der schon wartenden Scholle Erde zuwenden. Auch der *Traum* kann Botschaften vermitteln. Es kann sein, dass man es schon lange »kennt«. Es ist gut, dies intuitiv in einem Bild auszudrücken.

Weitere Empfehlungen
- ★ Sich erinnern, ob man in der Vergangenheit schon einmal ein Grundstück sah, das einlud.
- ★ Zu welchen Landschaften hat es mich bisher gezogen, von der Form her, vom Bodenaufbau, vom Bewuchs?
- ★ An früher gern aufgesuchte Plätze gehen, auch Kindheitserinnerungen wachrufen. Zu Orten fahren, an denen man schon einmal gelebt hat, besonders in der frühen Kindheit. Es gilt zu erspüren, wie ein Platz sein sollte, der *dem eigenen Wesen nahe* kommt und die individuelle Energie unterstützt. So spüre man den vier Elementen nach, die sich aus dem Horoskop ergeben, ob man sucht, was als Element stark vorhanden ist oder aber was ersehnt wird. Daraus wird ersichtlich, was überwiegt: die Yin- oder die Yang-Kraft. Erspüren, ob man eher ein »Höhlenmensch« ist mit der Tendenz des Rückzugs oder ein »Nesttyp«, der die weite Aussicht sucht.

Wer sich als Begleiter in der »Typenlehre« nach Wilk und Hagena auskennt, kann den Hinweis geben, dass der solar-gepolte Mensch ein eher trockenes Gelände sucht, das höher liegt und weiten Blick ermöglicht. Rechteckige Formen und Winkel, wie auch nahestehende Bebauung stören ihn nicht. Der vom Mond mitbestimmte Mensch sucht eher das Runde. Das Haus in die Landschaft eingebettet, keine zu nahen Nachbarn, feuchtwarm darf es im Buschigen sein, nahe zum Wasser. Die Typenlehre berücksichtigt die Sonnen- oder Mondfülle am Tag der Geburt und ist mit all den Grenzen einer jeden Typenlehre versehen. Da der Ort selbst oft schon feststeht, können Karten, auch geologische Karten mit ihren Angaben zum *Bodenaufbau* zum optischen Durchwandern inspirieren.

Erst nach dem ahnenden Wahrnehmen die Kriterien aufschreiben, die ein Grundstück besitzen sollte – zunächst intuitiv aus dem Bauch heraus, später werden Prioritäten gesetzt. Das vollzieht jeder einzeln und sucht danach eine Synthese mit dem Partner. Dann wird das Papier erst einmal zur Seite gelegt – um sich vom Grundstück finden zu lassen.

Grundstück finden und annehmen

Bevor man ins konkrete Suchen nach dem Grundstück geht, sollte man sich bewusst machen, dass wir in unserer Zivilisation glauben, ein erworbenes Stück Land gehöre uns auch. Es dient uns lediglich. Eigentlich nehmen wir aus dem Land nur ein Stück heraus. Haus meint ursprünglich »bedecken, umhüllen«. Mit einem Haus bedecken wir lediglich das Land.

Das Wort »finden« kommt von »gehen«. Die Begegnung mit dem Grundstück ist ein einseitiger Weg. Es wartet. Finden des eigenen Platzes ist *Selbstfindung*. Es ist ein Gehen aus innerer Gewissheit, ist ein intuitiver Weg. Finden ist weitere Tatumsetzung und Teil der künftigen Entscheidung. Ist es gefunden, dann kommen die Fragen aus dem Suchen ans Licht: Wo decken sich meine Energie, wo Yin und Yang, die Elemente, Planeten- und Tierkreisqualitäten mit dem Grundstück? Wo finde ich mich mit all dem Gesuchten im Grundstück wieder? Die *Entscheidung* mindestens wie auf Seite 220 besprochen eine Woche lang wachsen lassen – in Zwiesprache und im Kontakt zum Geist und dem Wesen des Platzes.

Aus *energetischer Sicht* sollte man das Umfeld überprüfen: Gibt es Überlandleitungen, Sendemasten und -anlagen (Achtung: oft versteckt!), nahe gelegene Eisenbahn, nahe Trafostationen? Tunlichst einen Fachmann für Elektrosmog einschalten.

Erwerben des Grundstücks

Fragen an den Vorbesitzer stellen: Was weiß er von dem Stück Land? Woher hat er es in Besitz genommen? Was ist bis jetzt hier geschehen? Was bindet ihn noch ans Grundstück? Warum verkauft er? Gibt es eine emotionale Bindung, weil es ein Notverkauf ist?

Den Kaufvertrag und den *Vertragsabschluss zur Zeremonie machen!* Es ist ein uralter indogermanischer Brauch gewesen und war Teil des Rechtsvorgangs, dass ein Stück Erde mit Gras von Hand zu Hand übergeben wurde. Weil ein kleiner Teil das Ganze vertritt. Durch das Geben von Hand zu Hand kann der Gebende Altes loslassen und der Nehmende nun das Land »rein« übernehmen. Durch diesen körperlichen Vollzug übernimmt der neue Besitzer die Verantwortung für dieses Stück Erde.

Die Schulden, die man macht, um bauen zu können, verwiesen schon darauf hin, dass uns das Haus noch lange nicht gehört, oft ist es eher so, dass durch die Schuldenlast und Zinsen wir dem Haus gehören. Es wird dann auf grobstofflicher Ebene deutlich, dass *wir gar nicht die Besitzenden sind,* obwohl wir uns so fühlen. Es zeigt auf, dass uns nie ein Grundstück, ein Stück Land gehört. Dann bekommt das Bauen und Wohnen seinen Schmelz: Wir sind da und dennoch Vorüberziehende. Ein spiritueller Schritt.

Das Grundstück wahrnehmen

★ Da es um *feinstoffliche Wahrnehmung* vor Ort geht, empfiehlt es sich, schon an seinem Altarplatz zu Hause sich einzustimmen. Innerlich still werden, denn weder die Engel noch die unsichtbaren Geister brüllen. Man kann sich mit dem Grundstück verbinden und es als ein eigenes Wesen betrachten und würdigen. Vor Betreten des Grundstücks empfiehlt es sich, in ein ausgleichendes Atmen kommen. Nicht bis zum Grundstück fahren! Das letzte und nicht zu kurze Stück des Weges sollte man ganz bewusst auf das Land zugehen. Das Land wartet schon.

★ Innehalten, wie vor einer Schwelle, und den nächsten Schritt erst gehen, wenn man ganz bei sich ist. Der Körper wird zu einer sensiblen Antenne; in den Knien nachgeben und das Becken leicht nach vorne schieben. Die Wirbelsäule ist wie eine Tempelsäule zur Geraden aufgerichtet. Wir sind jetzt bewusst in der gewollten Spannung und lassen uns von den Füßen führen, wohin sie wollen. Wohin ziehen sie mich? Welchen Bereich meiden sie? Dabei auf *Körperreaktionen,* Gefühle, Bilder, Worte, Klänge, Lieder, Träume, Erinnerungen achten und vertrauen, dass nichts vom Erfahrenen verlorengeht, sodass der Kopf »ausgeschaltet« bleiben kann. Folgende Fragen ans Grundstück stellen: Wozu willst du uns dienen? Und was brauchst du dazu von uns?

★ Es empfiehlt sich, für eine erste tiefere Begehung eine *besondere Zeit zu wählen.* Das ist die noch frühe Stille bei Sonnenaufgang und insbesondere auch der Sonnenuntergang. In diesen Zeiten ist das Eine nicht mehr und das Andere noch nicht. So entsteht in diesem Übergang ein Zeitensprung, ein Augenblick der Ewigkeit, in dem tiefstes Wahrnehmen geschehen kann. Das Geheimnis der Pause wird unterstützt von der Dämmerung, welche die scharfen Konturen aufhebt. In den Dämmerzuständen lockert sich der Verbund von Seele und Leib. Man wird durchlässiger für den Empfang von Botschaften. Am Abend weitet sich die Aura und lockert sich vom Körper. Sie wird sehnend und offen für Botschaften, für geheime Schwingungen.

★ Wenn wir das Grundstück in folgenden Tagen – möglichst zu verschiedenen Tages- und Jahreszeiten – wieder begehen, kann man weitere Wahrnehmungen machen. Eine Nacht *auf dem Grundstück schlafen* ist eine große Erfahrung. Wenn nötig, muss vor der feinstofflichen Wahrnehmung das Land grobstofflich gereinigt und entrümpelt sein. Vorher jedoch sollte man die Wirkung des Unrats empfinden und auch im Logbuch beschreiben.

★ Wo fühle ich mich wohl? Den Pflanzen und Bäumen zuhören, sie fühlen. Schmecken. Riechen. Gibt es einen *Baum*, den man fragen kann? Denn ein Baum hat die Geschichte im Rundum seiner Gestalt erlebt und gespeichert. Tiere beobachten, insbesondere Vögel, auch Hunde, Katzen. Katzen suchen Reizpunkte. Hunde lagern auf neutralen Bereichen. Wenn Kinder irgendwann dabei sind – sie spielen lassen. Wo fangen die Kinder an zu spielen?

★ Später kommen konkretere Fragen. Weil das Grundstück ein Teil des Ortes ist, seine *Geschichte* und die Besonderheiten des Ortes miteinbeziehen. Auch die Frage: Warum wählte ich gerade diesen Ort? sollte man sich stellen. Wo ist die energetische Mitte des Grundstücks? Von dort aus in verschiedene Richtungen sehen, aber so, dass der Blick wie nach innen geht. Was von außen gespürt wird, atmet man bis in die Füße ein, dann von der Erde und den Fußsohlen her aus. Bei den Richtungsfragen kann man die Hände neben den Hüften wie Empfangsschalen bilden. Es empfiehlt sich, manchmal die Augen zu schließen.

★ Woher kommt der *Wind* am häufigsten? Was trägt er an Informationen von daher? Auf einer größeren Karte schauen, was in diesen Richtungen liegt und wie es wirken könnte.

★ Bevor man einen Radiästheten einschaltet, spüren Sie selbst, woher negative oder kraftspendende Energien einfließen. Woher kommt die nährende Kraft von außen? Woher kommt Störendes, Negatives? Wo möchte das Haus stehen? Vielleicht erkennen Sie schon jetzt den Platz, wo der unbetretene Bereich sein wird.

★ Das Erlebte wird aufgeschrieben und dann wird anhand von Plänen ermittelt, was von außen herangetragen wird.

Erste radiästhetische und geomantische Untersuchungen (siehe hierzu Seite 190): Im Plan, der dem Rutengänger zur Verfügung gestellt wird, wird die bauamtlich genehmigte überbaubare Fläche eingezeichnet.

Wie in Kapitel »Die Bedeutung des Gartens« beschrieben, gilt es schon jetzt, sich der späteren Gestaltung zuzuwenden. Ab jetzt sollten Fotos die Vegetationszeiten festhalten. Dann kann man aus dem Wachsen und Vergehen erkennen, was dieses Stück Erde hervorbringen kann und will.

Die übernommene Verantwortung sollte man sich vertiefend bewusst machen und aus ihr heraus die nächsten Schritte würdigend sehen. War das Land vorher unberührt? Oder Ackerland – dann besonders umsichtig sein?

Grenzen setzen

Das Wort »besitzen« meint ursprünglich »um etwas sitzen« im Sinne von »belagern«.

Jetzt werden die zwei Seelen des eigenen Herzens bewegt – der Hirte und der Bauer. Noch einmal geht man bewusst in die Verantwortung zum Grundstück. Es ist ein erster Schritt in die Sesshaftigkeit, das heißt den *Besitz annehmen*. Nach dem bisherigen Mieten, das auch ein Wandern war, werden nun Grenzen gesetzt – aber in der Freiheit des eigenen Entscheides. Das *verändert die Lebensform*. Es gibt Klarheit und Orientierung, und ist durch das nun Eigene auch ein Abschied, ein Abscheiden vom Alten, der Familie.

★ Den Besitz durch Pfähle oder Steine selbst und so markieren, dass die Grenzen sichtbar werden. Das Land an den Grenzen umschreiten, sowohl im Uhrzeigersinn als auch entgegen. Dabei die Fragen bewegen: Wo grenze ich mich ab? Was grenzt mich ein? Wo will ich oder muss ich mich eingrenzen? Diesen Willensimpuls vertiefen. *Wo habe ich meine inneren Grenzen?* Wie gehe ich mit Grenzen um? Kann ich selbst gut Grenzen im Miteinander setzen?

★ Sich in die Ecken stellen und von dort mit den Armen die Seiten des Landes nachbilden. Die Spannung spüren, die entstehen kann, besonders wenn mit der Herzensausstrahlung die Diagonale erspürt wird. Wie fühlt sich das Land nun jeweils an? Mit Steinen oder Kristallen *die Ecken markieren* und mit guten Wünschen »informieren«. Dort etwas Schönes als Gabe geben.

★ Wenn die jetzt noch unsichtbare Grenze gesetzt ist, sie überschreiten. Dadurch trete ich ins Land des Nachbarn. Kontakt zu den Nachbarn aufnehmen und erfragen, wie sie das Grundstück kennen. Was war ihr Entschluss, hier zu bauen? Den altmodischen Begriff der *Grenze als Einfriedung* erkennen. Wenn eine Grenze eindeutig ist und von »beiden Seiten« akzeptiert wird, dann muss sie nicht erstritten werden, sondern gibt Frieden.

Planung des Hauses – Phase 3

Erste eigene Ideen

In dieser Zeit geht es um den eigenen Entwurf, im *spielerischen Tun*. In der Freiheit, dass alles möglich ist. *Ohne Eingrenzung* durch technische oder finanzielle Fakten. Dies geschieht vor dem Finden eines Architekten. Die Zeitqualität des Bauens muss bedacht werden. Wir bauen immer schneller, so schnell, dass unsere Seele gar nicht mitkommen kann. Das bedeutet, dass die spirituelle Durchdringung frühzeitig erfolgt und vertieft wird. Das gilt besonders, wenn ein Fertigteil-Haus vorgesehen ist.

Welche Grundform zeigt sich in den Meditationen? Der Plan eines Hauses, der jetzt entsteht, kann an die eigene genetische und karmische Vorbestimmung anrühren. Es ist ja jedes Leben nach einem Plan vorgeformt.

* ★ Die Hausform in Ton gestalten. *Grundrisse und Fassaden selbst zeichnen*, dabei einen ganz weichen Stift oder Kreiden nehmen, damit etwas Konturloses, Verschwommenes entsteht.
* ★ Gemeinsam *mit den eigenen Kindern* das Grundstück begehen und von ihnen das Haus zeichnen lassen. Danach sollen sie die Skizzen beschreiben, und man hört ihnen mit dem Herzen zu. Alle Zeichnungen mit Datum versehen. Sie werden Teil des Logbuches. Gemeinsam auch mit nahestehenden Freunden dort sein und ihnen die Ideen aufzeigen.
* ★ *Vor Ort* den Stand und die Größe des Hauses *visualisieren*, auch die Lage, Art und Größe künftiger Bäume. Vom künftigen Haus aus alle Blickrichtungen sinnlich und intuitiv wahrnehmen, wie das Haus ins Land einbezogen ist.

Die Wahl des Architekten

Den passenden Architekten zu finden, ist nicht einfach. Es ist erforderlich, dass er *dem Feinstofflichen und einer spirituellen Schau gegenüber aufgeschlossen ist*. Weil ein Architekt der Mittler zwischen allen planerischen und technischen Tätigkeiten ist, besteht die Gefahr, dass er die spirituellen Wirkungen des Hauses, wie die Versöhnung von Mensch und Natur, aus dem Auge verliert. Für die Wandelkraft der Bauherrschaft und ihre spirituellen Ansprüche ist er nicht vorbereitet, tiefere Wahrnehmungen wie aus der Astrologie sind ihm oft fremd. Selbst wenn er durch Eigenstudium oder Lebenserfahrung dafür aufgeschlossen ist, ist sein Zeitaufwand nicht im *Leistungsbild* der HOAI (Honorar-Ordnung) enthalten. Um es noch einmal zu betonen: Der Arbeitsaufwand und die Verantwortung eines Architekten ist so groß, dass sie von der Bauherrschaft kaum eingeschätzt werden kann. Die Bauordnungen sind derart streng und die Haftung des Architekten so rigoros, dass man sich manchmal wundern kann, über seinen Mut, dennoch zu planen.

Die Mitverantwortung des Bauherren wird ihn entlasten und seine Kreativität verstärken. Aus diesen Gründen empfiehlt sich die spirituelle Baubegleitung. Sie ist keine Konkurrenz zum Architekten, vielmehr Bereicherung und Unterstützung. Für den Bauherren entstehen zwar zusätzliche finanzielle Aufwendungen, die sich aber vielfach durch die Qualität des Bauens und des Bauwerkes bezahlt machen.

Dem Architekt sollte die *Weltanschauung des Bauenden* klar genannt werden und das bisher Gefundene und Entschiedene sollte kommuniziert werden. Wenn Übereinstimmung besteht und der Wille, gemeinsam zu planen ohne die sonst übliche Delegierung der Verantwortung an den Architekten, erst dann sollte man sich für einen Architekten entscheiden. Eine weitere Voraussetzung ist, dass er gerne mit dem Begleiter arbeiten will. Ich betone »gern«, denn im feinstofflichen Wirken muss ein tiefes Vertrauen da sein.

Planen des Vorentwurfs

Der Begriff »Entwurf« ist für mich wie früher das orakelhafte Werfen von Stäben, um daraus ein Bild von der Zukunft zu bekommen. Und es ist das Immer-wieder-Aufheben, um einen nächsten *Wurf* zu ermöglichen. Heben heißt auch »begreifen, verstehen«, im Sinne des sinnlichen und ersten Versuchs des »Erfassens«. Im süddeutschen Raum ruft der Zimmermann: »Heb den Balken« (in der Bedeutung von »halten«) und wenn ein Norddeutscher das dann tut, wird ihm zugerufen: »Und jetzt lupft er ihn auch noch!« (mit der Bedeutung »heben«).

Ein etwas ungewöhnlicher Vorschlag: beim Vorentwurf schon *eine Handvoll Erde* vom Grundstück auf den Tisch legen. Das ist zwar scheinbar schmutzig, aber es ist das, »worauf man baut« und löst »homöopathisch« etwas aus. Wie schmeckt die Erde? Mindestens sie in die Hand nehmen und riechen. Das ist nicht nur eine Würdigung von Mutter Erde, sondern löst ab vom abstrakten verstandesmäßigen Wahrnehmen.

Erst wenn die Entwurfsskizzen sich zu *einem letzten Entwurf verdichten* wollen, die Zeichnungen und formulierten Ideen der vorherigen Phase mit diesem Vorentwurf vergleichen.

Der Entwurf

* Nach der Entscheidung und Verdichtung aus der Vielfalt der Vorentwürfe die Räume analog in ihren künftigen Funktionen wahrnehmen (wie auf Seite 208ff. beschrieben), ebenso die *inneren Organe des Hauses* wie Elektrizität, Energie- und Wassereinspeisung, Abfluss.
* *Den Plan* meditativ erspüren. Ihn *segnen*, besonders wenn er »automatisch« durch CAD erstellt wurde und kaum direkt von Hand.
* Das Haus anhand des Planes von Raum zu Raum innerlich durchwandern und ihre energetische Verbindung erspüren.
* Selbst aus Pappe ein *Modell bauen*. Durch den eigenhändigen Vollzug entsteht ein guter räumlicher Eindruck. Auch den Kubus des *Hauses in Ton formen*.
* Auf dem Grundstück die äußeren Maße des Hauses durch ein Pfahl- und *Lattengerüst* errichten, um die Lage und Größe des Gebäudes besser zu erkennen. So wie es in der Schweiz praktiziert wird, um zu erkennen, wie das Haus in die Umgebung passt. Zusätzlich die Außenpfosten mittels Seilen verbinden, um das Raumgefühl zu verstärken und die Abstände zur Grundstücksgrenze deutlicher zu erleben.
* Anhand der Pläne vor Ort konkret in den einzelnen Räumen »sitzen«. Wie fühle ich mich hier? Wo sehe ich hin? Stimmen die Proportionen und Größen? Die Maße durch Schrittmaß und Körpergröße erfühlen. Finde ich meine innere Architektur wieder?
* Die *radiästhetischen Ergebnisse einarbeiten*. Vermeidung von Reizzonen in Ruheräumen. Energetisch abbauenden Bereichen ausweichen, dort insbesondere keine Küchen- oder Nahrungsvorräte lagern. Reizzonen sind möglich für Flure und kurzfristig genutzte Räume.

Bauantrag stellen

Das ist der erste Schritt nach draußen. Die Behörden werden miteinbezogen. Es ist gut, von den eigenen spirituellen Vorstellungen zu sprechen. Das braucht Überwindung und ist schwer in Amtsstuben in Worte zu fassen. Es ist ein Bekenntnis und wirkt stärkend zurück. Es ist das Kundtun einer neuen Weise des Bauens und wirkt daran mit, dass es allgemein bewusster wird. Dadurch kann auch in andere Bereiche das Neue hineinwachsen. Es würdigt den Beamten als Mensch. Es ist klug, hierfür einen günstigen Zeitpunkt zu wählen.

Durch die Baugesetze entsteht eine *erste soziale Einbindung,* ebenso durch das sich Einfügen in den Bebauungsplan. Es entsteht eine Urkunde zur Baugenehmigung. Die Obrigkeit gestattet dadurch das Bauen und das Besitzen des Grundstücks. Es ist eine Urkunde und kündet von einem Geschehen. Dieses hier nur angedeutete Geschehen läuft unbewusst ab. Es ruft nach einem *Ritual.*

(In »Räume der Kraft schaffen«, Seite 299f. finden Sie konkrete Angaben zur »Planung der Details«.)

Grundstück vorbereiten

★ *Seelischen Bezug zu entfallenden Bäumen* und Pflanzen aufnehmen, mit ihnen kommunizieren. Sie erst nach einer Zeit fällen. Selbst den ersten Axthieb vollführen.
★ Verbleibende Bäume gegen Schäden aus der Bauzeit schützen.
★ Den Bereich *auswählen, der als* »unbetretenen Raum« sich anbietet und ihn gut schützen.
★ Das Gebäude selbst mit den einfachen Mitteln wie Schnur, Pflock, Schritt- und Metermaß *nach den uralten Meßmethoden einmessen.* Die Ecken des Gebäudes durch Pflöcke markieren. Dadurch bekommt man ein Gefühl für die Maße und Masse des Hauses. Dies als Ritual mit allen späteren Bewohnern vollziehen. Erst danach durch den Architekten das Schnurgerüst erstellen lassen.

Das Haus wird gebaut – Phase 4

Baugrube und Fundament

Es gilt, *den richtigen Zeitpunkt* zu bestimmen, durch allgemeine Hoch-Zeit oder durch Horoskop im Bezug zum »Wort« des Hauses.

Der erste Erdkontakt ist *der erste Spatenstich*. Wie das Wort schon sagt, ist es ein Stechen in die Haut der Erde. Und bevor der Bagger ansetzt, ist es die Bauherrschaft, die in die Verantwortung gegenüber dem Land geht und den ersten Spatenstich selbst vollzieht. Das taten früher auch die fürstlichen und geistlichen Bauherren aus ihrer privilegierten Stellung heraus.

Es gilt *ein Opfer zu bringen*, nicht aus Furcht wie früher zur Besänftigung der gestörten Geister, sondern auf der geistigen Ebene: Was bin ich bereit an Altem hinter mir zu lassen? Dadurch entsteht eine Leere, in die hinein etwas Neues wachsen kann. Auch ist es wie eine Gegengabe, ein Opfer, das ebenso vom Land gebracht wird. Unser Opfer wirkt dann für das Land wie Balsam. Dabei geht es nicht um

Schuldannahme, sondern um freies Hingeben aus dem bewusst Erkannten. Es ist Teilhabe der Wandlung, die ja auch dem Grundstück geschieht. Graben ist auch umstülpen. Aushub ist Umstülpung. Was jetzt konkret der Erde geschieht, meint auch die eigene Umstülpung. Das will durch ein Ritual vertieft werden.

Beim ersten Spatenstich gilt es den Mut haben, seine eigene vorhandene Zerstörungskraft zu erkennen, anzuerkennen. Dabei sollte man bewusst den Entscheid fällen, das Haus möge heilend wirken. Das ist geistige Erhöhung, ist pure Geomantie. Zu diesem Ritual gehört eine einführende Meditation, die anschließt an das schon gefundene »Wort«. Bei der Zeremonie wird ein Wort geäußert, das durch die Kraft des Bekennens zur Tat führt. Es kann sinnvoll sein, dass die Bauherrschaft dies für sich vorher alleine lebt.

Das, was man bereit ist hinzugeben, kann man für sich oder auch gemeinsam mit dem Partner aufschreiben und zur Zeit des Spatenstichs verbrennen. Die Asche wird auf dem Grundstück dort verstreut, wo eine *Klage-Ecke* künftig sein wird. Wohin man sich später zurückzieht, um dort zu jammern, damit man nicht die Innenräume ungut informiert und nicht die Mitmenschen einbezieht. Was man opfert, möge verwesen können oder durchs Feuer verbrannt werden.

Vom Aufgeschriebenen wurde vorher eine Zweitschrift angefertigt. Sie dient dazu, sich zu erinnern, was man zu Beginn des Bauens entschieden hat und wird Teil des Türhüters bei der Einweihung des Hauses, des Eingangs. Das ist dann wie ein großer Bogen in der Zeit. Das Wort ist vom turbulenten Geschehen des Bauens sicherlich oft angesprochen, erweitert oder vertieft worden.

Grube ist vom Wortstamm her über »graben« auch das Grab. Dieses auf der Erde ankommen und sich im Bauen selbst gebären, bedarf des Sterbens, braucht das Grab. So ist der Aushub einer Baugrube ein Absterben und Neuwerden. Ist Teil des eigenen Karmischen und *Eingriff ins eigene Unbewusste*. Ist innere Kontaktaufnahme zu den eigenen Wurzeln. Jetzt ist man angekommen hier auf Erden.

Mit der Grube schaffen wir eine Wunde. Wie gehen wir mit unseren Wunden um? Wir ölen und salben, reinigen und schützen sie, lassen sie heilen durch die Zeit. So darf das Haus über der Wunde nun heilen. Jede Wunde bleibt dünnhäutig und kann Membran sein für Impulse von außen.

Beim ersten Spatenstich wird die *Durchdringung des Mutterbodens* bewusst erlebt: Beim Ausbaggern der Baugrube den Mutterboden sorgsam abtragen und auf dem Grundstück behalten. Nicht abfahren, sondern für den Garten zur Fruchtbarkeit behalten.

Den Baggerführer sollte man möglichst beim Ritual mit *einbeziehen*. Wer mit grobem Gerät so fein arbeiten kann, ist gewiss auch spürig für seelische Anregung. Er ist es ja, der die Grube schafft.

Die Gründung erstellen

Das Haus gründen, ist *Wurzeln schlagen*. Jetzt entsteht ein zweiter Kontakt zur Erde – den *Grundstein setzen*. Das ist ähnlich wie beim Spatenstich, jedoch statt des Hingebens von Altem ist es die Zusage dessen, was man in seiner Menschwerdung durch das Bewohnen des Hauses verwirklichen will. Auch hier merkt man sich das in Worte Geformte und gibt es später bei der Einweihung kund.

In dieses wesentliche Geschehen werden alle am Bau Beteiligten und auch die Nachbarn mit einbezogen, weil jetzt *die Kraft* des Sozialen, die *Gemeinschaft* mit einfließt. Mit dem Bau pflanzt man sich ins soziale Gefüge ein, das in einem Ritual bekräftigt wird. Ab jetzt materialisiert sich die Idee, der Entscheid zum Bauen. Es ist ein archaisches Tun, althergebracht und rührt wieder unbewusste Schichten an. Jetzt gilt: Achten und horchen, was im Inneren geschieht oder geweckt wird. Weil ein Haus ein Klangkörper ist, kann man schon jetzt Klang und Musik wirken lassen. Den *Grundstein* sollte man *selbst gestalten*.

Zu den einzelnen Bauphasen

Das ganze Baugeschehen ist ein Reifeprozess. Jetzt wächst die Hausgestalt von »Fuß bis Kopf«. Man sollte das Wachsen des Hauses bewusst als persönlichen Wachstumsprozess erleben. Es empfiehlt sich, immer wieder innezuhalten und Veränderungen in Körper und Geist wahrzunehmen.

Hand anlegen

Baustoffe haben ihr eigenes Wesen. Das sollte man zutiefst begreifen, wenn man schon nicht selbst als Handwerker tätig wird. Hand anlegen ist Sinn-Findung und Wirk-Wahrnehmung des ganzen Baugeschehens. Wachsen wird fühlbar. Weil zwischen den Baustoffen und ihrem Einbau nun Maschinen zwischengeschaltet sind, ist der unmittelbare Bezug vom Menschen zum Material aufgehoben. Es wird darum die Aufgabe des Bauenden noch bedeutsamer im sinnlichen und damit sinngebenden Kontakt.

Zu den Baustoffen

Bewusstheit kann erhöht werden, indem nicht nur sinnlicher Kontakt zu den verwendeten Baustoffen aufgenommen wird, sondern auch das innere Wesen eines Materials erspürt wird. Das ist ein tragender geistiger Aspekt, ist Teil der Idee des Hauses. Das Wort »Material« ist abgeleitet von »Materie« und bedeutet Urstoff.

In der Begegnung mit dem Baustoff kann man in inneren Bildern zurückgehen und seine erste Umgebung wachrufen. Aus der Tiefe wird nun sein Wesen wahrgenommen und in Klang, Form oder Farbe ausgedrückt. Man kann auch summend einen Baustoff erfahren. Mit dem Auge des Bewusstseins wird dann der oftmals lange Weg bis zur Baustelle entschlüsselt.

Zeitablauf

★ Kleine Pausen machen. Zwischen den einzelnen Phasen dem Haus das Ein- und Ausatmen zugestehen. In den Bauverlauf auch die stärkenden Impulse des Jahresverlaufs einwirken lassen: die Karwoche, die heiligen zwölf Nächte, die Mondphasen, die Terzen des Tages usw. Auch die persönlichen Krafttage: Geburtstage, Namenstage, Hochzeitstag usw.
★ Die Wellenbewegung der eigenen energetischen und seelischen Täler und Höhen akzeptieren, weil unvermeidlich. Bauen ist immer noch archaisch, unvorhersehbar im Ablauf, ist Chaos, daher sollte man Änderungen miteinbeziehen.
★ Durch die erste Phase mit ihrer zeitaufwendigen Vorbereitung können die Pausen jetzt kurz sein, weil eingebettet in das »Ziel«.

Die Melodie des Bauens

Als es noch keine Motoren mit ihren monotonen Geräuschen gab, war auf der Baustelle eine ganz eigene Melodie. Das Graben klingt anders als das Sägen, der Mörtel beim Mischen hat seinen eigenen Klang, das Zurufen, Steine hacken und erst recht das Nageln, das mit Gesang und rhythmisch geschah.

Vertrag mit den Handwerkern

*»Jede Kultur ist auf Handarbeit angewiesen
und geht zugrunde mit ihr.«*
Ernst Jünger

Kant hat die Hand als nach außen gestülptes Großhirn bezeichnet. Die Hand ist zum Geben da. Man reicht sich die Hand – und wird dadurch reicher. Nehmen ist halten. Die Hand segnet. Man kann mit den Händen heilen und mit Handschlag etwas besiegeln. Hand anlegen an etwas, weist auf eine zarte Geste hin. Wir sprechen auch mit den Händen. Es ist viel Frieden auch durch die Hand: vom Streicheln bis zum versöhnenden oder vertrauenden Handschlag. So habe ich als Ingenieur noch Verträge per Handschlag ohne schriftlichen Vertrag abgeschlossen. In dieser Weise ging etwas von Hand zu Hand. Was wir mit Handel verdeutlichen, meint die Ware zu segnen in der Unmittelbarkeit des Gegenübers. Handeln als gegenseitiges reicher werden.

Warum so viele Worte um die Hand? Weil ein Haus durch das Wirken der Hände entsteht und das Handwerk so menschlich und der Handwerker so bedeutsam ist, will das Handwerk als segnendes Tun wieder in seine Würde gehoben sein. Der Handwerker selbst muss sich befreien von der Knechtung durch das Gerät und durch die Maschinen. Handwerken als Menschwerdung. Werkerstellung als geistiges Geschehen. Man spricht auch von religiöser Handlung – und das ist noch im Handwerk enthalten, im Sinne einer kultischen Handlung, im Vergeistigen der Materie.

Leonardo, der keine vertiefte Schulbildung hatte und nur mangelhaft Latein sprach, wurde nicht voll anerkannt, obwohl er ein so bedeutender Künstler war. Er wurde als Handwerker eingestuft ... Die fehlende Achtung des Handwerkers ist seit Jahrhunderten in uns eingeprägt. Im spirituellen Bauen kann er eine neue Würdigung bekommen. Im Esoterischen wird von Hausgeistern und anderen Wesen gesprochen – aber die helfenden Hände der Handwerker und ihr Wesen wird oft übersehen und nur als technischer Teil des Bauvorgangs gewertet. Dabei gibt es unter ihnen beseelte Hände. Die Abwertung des Handwerkers hat Tradition. Handwerk war den Herrschenden, dem Adel und Priester zu banal. Es wurde das Tun früher den Sklaven, später den Handwerkern auferlegt.

In meinem Wohnort Worpswede baute in den zwanziger Jahren Hoetger. Er wollte ein Gesamtkunstwerk; schuf die Türgriffe und Ofenkacheln selbst, wählte den Baum im Wald. Er machte keine Zeichnungen, formte ein Modell in Ton und ging morgens auf die Baustelle und sagte den Handwerkern: »Macht mal ungefähr so« – und die Maurer hatten freie Hand. Was ihnen viel Freude und Kreativität gegeben hat.

Das Haus als Gesamtkunstwerk meint auch die Gesamtheit aller Beteiligten. So ist die *Gemeinschaft der Bauleute* die erste soziale Einbindung. Es gilt den Handwerkern zu vermitteln, worum es bei diesem Bau geht. Vielleicht führt man das Gespräch beim gemeinsamen Essen. Meine Erfahrung ist, dass auch die jeweiligen Partner einzuladen sind. Das mildert die Trennung von Wohn- und Arbeitsstätte. Im Logbuch kann man alle Handwerker mit Namen und Foto aufnehmen; auch was sie zum Baugeschehen bei diesem Haus als Erfahrung gemacht haben. Zur Einweihung werden alle Handwerker einladen.

Den Dachstuhl richten

Man spricht vom Dachstuhl und lässt damit das anklingen, was auf Seite 68 ausgedeutet wurde – dass der Stuhl dem Thron entspricht. In diesem Sinne ist das *Richten des Dachstuhls* im wahrsten Sinne *eine Krönung*. Er entspricht auch dem Kronenchakra und in seiner Dreiecksform der Kraft des Bewusstseins. Das Richtfest ist ein letztes Aufrichten. Es ist auch das Ausrichten einer Energie.

Die entstehenden Winkel sind Formqualitäten und erzeugen als Dreiecke ganz bestimmte Energien, die radiästhetisch messbar sind. Die Spitze ragt wie das Yang-Dreieck gen Himmel und nimmt Kontakt zu kosmischen Kräften auf, denn Formen binden Ätherkräfte. Den Dachwinkel kann man körperlich nachvollziehen im Heben der Arme: Zuerst die horizontal ausgestreckten Arme in langsamer, fließender Bewegung anheben und die Empfindungen wahrnehmen. Dann in dem Winkel verharren, der dem Dachstuhl entspricht.

Das *Besondere am Richten* ist, dass ein Bauteil im Detail geplant ist, die Teile des sogenannten Gebindes, für sich vorbereitet sind und in einem Arbeitsgang errichtet werden, der oft nicht mehr als einen Tag braucht. Es ist wie eine zeitliche Raffung. Und ein großes Ordnungsgeschehen. Die Sparren und Pfetten entsprechen den Teilen einer gedachten Ordnung, sind wie die Struktur des Körperskeletts. Das Tragende wird noch einmal vor Augen geführt, dann schließt die Dachhaut den Bau. Der schnelle Vorgang macht sichtbar, wie aus Stäben ein Raum entsteht und rührt an die uralte Hausgestaltung (siehe Abbildung Seite 211).

Das Richtfest will ein ganz persönliches Ritual werden zur Verbindung mit dem Kosmischen. Noch einmal *wiederholt sich das »Wort«*, und es wird nachgespürt, was sich an seinem Inhalt verändert, verfeinert oder bereichert hat. Selbstredend hält der Zimmermann seine Rede, doch soll diese nicht altertümlichen Inhalts sein, sondern auch das Spirituelle ausdrücken.

Ein Richtfest *löst die Anspannungen* der Bauzeit auf und ist immer ekstatisch. Darum will es froh gefeiert sein mit Gesang, Musik, Tanz, Freude, Essen und Trinken. Weil es eben nicht nüchtern sein soll, muss ermöglicht werden, dass auch Alkohol getrunken wird – das Rauschmittel in unserer Zivilisation. Manch Richtfest litt darunter, dass die Fahrverbote dem Fest zu früh ein Ende setzten. Es sollten Fahrdienste oder nahegelegene Übernachtung angeboten werden.

Das Richtfest ist ein wichtiges soziales Geschehen am Bau. Danach zieht sich die Bauherrschaft nach innen zurück.

Innenausbau

Im Innenausbau gibt es jetzt viele Möglichkeiten *Hand anzulegen,* und dadurch geschieht mehr, als nur die Kosten zu senken. Wir denken auch mit den Händen. Die *Sinnlichkeit* und damit auch die *Sinngebung* wird größer, wenn man mit dem ganzen Körper da ist, wenn man tut. Es gibt durch die Abfolge einer Handlung eine Logik, die ordnet: durch die Herausforderung des Materials, die innere Abhängigkeit der Abläufe, die Zeit und Dauer, die Wiederholungen. Diese Ordnung teilt sich den Ordnungsgesetzen des Hauses mit. Jedes handwerkliche *Tun ordnet* Gedanken, Gefühle und Emotionen.

Tipp: Statt der gewohnten Farbberatung zuerst eigene Erfahrungen mit den Grundfarben machen. Eine längere Zeit lang sich dem *Wesen Farbe zuwenden*. Dann das Wesen der einzelnen Räume erkennen und beide Wahrnehmungen verbinden. Darin liegt auch die Chance des Bauherrn, konkret aktiv zu werden. Das Anrühren und Mischen der Farben sowie die Raumgestaltung, etwa mit Tupftechnik oder Auftragen in Schichten, lassen viel Kreativität zu. Dieses Tun prägt sich wie segnend den Räumen ein. Das Werkzeug sollte stimmen, damit seine Form und sein Material die Kraft der Hände durchlässt. Die Bewegungsabläufe der Handlung sollten erspürt werden, dann teilt sich ihre Schönheit mit.

Eine energetische Segnung und Schutzqualität kann ein Ornament-Fries sein, der am Wandkopf möglichst selbst gewählt und eigenhändig aufgemalt wird. So waren auch die Ornamente an den griechischen Tempeln gemeint.

Die inneren Organe des Hauses gilt es zu bedenken. Es ist uns nicht geläufig, weil das Wasser und Abwasser nur sporadisch läuft, die Vorräte nur schubweise ins Haus gelangen. Die Kraftströme der Elektrizität und des Gases sind unsichtbar. Die Verbindung nach außen ist über die Medien wie selbstverständlich da, wie auch die telefonische Kommunikation. Ein Zeitraffer aber würde zeigen, wie intensiv die Flüsse sind. Es ist ein Energiefluss im Geben und Nehmen, im Leeren und Füllen. Aus welcher Quelle kommt die Energie? Als Gas aus Russland, aus dem Kernreaktor, aus fossilem Stoff, der Kohle? Oder aus Erdwärme, Sonne oder Windkraft? Die spirituelle Durchlichtung dieses Geschehens ist noch sehr gering.

Die polaren Qualitäten wollen bedacht sein. Ein Schlafraum sollte mehr Yin-Qualität haben, Weiches und Textiles, das ein Fließen und Sanftes erzeugt. Yang sollte mehr in Arbeitsräumen sein usw.

Der Garten

Es geht um die Kunst, den Innenraum mit dem Außenraum zu verbinden. Man möge nun zur gleichen Zeit sich dem Garten zuwenden. Hinweise dazu sind auf Seite 184ff. gegeben.

Einwohnen und Wohnen – Phase 5

Abschied vom vorherigen Haus

Jetzt wird die *Kraft des Übergangs* bedeutsam. Wir verlassen ein gewohntes Umfeld und wenden uns einem neuen zu. Es ist die Chance, sich von Altem zu trennen, das Überholte loszulassen, damit Platz für Neues ist.

★ Im alten Haus noch einmal *sich zentrieren auf die Mitte*, die gemeint war oder sich im Laufe der Zeit ergeben hat. Sie auch konkret örtlich betonen und dort das darstellen, was die Mitte repräsentiert. Eine Schale mit Früchten als Zeichen des Lebendigen, eine Kerze für das Licht des Bewusstseins, eine Blume für die Schönheit der Natur, eine Feder für die Heiterkeit, Rot als Freude, ein Wort oder ein Gedicht für die Geisteskraft, ein Klang oder ein Lied für den Seelenraum. Diese »materialisierte« Mitte soll die positiven Kräfte darstellen und bündeln. Verstärken durch die tägliche Wiederholung beim Aufräumen. Dann wird die Mitte ins neue Haus getragen.

★ Jeder Hausbewohnende schreibt das auf, was der Ort als Kraft in der vergangenen Zeit ihm geschenkt hatte. Beim Umzug geht man noch einmal gemeinsam in Dankbarkeit durchs Haus.

★ Ein Umzug ist eine große *Chance der Reinigung* im Sinne dieses Wortes, wie auf Seite 160ff. beschrieben. Früh damit beginnen, damit nicht im Trubel des Umzugs diese Chance vertan wird, Altes zurückzulassen und bewusst sich davon verabschieden. Dabei dem Keller, dem Raum des Unbewussten, und dem Dachraum, dem Raum des geistigen Gerümpels, viel mehr Aufmerksamkeit geben als es oft geschieht im »Dreck weg!« Gerade hier sind noch viele alte Energien nicht gelöst – und manches dort unerlöst versteckt. Immer wenn man zögert, etwas wegzuwerfen: Innehalten und nachspüren, was die Dinge aussagen wollen ... Man spürt, dass eine solche Reinigung viel Zeit braucht. Man trägt ja nicht nur Unnötiges mit, sondern auch alte anhaftende Energien in die Frische des Neuen. Die alte Wohnung nicht nur besenrein säubern, wie es in den Verträgen steht, sondern mit dem Herzen reinigen.

Vor dem Einzug

★ *Innere Verbindung zum Haus herstellen.* Allein oder mit den ganz nahestehenden Menschen meditativ sich aufs Haus einstimmen. Sich einen starken Platz dort suchen und das Haus als jetzt entstandenes Wesen fragen, was es braucht. Spüren, ob durch den Bau Störungen und Verwirrungen entstanden sind und erkennen, wie sie auszugleichen sind. Herausfinden, welche stärkende Hinwendung das Haus jetzt braucht. Diese Meditation wiederholen und im Traum das Haus antworten lassen.

★ Eine energetische Reinigung durchführen. Erst grobstofflich säubern, dabei werden alle künftigen Bewohner miteinbezogen, und der Schmutz wird gemein-

sam hinausgetragen. Salz und Wasser aufstellen, damit negative Informationen aufgenommen werden können.
- ★ *Das Haus erst einmal »zur Ruhe« kommen lassen.*
- ★ Erst dann feinstofflich reinigen durch Klang, Tanz, Räuchern. Durch offenes Feuer die Kraft des Reinigens verstärken und die Kraft des Lebens dadurch sichtbar und fühlbar machen.
- ★ Jetzt ist die große Chance gegeben, die *Räume leer zu erleben.* Jeden Raum für sich erspüren – ohne die Möbel und künftige Nutzung. *In den einzelnen, noch leeren Räumen schlafen* und um Traumbotschaften bitten.
- ★ Meditativ die eigene Veränderung aus der gesamten Bauzeit wahrnehmen und in Vergleich setzen zum ersten Bauimpuls. Darin liegt die Kraft des Übergangs.
- ★ Das Haus, den Eingang segnen.
- ★ Dem Haus einen eigenen Namen geben, der gewachsen ist im Laufe der Zeit.

Einzug und Einrichtung

Durch den Einzug entsteht eine neue Energieverwirbelung, mit all den fremden Menschen, Verpackungen, dem Lärm, dem hineingetragenen Schmutz. Wenn die Möbeltransporter abgefahren sind, die Kartons herumstehen, die Möbel wie vereinsamt warten ... dann diese Erschöpfung. Nun heißt es Innehalten, erst einmal da sein. Und mehr als nur eine *Ruhepause einlegen.* Sich Zeit lassen *zum Ankommen.* Sich immer wieder in die Mitte setzen – in die eigene und die des Hauses. Das zentriert. Das Wort »Einrichten« kommt von »richten« und ursprünglich vo »recht«. Alles will nun in seine richtige Stellung, im rechten Winkel sein, geordnet.

Einwohnung und Einweihung

Der Architekt Olbrich entwarf Anfang des letzten Jahrhunderts ein Arbeiterhaus. Er bewohnte es zwei Wochen, bevor er es freigab und für gut befunden hatte.
- ★ Im Kreise guter Freunde und mit allen am Bau beteiligten, die für eine *Weihe-Handlung* offen sind, ein Ritual gestalten. Anschließen an das »Wort«, das sich hier nun in der Materie und im Wohnen verwirklichen kann. Auch das Wort hat jetzt eine Geschichte.

- ★ In einer gemeinsamen stillen *Meditation* diese guten Gedanken *durch Klang* den Räumen mitteilen. Es gibt Musiker, die fähig sind, diese Worte aufzunehmen und durch eine Improvisation die Stimmung hörbar zu machen. Dabei sind Streichinstrumente besonders gut geeignet, weil sie viele Ober- und Untertöne haben, was die energetische Information der Wände und Räume verstärkt.
- ★ Auch wenn kein Kamin da ist, möglichst ein – wenn auch kleines – *offenes Feuer* machen. Der Herd war früher der Altar des Hauses. Das Anzünden des Feuers sei ein Ritual für sich. Es schließt auch an das Opfer-Feuer vom Beginn des Bauens an.
- ★ Mit Freunden und Bauleuten das Haus über die Einweihung hinaus eine Zeitspanne lang *gemeinsam »bewohnen«*. Die Kraft der Gemeinschaft wird dadurch als Impuls gesetzt.
- ★ *Das Wort und Symbol am Eingang anbringen. Die Schwelle segnen,* dem Türhüter seinen Platz geben. Die neue Mitte schmücken.

Die erste Nacht und der erste Traum in einem neuen Haus oder Raum hatte früher große Bedeutung.

Wohnen

- ★ Zu Beginn auf der physischen Ebene das Haus und sein Umfeld energetisch *noch einmal radiästhetisch untersuchen*. Das Haus, die Materialien, Installationen und Möbel können die energetischen Einwirkungen verändert haben.
- ★ Den *Hausaltar* und die *Mitte* gestalten. Einen Platz der Meditation und Stille wählen und immer wieder aufsuchen und Kontakt zum »Wort« aufnehmen.
- ★ *Das Logbuch weiterführen* und die Wohnerfahrungen darin sammeln.

Die Folgejahre

- ★ Im ersten Jahr an die Einweihungskraft des Einzugs wieder anschließen und ein Ritual gestalten. Nach einem Jahr haben sich Raum und Mensch »gefunden«. Ihre Energien sind nun verbunden, eins geworden. Wie einen Geburtstag *die Weihung in jedem Jahr wiederholen*. So wird an den Urimpuls angeschlossen.

★ Was will sich trotz des verdichtenden Geschehens des Wohnens dennoch wandeln?
★ Im Logbuch lesen und den Impuls erinnern. *Die Veränderungen und Entwicklungen* wahrnehmen. Was hat die Nützlichkeit mit der Idee gemacht? Was hat sich angesammelt an Dingen, Verhalten oder Vorstellungen und darf losgelassen werden? Das Stärkende betonen, das Schwächende verändern. Das Logbuch weiterführen. Was würde ich heute anders bauen, gestalten?
★ Änderungen, ihren Sinn und ihre Notwendigkeit im Logbuch vermerken, weil darin auch innere Wandlungen sich ausdrücken können.

Weitergabe des Hauses

Ein asiatisches Sprichwort sagt: »Ein Haus bleibt immer ein Wesen, und wenn jemand wegzieht, wird das Haus krank und stirbt.« Damit das Haus lebendig bleibt, muss ein belebender Funke überspringen. Für uns heißt das, *die Verantwortung der Lebendigkeit des Wesens »Haus« zu übernehmen* und das Haus mit seiner Geschichte übergeben. Darum eine Zusammenfassung aus dem Logbuch machen und die allzu persönlichen Geschehnisse entnehmen. Der Inhalt soll die Entstehung und die Geschichte des Hauses wiedergeben, damit an die vorhandene Energie und Entwicklung angeschlossen werden kann.

Es empfiehlt sich, ein Übergabe-Ritual mit den Nachfolgenden gemeinsam zu vollziehen. Das neue Logbuch wird überreicht.

Bei einer Scheidung entsteht für jeden Partner ein Neubeginn. So eigenartig es klingt: Auch jetzt empfehle ich eine spirituelle Baubegleitung. Eine Scheidung ist das Ende einer Partnerschaft und wie ein Sterben. Wer also im Hause verbleibt, darf sich der energetischen Verbindung bewusst sein.

Und ein Fertigteil-Haus?

Bei einem Haus, das in der Fabrik industriell hergestellt wird und auf dem Grundstück in kürzester Zeit aufgebaut wird, entfallen die Langsamkeit, die Pausen und Übergänge des konventionellen Bauens. Auch die formenden Schwierigkeiten als Teil eines Entwicklungsweges fordern den Bauenden nicht heraus. Für die spirituelle Durchdringung bekommen dadurch die Zeiten vor und nach dem Bau eine noch größere Bedeutung. Es kann aus der gewonnenen Zeit die Chance einer längeren und langsameren Einwohnung entstehen. Die verkürzte Bauzeit fordert zu einem noch bewussteren und intensiveren Teilnehmen heraus.

Wenn man zusammenzieht

Wenn man in einer Partnerschaft zusammenleben will, wird einer in die Wohnung des anderen ziehen. Das ist für beide herausfordernd. Wer seine eigene Wohnung aufgibt, begibt sich in eine Welt, die schon längere Zeit und individuell ausgelebt wurde. Man muss sich von vertrauten Dingen verabschieden, doch das kann ein Prozess der Reinigung werden. Mehr ist es, sich die Räume zu eigen zu machen. Vorausgesetzt, es ist ausreichend Raum vorhanden. Oft ist es nicht möglich, die Räume für den Einziehenden ganz leer zu machen. Auch der Einladende muss sich von Dingen trennen. Muss Gewohnheiten des Wohnens aufgeben.

Es gibt die Redensart, dass wohl die Frau zum Mann, nicht aber der Mann zur Frau ziehen solle. Wenn der Gedanke stimmig ist, dass der Mann den Raum schafft, die Frau die Seele des Hauses erschafft, dann mag das energetisch stimmen (siehe Seite 135ff.). Wer bei jemanden einzieht, geht in den Leib des anderen ein. Aus dem Muttersein ist das der Frau wohl eher möglich als dem Mann, es sei denn, er macht es sich zur geistigen Tat. Bedenken darf man, dass ein Mann sehr wohl die weiblichen Anteile in die Partnerschaft bringen kann, es also nicht um die reine äußere Erscheinung geht. Doch es überwiegt das Weibliche in der Frau und damit die leichtere Hingabe an das, was ist. Es ist eine Kunst, sich weiblich Raum zu nehmen und männlich Raum zu geben.

Literatur

Alexander, Christopher u.a.: Eine Mustersprache, Wien 1995
Ammann, Walter: Baustilkunde, Band 1, Bern 1984. 8. Aufl.
Assagioli, Roberto: Die Schulung des Willens, Paderborn 1982
Bachelard, Gaston: Poetik des Raumes, Frankfurt 1992
Bachelard, Gaston: Psychologie des Feuers, Stuttgart 1959
Bahlow, Hans: Deutsches Namenlexikon, Frankfurt 1972
Bock, Emil: Der Kreis der Jahresfeste, Stuttgart 1981
Böhme, Hartmut: Fetischismus und Kultur, Hamburg 2006
Bollnow, Otto Friedrich: Mensch und Raum, Stuttgart 1985, 5. Aufl.
Bosslet, Klaus/Schneider, Sabine: Ästhetik und Gestaltung in der japanischen Architektur, Düsseldorf 1990
Claremont de Castillejo, Irene: Die Töchter der Penelope, Düsseldorf 1986, 4. Aufl.
Duden: Etymologie, Mannheim 1963
Duden: Lexikon der Vornamen, Mannheim, 2. Aufl. 1974
Duden: Familiennamen, Mannheim 2005
Eickhoff, Hajo: Himmelsthron und Schaukelstuhl, München 1993
Eliade, Mircea: Das Heilige und das Profane, Reinbek 1957
Fäth, Reinhold Johann: Designtherapie, Dornach 2007
Gebser, Jean: Asien lächelt anders, Frankfurt 1968
Gennep van, Arnold: Übergangsriten, Frankfurt/M. 1999
Gessner, Wolfgang: Baukunst in der Wende unserer Zeit, Stuttgart 1959
Göttner-Abendroth, Heide: Die tanzende Göttin, München 1982
Granet, Marcel: Das chinesische Denken, Frankfurt/ M.1985
Hagena, Charlotte u. Christian: Konstitution und Polarität, Heidelberg 1995, 2. Aufl.
Heidegger, Martin: Bauen Wohnen Denken in: Vorträge und Aufsätze, Pfullingen 1954
Held, Wolfgang: Vier Minuten Sternenzeit, Stuttgart 2006
Hensch, Eike G.: Geomantisch Planen, Bauen und Wohnen, Klein Jasedow, 2007, Bd. I und II
Herder Lexikon: Symbole, Freiburg 1980, 3. Aufl.
Hoerner, Wilhelm: Zeit und Rhythmus, Stuttgart 2004, 4. Aufl.
Huizinga, Johan: Homo Ludens, Hamburg, 1960
Hüther, Gerald: Die Macht der inneren Bilder, Göttingen, 2008
Jacobi, Jolande: Vom Bilderreich der Seele, Olten 1977, 2. Aufl.
Jordan, Harald: Räume der Kraft schaffen, Baden, 6. Aufl. 2010
Jordan, Harald: Orte heilen, Baden 2008, 3. Aufl.
Jordan, Harald: Die Kraft des Übergangs, Baden 2004
Jordan, Harald: Kleidung wie sie schützt und stärkt, Baden 2005, 2. Aufl.
Jung, C. G.: Mandala – Bilder aus dem Unbewussten, Solothurn 1995, 11. Aufl.
Jünger, Ernst: Gärten und Straßen, Berlin 1942, 2. Aufl.
Kast, Verena: Die Dynamik der Symbole, Zürich 1999
Kerenyi, Karl: Labyrinth-Studien, Zürich 1950, 2. Aufl.
Koch, Wilfried: Baustilkunde, München 1990
Kottmann, Albrecht: Fünftausend Jahre messen und bauen, Stuttgart 1981
Kunze, Konrad: dtv-Atlas Namenkunde, München 2004, 5. Aufl.

Lievegoed, Bernhard C. J.: Soziale Gestaltung am Beispiel heilpädagogischer Einrichtungen, Frankfurt/Main, 1990
Lievegoed, Bernhard C. J.: Der Mensch an der Schwelle, Stuttgart 1994, 4. Aufl.
Lüdeling, Hartmut: Handbuch der Radiästhesie, Klein Jasedow, 2006
Lurker, Manfred: Der Kreis als Symbol, Tübingen, 1981
Lusseyran, Jacques: Das wiedergefundene Licht, Stuttgart, 1988
Maaz, Hans-Joachim: Der Lilith-Komplex, München 2005, 4. Aufl.
Mallasz, Gitta: Die Antwort der Engel, Einsiedeln 1993, 9. Aufl.
Zeitschrift »Mensch und Architektur« Heft 59 und 60, Berlin 2007
Mielke, Friedrich: Geistige Treppen, Treppen des Geistes, Schriften zur internationalen Treppenforschung, Konstein 2001
Miller, Alice: Das Drama des begabten Kindes, Frankfurt/M. 1983
Neumann, Erich: Die große Mutter, Zürich 1978, 3. Aufl.
Neumann, Erich: Ursprungsgeschichte des Bewusstseins, München 1968
Neumann, Erich: Zur Psychologie des Weiblichen, Frankfurt 1990
Nitschke, Alfred: Das verwaiste Kind der Natur, Tübingen, 1967
Pekridou-Gorecki: Mode im antiken Griechenland, München 1989
Rank, Otto: Das Trauma der Geburt, Frankfurt 1988
Rensing, Ludger: Biologische Rhythmen und Regulation, Stuttgart 1973
Richter, Gottfried: Ideen zur Kunstgeschichte, Stuttgart 1949, 3. Aufl.
Riedel, Ingrid: Bilder in Therapie, Kunst und Religion, Stuttgart 1988
Rombach, Heinrich: Strukturanthropologie, Freiburg 1987
Romankiewicz, Brigitte: Urbilder des Vaters, Waiblingen 1998
Rosenberg, Alfons: Ursymbole und ihre Wandlung, Freiburg 1992
Teichmann, Frank: Der Mensch und sein Tempel, Griechenland, Stuttgart 2003
Schatz, Paul: Rhythmusforschung und Technik, Stuttgart 1975
Schmidt-Brabant, Manfred: Das Wirken von Geistwesen in der Biographie, Dornach 1994, 2. Aufl.
Schmidt-Brabant, Manfred: Spirituelle Grundlagen einer menschen-gemäßen Hausmütterarbeit, Dornach 1994, 2. Aufl.
Seume: Johann Gottfried: Spaziergang nach Syrakus im Jahr 1802, München, 1997
Some, Malidoma Patrice: Die Kraft des Rituals, München 2000
Spiller, Jan: Astrologie und Seele, München 1998
Steiner, Rudolf: Das Geheimnis der menschlichen Temperamente, Dornach 2000
Turner, Victor: Das Ritual, Frankfurt/M. 2000
Vischer, Friedrich Theodor: Auch Einer, Berlin 1925
Wachtel, Siefried/Jendrusch, Andrey: Das Linksphänomen, Berlin 1990
Wais, Mathias: Ich bin, was ich werden könnte, Stuttgart 2005, 4. Aufl.
Weidelener, Herman: Lebensdeutungen aus der Weisheit der Sprache, Augsburg 1999, 4. Aufl.
Wilk, Erich: Typenlehre, Minden 1949
Wosien, Bernhard: Der Weg des Tänzers, Weilersbach 1998, 2. Aufl.
Zajonc, Arthur: Die gemeinsame Geschichte von Licht und Bewusstsein, Reinbek 1994

Zum Autor

Harald Jordan-Hopfner
Geboren 1935, verheiratet. Gelernter Maurer. War über 45 Jahre als Diplom-Ingenieur für Statik und Baukonstruktion tätig, davon 35 Jahre selbständig und als vereidigter Bausachverständiger. Er hatte einen Lehrauftrag an der Fachhochschule Oldenburg, leitet heute Seminare und gibt gemeinsam mit seiner Frau Philemon-Sophia Schulungen in verschiedenen Ländern zum Thema »Spirituelle Wohn- und Baubegleitung«. Seine Tätigkeit basiert auf einer Synthese von Geomantie, Proportionslehre, energetischer Gestaltung, Feng Shui, Radiästhesie, Astrologie und Ortswahrnehmung. Harald Jordan ist Vater von vier Kindern und Großvater von sieben Enkelkindern. Er lebt und arbeitet in Worpswede und Griechenland.

ELIKON Institut für transformierende Bau- und Lebenskunst
Harald Jordan
Bauernreihe 8a
D-27726 Worpswede

Seminare, Schulungen und Griechenland-Aufenthalte mit Harald Jordan:
www.harald-jordan.de.
mail@harald-jordan.de

Weitere Bücher von Harald Jordan im AT Verlag

Räume der Kraft schaffen
Der westliche Weg ganzheitlichen Wohnens und Bauens

Orte heilen
Die energetische Beziehung zwischen Mensch und Wohnort

Die Kraft des Übergangs
Die energetische Wirkung von Tür und Schwelle

Kleidung wie sie schützt und stärkt
Die energetische Wirkung von Farbe, Form und Material

AT Verlag
Bahnhofstraße 41
CH-5000 Aarau
Telefon +41 (0)58 200 44 00
Fax +41 (0)58 200 44 01
E-Mail: info@at-verlag.ch
Internet: www.at-verlag.ch